KB077371

꿈을 현실로 만드는
상상의 힘

꿈을 현실로 만드는 상상의 힘

초판 1쇄 2021년 01월 21일

지은이 김인송 | **펴낸이** 송영화 | **펴낸곳** 굿위즈덤 | **총괄** 임종익

등록 제 2020-000123호 | **주소** 서울시 마포구 양화로 133 서교타워 711호

전화 02) 322-7803 | **팩스** 02) 6007-1845 | **이메일** gwbooks@hanmail.net

ISBN 979-11-972750-6-7 03190 | 값 **15,000**원

※ **굿위즈덤** 은 당신의 상상이 현실이 되도록 돕습니다.

꿈을 현실로 만드는
상상의 힘

굿위즈덤

김인송 지음

머리말

우리는 누구나 성공을 꿈꾼다. 하지만 그 꿈을 이루는 사람은 많지 않다. 그리고 사람들은 '성공하는 사람은 따로 있다'고 말한다. 언뜻 냉철하고 현실적인 이야기처럼 들리지만 핑계에 불과하다. 목표를 이루지 못했거나, 포기하고 싶거나, 더 이상 노력하기 싫거나, 자신에 대한 평가가 두려울 때에 하는 말이다. 진정으로 현실적인 말은 '성공한 사람은 꿈을 열망하고 명확한 목표를 이루기 위해 끈기 있게 실천한 사람들'이라는 것이다.

성공은 하루아침에 완성되지 않는다. 그 어떤 성공도 성공하는 데 시간과 노력이 필요하다. 갑자기 오르는 성적, 갑자기 빠지는 살은 없다. 갑자기 잘되는 사업도, 갑자기 버는 돈도 없다. 좋은 성적을 받기 위해서는 공부를 열심히 해야 하고, 살을 빼려면 그에 맞는 노력을 해야 한다. 사업을 성공하고 돈을 잘 벌려면 시간이든 돈이든 투자를 해야 한다. '세상에는 공짜는 없다'는 것이 세상 이치다. 그렇다면 성공할 때까지 그 과정을 버티게 하고 노력을 지속하게 하는 힘은 어디에서 나올까?

바로 믿음과 상상이다. 성공하는 사람들은 마음속에 품은 간절한 소망이 어떤 것이든 성취할 수 있다고 믿는다. 이 믿음은 성공한 자신의 모습을 명확하고 지속적으로 상상하는 힘에서 나온다. 성공은 자신이 성공할 수 있는 믿음으로부터 시작된다. 성공을 위해서는 자기 자신에 대한 신뢰가 최우선이 되어야 한다. 그 믿음이 성공할 때까지 지치지 않는 열정과 노력을 하게 만드는 원동력이기 때문이다. 그리고 이 신뢰를 위해서는 반드시 상상의 힘이 필요하다고 확신한다.

사람들은 성공에 대한 막연한 두려움을 갖고 있기 때문에 기회가 생겨도 도전하지 못한다. 성공하려면 두려움보다 꿈과 가능성에 대한 희망을 더 크게 가져야 한다. '나는 날마다 모든 면에서 점점 더 좋아지고 있다'는 말로 실패가 아닌 성장에 초점을 맞추어야 한다. 실패는 실패가 아니라 잘못된 방법을 알게 되는 기회다. 무엇인가를 배우고 깨닫기 위해서 꼭 필요하다. 실패와 패배는 성공으로 가는 자연스럽고 당연한 과정일 뿐이다.

성공은 간절한 꿈에서 시작한다. 간절한 꿈이 시련과 역경을 두려워하지 않고 용기를 주며 성공을 향해 계속 나아가게 한다. 꿈을 목표로 행동을 꾸준히 해나간다면 반드시 꿈은 이루어진다. 꿈을 실현시키기 위해서 구체적으로 할 수 있는 일부터 시작하면 된다. 간절함이 얼마나 절실하냐에 따라 어떤 시련도 역경도 이길 수 있는 강인함이 생긴다.

어떤 일이 생기더라도 "괜찮아, 나는 운이 좋아, 나는 풍족해, 나는 행복해."로 기분 좋게 넘기면 어떤 일도 항상 잘된다. 기분 좋은 감정 주위에는 오직 기분 좋은 일들만 일어난다. "나는 항상 운이 좋은 사람이야." 라고 반복적으로 말해서 잠재의식에 새기면 어떤 일이 있어도 운이 좋게 잘 풀린다.

좋은 생각이 좋은 감정을, 좋은 감정은 좋은 행동을 낳고, 좋은 행동이 좋은 결과를 낳는다. 감정을 기분 좋게 하는 것이 중요하다. 감사는 삶을 풍요롭게 만들어주는 확실한 방법이다. 감정의 주파수 중에서 가장 높은 진동을 내는 것이 '감사'이기 때문이다.

자신이 간절하게 원하는 것이 있다면 우선 그것을 자신의 마음속에서 찾아라. 원하는 것을 얻는 우주의 보물창고는 당신의 마음속에 있다. 그런 다음 원하는 것과 실제로 얻게 된 상태를 마음속으로 생생하게 상상하라. 상상의 힘을 믿고 실천하면 소망은 반드시 실현된다. 잠재의식은 당신의 소망을 실현시키기 위해 당신이 잠자고 있는 동안에도 쉬지 않고 우주를 천천히 움직이고 있다.

이 책을 읽고 당신이 가치 있는 존재라는 것을 깨닫고 희망적인 꿈을 꾸기를 바란다. 당신이 지금 원하는 것이 있다면 단지 상상하면 된다. 소망과 조화가 이루어지면 간절히 바라는 소망은 잠재의식을 통해서 반드시 실현된다. 원하는 것만 상상하라. 마치 지금 이루어진 것처럼 생생하게 느끼며 살아라. 눈앞에 보물창고가 나타날 때까지 상상하라.

목차

4장 _ 꿈을 현실로 만드는 7가지 기술

5장 _ 상상하라, 이루어질 때까지!

1장

성공하는 사람은 정말 따로 있을까

성공하는 사람은 정말 따로 있을까

01

성공하는 사람은 따로 있다고?

많은 사람들은 '성공하는 사람은 따로 있다'고 말한다. 우리는 자신이 원하는 목표를 이루지 못하거나, 자신에 대한 다른 사람들에 평가가 두려워서 그렇게 말하기도 한다. 원하는 것을 얻지 못할 경우를 대비해서 자신을 보호하기 위한 말이기도 하다. 목표를 중도에 포기하고 싶거나 더 이상 노력하기 싫을 때 가장 많이 하는 말이다. 어떤 일에 한 번 성공한 사람이 계속해서 성공하는 경우도 드물다. 이런 점에서 성공은 타고난 사주나 자라온 환경의 차이만은 아닌 것 같다. 우리는 성공한 사람들이 다양한 분야에 있다는 것도 잘 안다. 성공한 사람들에 성공담을 통해서 알 수 있듯이 우리는 다만 실행력이 부족해서 기회를 잡지 못했을 뿐이라는 것이다.

많은 사람들은 부자가 되고 싶어 한다. 그것은 모든 인간의 욕구다. 사람들은 부자가 되는 길이 어렵다고 생각한다. 나도 예전에는 부자가 되는 것이 어렵다고 생각했다. 내 주위에는 성공한 사람들과 성공을 향해 도전하는 다양한 사람이 많다. 모든 사람의 주위에는 성공한 무수한 사람들이 있다. 자주 보는 책꽂이에 있는 책 속에 성공한 수많은 사람이 우리와 아주 가까운 거리에 있는 성공한 사람들이다.

나는 책 속에 있는 수많은 성공한 사람에게 지혜를 배우는 것을 좋아한다. 책 속에 수많은 성공한 사람들은 '내가 성공했다면 당신도 성공할 수 있다'고 말한다. 이 말이 너무 마음에 와닿았다. 성공한 사람들이 하는 말을 믿고 싶었다. 왜냐하면 간절하게 성공을 하고 싶었기 때문이다. 성공은 누군가에게 주어지는 특권이 아니라 간절히 원하는 사람들만이 만날 수 있는 유일한 종착역 같은 것이다.

성공한 사람은 꿈을 열망하고 명확한 목표를 이루기 위해 끈기 있게 실천한 사람들이다. 누구나 성공을 꿈꾼다. 대부분의 사람들은 성공이 꿈이고 목표다. 하지만 그 꿈을 이루는 사람은 많지 않다. 성공을 하는 사람들은 마음속에 품은 간절한 소망이 어떤 것이든 성취할 수 있다고 믿는 사람들이다. 자신에 대한 신뢰가 우선이다. 성공은 자신이 성공할 수 있다는 믿음으로부터 모든 것이 시작된다. 그 믿음은 성공할 때까지 지치지 않는 열정과 노력의 원동력이기 때문이다.

'인생은 60세부터'라는 말이 있다. 65세에 제2의 인생을 시작해서 세계적인 성공을 이룬 세계 최대의 체인점 KFC 창업주 커널 할랜드 샌더스의 영상을 보게 되었다. 65세의 나이에 105달러를 가지고 1,008번의 거절을 당하고도 1,009번째에 기적을 이루어냈다. 2년 만에 5개의 체인점을 모집했고, 4년 뒤에는 200개가 넘게 되었다. 성공한 사람들은 공통점이 있다. 어떤 고난에도 결코 물러서지 않는다는 것이다. 그는 말했다.

"훌륭한 생각, 멋진 생각을 가진 사람은 무수히 많습니다. 그러나 행동으로 옮기는 사람은 드뭅니다. 저는 남들이 포기할 만한 일을 포기하지 않았습니다. 포기하는 대신 무언가 해내려고 애썼습니다. 실패와 좌절의 경험도 인생을 살아가면서 겪는 공부의 하나랍니다. 현실이 슬픈 그림으로 다가올 때면 그 현실을 보지 말고 멋진 미래를 꿈꾸세요. 그리고 그 꿈이 이루어질 때까지 앞만 보고 달려가세요. 인생 최대의 난관 뒤에는 인생 최대의 성공이 숨어 있답니다."

인생을 살면서 어떤 것이든 의미 없는 것은 아무것도 없다. 그는 65세가 넘도록 포기하지 않았다. 나이는 숫자에 불과하다. 어떤 일을 할 때마다 그 경험에서 배우고 앞으로 더 잘할 수 있는 방법을 찾아나갔다. 주어진 환경에서 노력을 다하고 배운 경험을 통해 지혜롭게 성공을 이룬 것이다.

내가 초등학교 4학년 때 아버지께서 돌아가셨다. 유복했던 가정이 하루아침에 경제적으로 힘들게 되었다. 나는 말 잘 듣는 아이, 공부 잘하는 아이가 되는 것이 힘들게 사시는 어머니께 효도하는 것이라 생각했다. 우리 4형제는 유난히 우애가 좋다. 온 가족이 한 방에서 모여 이런저런 이야기를 나누던 시절이 행복했다. 서로의 꿈을 이야기하고 되고 싶은 것, 갖고 싶은 것, 하고 싶은 것들을 이야기하며 매일 밤 밤늦게까지 이야기꽃을 피웠다. 밤이 깊어지면 어머니께서 "얘들아, 이제 그만하고 잠이나 자고 꿈이나 꾸어라."라고 하시며 전등불을 끄셨다. 어머니의 그 한마디는 나의 모든 걱정을 까맣게 잊어버리게 했다. '그래, 잠이나 자고 꿈이나 꿔야지.' 하며 따뜻한 이불 속으로 들어가서 꿈나라 여행을 했다. 온 가족이 한 방에서 모여 이런저런 이야기를 나누던 시절이 좋았다.

그 시절 넓은 저택에 살면서 포니 자동차를 타고 다니는 삼촌이 부러웠다. 멋진 집을 보면 나도 멋진 집에 살고 싶었다. 멋진 자동차를 갖고 싶다는 꿈을 꾸며 잠자리에 들었다. 나는 성인이 되어서도 늘 잠자리에 들 때면 '잠이나 자고 꿈이나 꾸자'라고 마음속으로 말했다. 하루 동안에 모든 일을 잊고 내일 있을 희망적인 생각만 하며 잠자리에 들었다. 매일 아침 눈을 뜨면 멋진 하루가 기다리고 있다는 생각을 했다. 어린 시절 어머니께서 '잠이나 자고 꿈이나 꾸어라'는 말씀에 행복한 상상을 했다. 그 시절 갖고 싶었던 장난감을 가지고 친구들과 맛있는 빵과 과자를 먹으면서 재미있게 노는 것을 상상했다, 멋진 집에 자신의 방을 가지고 여유롭고 편하게 지내는 모습도 떠올랐다. 어머니 입가에는 웃음꽃이 피고 행복하게 식사하는 모습들이 그려졌다. 상상을 하다 보면 어느새 편안한 마음으로 꿈나라 여행에 빠져 잠이 들었다.

그때는 나의 상상이 현실이 된다는 것을 몰랐다. 나는 무의식중에 상상의 힘을 사용하고 있었다. 물론 지혜로우신 어머니 덕분이다. 잠들기 직전에 잠재의식이 깨어 있을 때 내가 원하는 것을 이미지로 상상했던 것이다. 어떤 말을 하느냐가 좋은 생각을 불러일으키고, 좋은 생각이 좋은 감정을, 좋은 감정은 좋은 행동을 낳고, 좋은 행동이 좋은 결과를 낳는다. 어머니는 '세상에 공짜는 없다'는 말씀을 자주 하셨다. 내가 꾼 꿈이 현실로 되기까지 시간이 걸린다는 것을 어렴풋이 알았다. 공부를 잘하기 위해서는 노력을 좀 더 해야 하고, 살을 빼기 위해서도 노력을 좀 더 해야 한다. 만물의 이치이다. 평범하게 노력하면 평범한 결과가 나온다. 원인 없는 결과는 없기 때문이다.

성공에는 나이가 중요하지 않다. 성공은 간절하게 바라는 소망으로부터 시작된다. 성공하는 사람은 성공에 대한 강한 열망으로 출발한다. 소망이 생기기 시작하면 기회가 보이기 시작한다. 현재 자신의 위치에서 무엇이든 할 수 있다는 마음으로 시작하면 된다. 소망이 반드시 이루어진다는 믿음으로 꾸준하게 걸어가면 된다. 소망이 이루어진 자신의 모습을 생생하게 상상하면서 꿈에 미치면 성공하게 된다.

02

놓치고 싶지 않은 꿈

나는 꿈이 없었던 때가 있었다. 나에게 아무도 꿈을 물어보지 않았다. 나는 어린 시절 말 잘 듣고 공부 잘하는 아이가 되는 것이 소망이었다. 그 시절 어른들이 바라는 소망은 말 잘 듣고 공부 잘하는 아이였다. 내가 초등학교 4학년 때 아버지께서 돌아가시면서 유복했던 가정이 하루아침에 경제적으로 힘들게 되었다. 한 번도 경제활동을 해보지 않으셨던 어머니는 어쩔 수 없는 현실에 집안을 책임져야 하는 가장이 되셨다. 돈을 모르면 집안이 돈으로 위험에 처할 수 있다는 것을 현실로 알게 되었다. 그 시절 내가 어머니께 할 수 있는 것은 말 잘 듣는 것과 공부 잘하는 것 말고는 도와드릴 수가 없었다.

초등학교 시절 생활기록부에 '꿈'을 적는 란에는 어김없이 '선생님'이라고 적었다. 공부를 잘하고 싶었던 그 시절 나는 매일 만나는 선생님으로부터 느끼는 풍부한 지식과 인자함, 너그러움을 보면서 선생님이 되기로 했다. 다정다감한 모습이 좋아서였다. 항상 머리를 쓰다듬어주시면서 칭찬을 해주셨다. 따뜻한 미소와 격려의 말씀은 나를 행복하게 해주었다. 나도 선생님이 되어서 학생들에게 칭찬과 사랑을 많이 주고 싶었다. 내 꿈과는 다르게 집안이 힘들어지면서 3남 1녀의 막내로서 어머니를 도와야 하는 상황이 되었다. 울면서 인문계 진학을 포기해야만 했다. 태어나서 처음으로 말 잘 듣는 아이가 어머니에게 떼를 썼다. 어머니 심정도 모르면서 무작정 떼를 썼다. 울다 보니 내가 공부를 열심히 할 자신이 없다는 생각이 들었다. 어머니는 여상에 가서 장학금을 받고 다니면 된다고 나에게 새로운 희망을 주셨다. '그래 착한 딸이 되는 거야, 나는 말 잘 듣는 아이잖아.'라고 자신을 위로했다. 어머니 뜻을 따르는 것이 효도하는 것이라는 마음이 들었다. 어머니의 웃는 얼굴을 보며 착한 딸이 된 것 같아서 행복했다.

3학년을 졸업하면 직장에 취직을 해서 사회생활을 한다는 정해진 코스가 있었기 때문에 장학금만 받으면 된다는 마음으로 적당히 공부를 했다. 성적이 상위권이라 아무 걱정 없이 취직이 될 거라는 생각에 더 이상의 꿈은 없었다. 성적은 좋았지만 꿈이 없고 노력도 하지 않아서인지 졸업을 할 때까지 취직이 되지 않았다. 취직이 안 되어도 세상 걱정은 없었다. 돌아가신 아버지께서 나를 너무 사랑하셨으니까 어디선가 나를 지켜주실 거라는 믿음이 있었다. 마침내 은행에 입사를 했고, 그제야 어머니의 참아왔던 진심의 눈물을 보았다. 나의 취직을 학수고대하셨던 것이다. 어머님은 힘든 가정경제를 함께 나누어줄 동반자가 필요했고 그것이 여자인 나였던 것이다.

돈이라는 것을 제대로 모른 채 돈을 벌기 위해 사회에 나가게 되었다. 은행을 다닌 지 8년 정도 지나 어머니의 꿈을 저버린 채 나의 꿈을 위해 은행에 사표를 냈다. 아직도 가슴 아픈 나의 늦은 사춘기의 시작이었다. 내 인생에서 가장 오래 기억되는 날은 태어난 날이고, 가장 의미 있는 날은 꿈이 생긴 날이다. 돈을 벌기 위해서 다니는 은행이 더 이상 다니기 싫었다. 더 자세히 말하면 내가 하고 싶은 일을 하고 싶었다, 내 인생의 사춘기였다. 나의 꿈을 위해 사표를 던졌지만 한 번도 나의 꿈을 제대로 꿔 본적이 없어서, 오랜 시간 내가 무엇을 원하는지를 못 찾아서 외롭게 방황하며 찾아다녔다.

나는 예전에 꿈의 중요성을 모르고 살았다. 꿈이 왜 필요한지도 몰랐다. 나는 책을 읽고 꿈을 꾸게 되었다. 나는 책이 내 삶을 바꿔놓을지 몰랐다. 나는 꿈을 가지기 이전에는 '성공, 부자, 출세'라는 말이 왠지 낯

설었다. 책을 읽으면 책 속에서 나에게 '너도 할 수 있어, 너도 하면 된다.'라는 소리가 들렸다. 그 소리에 내 안에 잠자던 꿈들이 살아났다. 오랜 방황 끝에 무수한 시간을 보내면서 작은 불씨처럼 찾은 것이 '돈'이라는 소중한 것이었다. 내가 이렇게 소중한 돈을 알고도 몰랐던 것이다. 돈을 드러내는 것이 왠지 속물이라는 느낌을 감출 수 없었기 때문이다. 돈을 몰라 잃어버렸던 것을 다시 찾고 싶었다. 자본주의 시대에 살면서 돈을 모르고 사는 것이 얼마나 불행한 인생을 만드는 것인지 부모가 되어본 사람들은 공감할 것이다. 경제적으로 풍족하게 살고 있는 나의 모습을 떠올려보았다. 왠지 기분이 좋아졌다. 돈의 소중함을 알게 되고 돈 버는 일을 스스로 찾았다.

이나모리 가즈오, 『왜 일하는가』 중에 "높은 목표를 달성하려면 간절한 바람이 잠재의식에까지 미칠 정도로 곧고 강해야 한다. 주위의 시선에 우왕좌왕하지 말아야 한다. 원하는 것을 하고 싶다면, 하고자 한다면 무슨 일이 있어도 그 길을 가겠다고 굳게 결심해야 한다. 그리고 반드시 이룰 수 있다고 굳게 믿어야 한다. 그런 간절함이 없다면 처음부터 꿈도 꾸지 마라."라는 말이 있다.

성공하는 사람들은 간절한 꿈과 목표를 가진 사람들이다. 꿈을 가진 사람에게 간절함은 어떤 것보다 강한 무기가 된다. 간절함은 어떤 어려움 속에서도 꿈을 지속하게 하는 힘이 있다. 성공하겠다는 간절함이 현실에서 생기는 문제를 해결해 나가는 원동력이 되기 때문이다. 꿈이 간절한 만큼 속도가 달라진다. 간절한 꿈은 자기 자신에 대한 믿음과 성공에 대한 믿음을 더욱 강하게 해준다. 간절함은 열정과 에너지를 끊임없이 생기게 하는 원동력이다.

내가 간절하게 성공을 바란 이유는 어머니께 효도하고 싶은 것이었다. 시부모님을 모시고 4형제를 키우시느라 혼자 고생하신 어머니를 돈 걱정 없이 편하게 해드리고 싶었다. 자식 입에 맛있는 것을 먹이고 싶어서 알뜰살뜰 절약해서 생일날 고기반찬은 꼭 해주시던, 사랑이 넘치는 어머니셨다. 힘든 살림에도 용돈을 항상 챙겨주셨다. 정작 어머니는 예쁜 옷 한 벌 없으시면서도 자식들에게는 '입은 거지는 얻어 입어도, 못 입은 거지는 못 얻어먹는다.'라고 말씀 하시며 항상 깨끗한 옷을 입혀주셨다.

우리 4형제는 친구가 많았다. 집안이 힘들고 경제적으로 어려운데, 철없는 자식들은 친구를 좋아해서 하루에도 4~5명씩 각자의 친구들을 집으로 데려왔다. 어머니께서 힘들게 일해서 모은 돈으로 라면 한 박스를 사놓으시면 온 동네 친구들 데리고 와서 금방 먹어치웠다. 그 당시 전기밥솥이 귀한 시절에 친구들을 집에 데리고 와서 떡볶이를 한 솥씩 나누어 먹었다. 친구들은 우리 엄마의 음식이 맛있다고 고추장 단지를 다 비웠다. 어머니는 속을 모르는 철없는 자식들을 한 번도 꾸중하지 않고 잘했다고 칭찬하셨다. 하염없이 너그러우신 어머니라고 생각만 하고 철없이 굴었다.

내가 성인이 되어보니 그때 어머니의 심정을 알 것 같았다. 미안하고 감사한 마음에 효도하고 싶었다. 내가 성공한 모습을 상상하고 어머니께서 '장하다. 내 딸! 잘했다. 내 딸! 고맙다, 내 딸!'하시며 웃음과 눈물로 나를 안아주시며 행복해하시는 모습을 떠올리며 상상했다. 그러면 어머니께서 고생하신 모든 일이 보람으로 느껴질 것 같았다. 힘든 어머니 인생에 보상을 해드리고 싶었다.

성공해야겠다는 간절함과 현실을 이겨내고 싶은 절박함으로 15년 만에 백만장자가 되었다. 어머니께 성공해서 효도하고 싶은 간절함이 꿈을 이루게 해주었다. 간절한 꿈이 목표를 이루게 도와준 것이다. 간절한 생각이 현실로 만들어진 것이다. 간절함이 강할수록 목표에 집중할 수 있고 끝까지 해낼 수 있는 힘이 생긴다. 사람들은 누구나 성공하고 싶어 한다. 성공은 간절한 꿈에서 시작된다. 꿈을 목표로 행동을 꾸준히 해나간다면 반드시 꿈은 이루어진다. 꿈을 실현시키기 위해서 구체적으로 할 수 있는 일부터 시작하면 된다. 간절함이 얼마나 절실하냐에 따라 어떤 시련도 역경도 이길 수 있는 강인함이 생긴다.

03

두려움 없는 시작은 없다

시작을 두려워하지 마라. 많은 사람들은 과거의 실패 때문에 꿈에 도전하지 못한다. 나는 예전에 내가 원하는 것을 하고 싶어서 은행에 사표를 냈다. 모두가 미쳤다고 했다. 꿈 타령이나 하는 내가 얼마나 한심스러웠을까? 웃음이 나온다. 화이트칼라라고 남들이 부러워하던 시절이었다. 은행에 입사하기도 어려운데 사표를 낸다고 나를 의아하게 생각했다. 사실은 그 사람들도 사표를 쓰고 싶은 날이 많았을 것이다. 가족들 생계부양을 하고 있는 현실을 부정할 수는 없는 샐러리맨들이라 쉽지 않다. 나는 은행에 다니면서 꿈도 비전도 못 느끼고 그냥 돈만 버는 기계 같았다.

그러던 어느 날 지점장님의 명예퇴직 소식을 듣게 되었다. '지점장님은 아직 우리 할아버지보다 젊으신데 벌써 일을 그만두시면 이제부터 어떻게 하실까?'라는 생각이 들었다. 평생 직업이 될 수 없다는 생각이 들었다. 언젠가 퇴직을 해야 할 직장이고 평생 직업이 될 수 없다면 그만두어야겠다는 생각이 들었다. 그만두고 싶은 생각이 드는 순간부터 잘 다니던 직장에 가는 것이 싫어졌다. 무엇을 어떻게 해야 할 건지 아무 계획도 없이 사표를 냈다. 나는 두려움이 없었다. 직장을 다니는 동안에 최선을 다 했기 때문에 미련은 없었다. 새로운 일에 도전하고 싶었다. 열심히 하면 지금보다 더 잘될 거라는 자신이 있었다. 내가 성공해서 어머니께 돈을 더 많이 드리고 효도해야겠다는 생각이 머릿속에서 떠나지 않았다.

우리는 지나간 시간에 대해서 할 수 있는 것은 아무것도 없다는 것을 너무도 잘 안다. 지나간 시간이 아쉬워지는 이유는 일이 잘못될까 봐 두려워해서 도전하지 못한 것 때문이다. 실패에 대한 두려움 때문에 도전하지 않는다면 더 큰 후회로 남을 것이다. 실패에 대한 두려움으로 시간을 낭비하기에는 우리의 인생은 너무나 짧다.

늘 꽃길만 걸어온 사람은 아무도 없다. 빚을 짊어진 사람도 있고, 인사고과에서 강등당한 사람도 있으며 병으로 장기 요양하는 사람, 어떤 방식으로든 많은 일들을 겪으면서 살아간다.

성공하는 사람들은 '그 일이 일어난 데는 다 이유가 있다'는 긍정적인 사고습관을 가지고 있다. 과거의 경험을 통해서 더 지혜롭게 살아가는 방법을 터득했기 때문이다. 과거의 경험을 통해 배우고 성장하게 되면 자신감이 생기게 된다. 자신감은 꿈을 향해 전진할 수 있는 용기를 지속적으로 만들어준다. 사람들은 성공에 대한 막연한 두려움을 갖고 있기 때문에 기회가 생겨도 도전하지 못한다. 두려움은 무지에서 생긴다. 두려움은 실체가 없고 내가 두려움이라는 감정을 느끼는 순간부터 두려움은 존재한다. 성공하려면 두려움보다 가능성에 대한 희망을 가지는 것이 우선이다.

나는 '희망'을 좋아한다. 어떤 순간에도 희망이라는 단어는 내게 위대한 힘을 준다. 내가 희망을 상상하면 늘 희망적인 일이 일어난다. 희망은 내 주위에 모든 사물을 아름답게 보이게 하는 엄청난 힘이 있다. 희망을 가지면 새로운 것에 대한 긍정적인 생각으로 변한다. 희망은 보이지 않는 것을 보이게 하는 엄청난 힘이 있다. 희망을 가지면 두려움이라는 어둠은 사라지고 온 세상이 밝아진다. 희망은 어두운 나의 길을 밝혀주는 등불이다.

내가 인체 줄기세포배양액 화장품을 쓴다고 했을 때 이야기다. 많은 사람들은 어느 나라 제품이냐, 효과를 어떻게 믿을 수 있냐, 무수히 많은 이야기를 했다. 그 대부분이 부정적인 생각으로 하는 질문이었다. 새로운 정보에 색안경만을 쓰고 보는 것은 당연하다. 왜냐하면 두렵기 때문이다. 혹시 잘못되면 어떡하지? 불안을 느끼게 된다. 불안은 가난의 파동이다. 성공하는 사람은 이 일을 했다가 안 되면 어떡하지? 실패를 전제로 생각하지 않는다. 나는 내 안에 무수한 생각들 중에 최소한 나한테 이로운 생각만 한다.

나는 홀로 되신 어머니께 성공으로 효도를 하고 싶었다. 내가 성공하면 어머니께서 얼마나 기뻐하실까? 어머니를 기쁘게 해드리고 싶었다. '내가 실패하면 어떡하지?' 하는 두려움보다 '내가 성공하면 어머니께서 얼마나 기뻐하실까?'를 상상했다. 성공했을 때를 생각하면 기쁘고 행복한 일들이 계속 생각난다. 어머니께서 동네 친구 분들께 자랑하시면서 행복해하시는 모습이 떠올랐다. 어머니의 입가에 활짝 핀 미소는 나를 더욱 행복하게 해주었다.

무에서 유를 창조한다는 것은 누구나 두려운 것이 당연하다. 그 당연한 것을 성공한 사람들은 어떻게 헤쳐 나갔을까? 나는 꿈이라고 생각한다. 열망하는 꿈, 간절한 꿈 말이다. 나의 능력은 꿈의 크기에 따라 성장했다. 꿈이 커질수록 자신감과 열정으로 도전을 두려워하지 않고 많은 경험을 할 수 있게 되었다. 꿈을 이룬 모습을 생생하게 상상하고 목표를 가지고 결과를 내는 데 집중했다. 목표에 집중하고 또 집중할수록 더 좋은 결과가 만들어지고 모든 어려움을 헤쳐나갈 수 있게 되었다.

모치즈키 도시타카의 『보물지도』 책을 만났다. 천재적인 사람들이 무의식적으로 해왔던 일들을 보통 사람들이 간단하게 실천할 수 있도록 만든 것이 보물지도다. 나는 꿈을 이루기 위해서 가장 먼저 이 세상에 하나뿐인 보물지도를 만들었다. 원하는 것, 되고 싶은 모습을 머릿속에 떠올리고, 사진을 붙이면서 보물지도를 만들었다. 보물지도를 만드는 동안 꿈을 이룰 수 있을 것 같은 믿음이 생겼다. 내가 꿈꾸는 것이 현실인지 착각할 정도였다. '이 모든 것이 이루어지면 얼마나 행복할까?' 상상하며 행복했다. 사진 옆에 이루고 싶은 날짜를 적었다. '모든 일이 전부 이루어졌습니다. 감사합니다.'라고 적는 순간 이미 꿈이 이루어진 기분을 느낄 수 있었다.

그 동안 잊고 있었던, 놓치고 싶지 않은 나의 꿈이 떠올랐다. 나는 성공한 나의 모습을 구체적으로 상상했다. 백만장자가 되어 1,000명이 모인 무대에서 좋아하는 〈beautiful life〉 음악이 무대 입장 곡으로 나오고, 화려한 정장에 반짝이는 구두를 신고, 당당하게 입장하는 모습을 상상했다. 새로 구입한 가죽시트 냄새가 나는 명차를 타고 출근하고, 좋아하는 사람들과 좋아하는 일을 하며, 시간적, 경제적 자유인의 모습을 상상했다. 성공한 모습을 떠올리는 시간을 점점 늘리면서 꿈과 목표가 더욱 선명해지기 시작했다.

시작은 설렘과 두려움이 함께 공존한다. 시작은 꿈이 실현되는 그날을 향한 첫 걸음이다. 시작하는 것만으로도 반은 성공이다. 무엇인가를 새롭게 시작하는 마음을 먹는 것이 중요하다. 시작과 함께 뜨거운 열정이 생기기도 하고 실패에 대한 두려움이 생기기도 한다. 시작과 함께 열정을 유지하기 위한 모든 방법을 총동원하면 된다. 소망하는 것을 얻기 위해서 방해하는 모든 것은 지혜롭게 물리치면 된다.

어머님께 성공으로 효도할 수 있다는 마음이 더욱 뜨거워졌다. 침대 옆에 보물지도를 붙여놓고 아침, 저녁으로 원하는 모든 것들이 이루어진 모습을 상상하는 것이 행복했다. 마치 꿈인지 생시인지 너무 가깝게 느껴질 때도 있었다. 보물지도를 눈에 띄는 곳에 붙여두고 자주 보게 되면 착각도 하게 된다. 소망을 이룰 때까지 열정을 유지하기 위해서 보물지도는 중요한 역할을 해준다.

보물지도를 눈에 잘 띄는 곳에 붙이면 잠재의식으로부터 꿈을 이룰 때 필요한 영감과 힌트를 받게 된다. 그때부터 소중한 꿈들이 현실이 되어 나타나기 시작하게 된다. 이미 알고 있었더라도 자신의 꿈을 이루기 위해 다시 한 번 보물지도를 만들고 이미 이루어졌다고 느끼고 상상해보라. 분명히 좋은 일들이 생긴다. 이미 여러분은 과거에 여러분이 아니기 때문이다.

성공은 간절한 꿈으로 시작된다. '궁즉변, 변즉통, 통즉구.' 궁하면 변하고 변하면 통하고 통하면 오래간다. 일을 이루기 위해서는 궁해야 한다는 말이다. 여기서 궁의 의미는 '간절함'이다. 성공하는 사람들은 간절하게 열망하는 꿈이 있다. 새로운 시작을 하면서 생기는 두려움은 자연스러운 감정이다, 꿈을 이루고 싶은 간절함이 두려움보다 크기 때문에 이룰 수 있다. 간절한 꿈이 시련과 역경을 두려워하지 않고 용기를 주며 성공을 향해 계속 나아가게 한다. 많은 실패를 통해서 배우고 성장해 나가면 그 끝에서 성공을 만나게 된다. 어떤 일이든 처음부터 쉽게 해내는 사람은 없다. 수많은 도전 속에 마침내 성공을 이루게 된다. 처음에는 할 수 없을 것 같은 일을 할 수 있게 되면 성취감을 느끼게 된다. 우리는 작은 성공에서 작은 성취감을 느끼면서 자신감을 갖게 된다. 간절한 꿈은 자신감을 갖게 해주고 시련과 역경을 이겨내게 만들어준다.

04

내 인생의
터닝 포인트

나는 행복한 부자가 되기를 원한다. 부자는 '내 인생은 내가 만든다'는 말을 믿는 사람들이다. 부자들은 내 인생의 운전대는 내가 쥐어야 한다고 말한다. 경제적인 인생의 운전대를 내가 쥐고 있어야 부자가 될 수 있다. 나를 성공하게 해줄 수 있는 사람은 나 자신이라는 것을 알고 난 후 내 인생의 나침반이 정확하게 작동하기 시작했다.

내 인생에서 주인공은 피해자처럼 굴지 않는 것이다. 세상에는 피해자 역할을 하는 사람들이 많다. 그들은 경제를 탓하거나, 정부를 탓하거나, 주식시장을 탓한다, 동업자를 탓하고, 배우자를 탓하고, 부모를 원망한다.

돈은 중요하다. 돈은 효과를 발휘하는 곳에서는 너무나 중요하다. 돈은 효과를 발휘하지 못하는 곳에서는 전혀 중요하지 않다. 사랑이 세상을 돌아가게 하는 원동력이 될 수는 있지만 병원이나 집을 지어주지는 못한다. 사랑으로 가스요금을 내겠다고? 나도 예전에는 돈을 모르고 사랑을 소중하게 생각했었다. 돈과 사랑은 동전의 양면 같다. 돈이 없으면 소중한 것들을 잃는 위험에 놓일 수도 있다. 부자들은 돈을 하찮게 생각하지 않는다. 돈의 소중함은 경제적으로 힘들어지면 알게 된다. 모든 소중함은 잃고 나서야 깨닫게 되는 것 같다.

내 인생에 목적도 없고 방향도 없이 어머니의 자식만으로 사는 것에 싫증이 났다. 나는 하고 싶은 것이 생길 때마다 다른 사람부터 배려하다가 포기하는 것이 습관이 되어버렸다. 내가 원하는 것이 무엇인지 구체적으로 생각해보기 시작했다. 내가 원하는 것이 생겼다는 것이 나에게는 인생의 기회였던 것이다. 내가 원하는 것을 스스로 이루어보고 싶다는 욕망이 꿈틀거렸다. 내 인생에 주인공으로 원하는 것을 얻기 위해 열정적으로 살고 싶었다.

성공은 성공한다는 것을 먼저 선택하고 시작하는 것이다. 성공하는 사람들은 실패가 성공을 위해 지불해야 하는 대가라는 것을 잘 알고 있다. 내가 인생을 결정하지 않으면 흘러가는 대로 살게 될 것이다. 성공한 사람은 인생의 어느 시점에서든 반드시 자기가 바라는 대로 살아가는 방법을 알게 된다. 많은 경험을 통해 새로운 선택을 하고 더욱더 지혜롭게 성장하게 되기 때문이다.

성경에 나오는 "구하라, 그러면 너희에게 주실 것이요, 찾으라, 그러면 찾을 것이요, 문을 두드리라, 그러면 너희에게 열릴 것이니, 구하는 이마다 얻을 것이요, 찾는 이가 찾을 것이요, 두드리는 이에게 열릴 것이니라."라는 말을 통해 원하는 것을 얻는 해법을 알게 되었다.

내가 얻고자 하는 것을 얻을 수 있다는 말에 희망이 보였다. 내 인생의 터닝 포인트는 책을 읽게 되면서였다. 책은 수많은 성공한 사람이 나에게 알려주는 성공의 지름길이다. 원하는 사람들은 무엇이든 얻을 수 있다. 그곳이 어디라도 만날 수 있다. 내가 소원하기만 한다면 얻을 수 있다는 것을 성경 말씀을 통해 알게 되었다.

성공을 향한 강한 열망이 더 큰 시련을 통해 성장하게 만들어주었다. 내가 간절하게 구한 것은 성공이다. 성공이 나타날 때까지 계속 앞으로 전진해 나갔다. 나는 매순간 기회를 찾았다. 간절한 꿈이 생기고 목표를 향해 실천할수록 더 많은 기회가 생겼다. 내가 열망하는 것들을 얻고자 할수록 우연한 기회, 우연한 결과들이 지속적으로 나타나기 시작했다.

기회의 신 카이로스는 “앞머리는 숲이 무성한 대신 뒷머리는 대머리이며, 어깨와 양발 뒤꿈치에는 날개가 달려있을 뿐만 아니라 양손에는 저울과 칼을 들고 있다.”라고 신화에 나온다.

이처럼 기회는 기회인지 아닌지 아무도 모르게 찾아온다. 기회가 오더라도 너무 빠르게 지나가기 때문에 준비가 되어 있지 않으면 알아보지도 못한다. 성공한 사람들은 항상 준비가 되어 있기 때문에 기회인지 모르고 잡았는데 기회가 된 경우도 있다. 실패한 사람들은 기회가 지나가고 다른 사람들이 성공을 하면 그때가 기회였구나 생각을 한다.

인생을 살다 보면 기회를 잡느냐 못 잡느냐가 인생에 성공과 실패를 좌우한다는 것을 알게 된다. 구하려고 보니 모든 것이 기회였다. 찾으려고 하니 기회를 찾게 되었다. 우리는 인생에서 우물쭈물하다가 기회를 잡지 못해서 성공의 기회를 놓친 적이 있다. 준비가 되어 있다면 반드시 기회는 오게 된다. 성공은 준비만 되어 있다면 반드시 기회가 오게 된다. 그 기회를 잡아서 인생에 터닝포인트 역전드라마를 쓰면 되는 것이다.

인체 줄기세포배양액 화장품을 만난 것이 내 인생의 터닝 포인트였다. 나는 얼굴에 진물이 날 정도로 각피 손상이 심했다. 얼굴이 좋아진다고 하면 혹시나 하는 마음에 권유받은 좋은 화장품들을 사용했다. 이미 손상으로 문제성 피부가 된 상황이라 내 피부에는 어떤 화장품도 효력을 발휘하지 못했다. 그러던 중 지인으로부터 '인체 줄기세포배양액' 화장품 '루비셀'을 소개받게 되었다. 좋아진다고 하니 그렇게 되면 얼마나 좋을까 하는 마음으로 구매를 했다.

'루비셀'은 손으로 바르는 것이 아니라 '인체 줄기세포배양액'을 홈케어 에어브러시에 앰플을 넣어서 뿌리는 것이었다. 그동안 화장품은 손으로 발라야 해서 문제가 있는 내 피부에는 제대로 흡수가 안 되고 얼굴에 바르는 건지, 계속 손에 바르는 건지 구별이 안 될 정도였다. 얼굴이 하루가 다르게 좋아지고 피부가 광이 나기 시작했다.

나는 밤마다 기도했다. 아침에 일어나면 얼굴에 진물이 없어지는 것을 상상하며 기도했다. 그 간절한 소망이 바람을 타고 '루비셀'을 나에게 선물해준 것이다. '루비셀'을 뿌리고 예전의 건강한 피부로 바뀌었다. 그것이 내 인생에 기적을 가져다준 터닝 포인트가 된 것이다. '루비셀'을 만나서 내 피부도 10년 전 동안으로 바뀌었고 내 인생도 바뀌었다. 벤츠시상을 받고 백만장자인 밀리어네어 클럽에 입성하고 성공자 대열에 오른 것이다.

나는 시간적, 경제적 자유인을 꿈꾼다. 나의 인생 목표는 시간적, 경제적 자유를 얻는 것이다. 시간은 많은데 돈이 없거나, 돈은 있는데 시간이 없다면 부족한 부분을 채우기 위해 인생을 보내야 하기 때문이다. 두 마리 토끼를 다 잡는 것이 나의 인생 목표이다.

나는 비행기를 타고 유럽여행을 간 적이 있다. 친구들과 인파가 붐비는 휴가철에 맞춰서 간 것이 아니라 평일 호젓한 시간에 공항을 누비는 여유로움이 진짜 여행을 느끼게 해 주었다. 나는 사람이 붐비는 곳은 선호하지 않는다. 그래서 공항 VIP 라운지를 이용한다. 차나 음료도 여행으로 피곤해질 나를 위해 대접해 주는 최상의 공간이었다. 비즈니스 석은 항상 편안하고 최고의 대접을 받을 수 있어 좋다. 열심히 일한 뒤에 떠나는 여행에서 나에게 주는 보상은 나를 더욱 기쁘게 해주었다.

나는 여행을 다니는 동안에 시간이나 돈에 대한 걱정이 없는 자유로운 인생을 원한다. 내가 시스템 사업을 하는 이유도 시간적, 경제적으로 자유를 원하기 때문이다. 그런 의미에서 나는 네트워크마케팅 비즈니스를 좋아한다. 평범한 사람이 부자가 될 수 있는 유일한 길이다. 무자본, 무점포, 무경험으로 시스템 사업을 할 수 있다. 돈이 돈을 위해 일할 수 있는 시스템 사업이다. 초고령화시대에 자영업이 몰락하고 있고, 평생 직업이 사라지는 위기의 시대에 나는 네트워크사업을 선택해서 내 인생의 터닝 포인트를 만들었다. 특히 네트워크마케팅 비즈니스를 좋아하는 이유는 다른 사람의 성공을 돕고 다른 사람을 도우면서 내가 원하는 모든 것을 얻을 수 있기 때문이다.

사람은 누구를 만나느냐에 따라서 운명이 바뀐다고 한다. 사람은 어떤 기회를 만나느냐에 따라서도 성공이 가능해진다. 어떤 생각을 하느냐에 따라서 운명은 바뀐다. 성공할 수 있다는 믿음과 자신감은 인생에 주인공이 되는 중요한 요소이다. 자신의 인생에 주인공이 되어서 간절하게 원하는 것을 갖고 기회를 만날 때까지 준비를 하면 된다. 어떤 사람들은 네트워크마케팅 비즈니스가 어떤 것인지도 모르고 좋아하지 않는다. 하지만 원리는 잘못된 것이 없다. 다만 그것을 잘못 운영하는 사람들이 있을 뿐이다. 모는 기회에 한계를 가지고 본다면 기회보다 두려움을 먼저 보게 될 것이다. 성공한 인생을 꿈꾼다면 모든 것이 기회라고 보고 미래지향적인 생각을 하는 것이 우선이다. 간절한 소망을 가지고 구체적인 계획으로 꾸준하게 준비하면 반드시 인생을 바꿀 수 있는 터닝 포인트를 맞이할 수 있다.

05

모든 것은 내 안에서 시작된다

나는 말 잘 듣는 딸로서의 삶을 선택했다. 그 당시 내가 할 수 있는 전부라고 생각했다. 돌이켜보면 더 이상 성장하기 싫어서 어머니 핑계를 대면서 현실에 안주했던 것이다. 사람들은 스스로가 위험에 처하면 본능적으로 다른 사람에게 책임을 전가시키기도 한다. 학교를 졸업하고 직장과 사회에서 책임이라는 공간 속에 떠밀려서 무감각하게 사회생활을 했던 것이다. 인생의 꿈과 목표가 없이 세월이 흐르고 나니 허탈한 기분이 들었다.

어머님을 도와서 가정에 책임을 져야 한다는 생각으로 모든 것을 포기했다. 미래를 준비하는 적금통장에 내 인생을 걸었다. 그렇게 적금이 나를 안전하게 지켜줄 거라고 생각했다. 내 이름으로 가입된 적금통장이 유일한 희망이었다. 은행에서 주는 사원복장이 있어서 불필요하게 옷을 사 입어야 할 이유가 없었다. 다람쥐 쳇바퀴 돌듯이 살다보면 다른 생각을 할 겨를이 없었다. 직장인들은 누구나 같은 권태를 느낄 것이다.

20대에 금융기관에 다니는 이점으로 공모주, 주식 같은 정보를 듣게 되었다. 선배들은 왜 다들 그랬을까? 지금에 와서 생각하면 미래에 대한 불안감 때문이다. 은행에 근무한다는 것이 남들 눈에는 더 좋은 직장이 어디 있을까 싶을 정도로 부러운 직장이다. 하지만 미래가 불안하고 노후가 걱정이 되기 때문에 마음은 늘 행복하지 않았던 것이다.

어느 날 선배가 야간대학교를 가고 싶다는 말에 적극적으로 찬성하며 내가 마무리 일을 돕겠다고 나섰다. 내 업무가 끝나도 다른 직원에 일을 내 일처럼 했다. 책임감이 강해서 불의를 못 참고 나서다가 책임지는 상황을 만들기도 했다. 그것이 오지랖이라는 것도 너무 늦게 알게 되었다. 책임감이 강해서 오지랖으로 변질된 나는 더 이상 긍정할 수 없었다.

문득 나도 대학교를 가고 싶다고 생각하던 기억이 났다. 내 의사를 주장해본 적이 없어서 늘 생각에만 그쳤다. 직장일은 하루하루가 숨 가쁘게 지나간다. 직장을 다니면서 나 자신에 대한 생각을 하는 것은 사치다. 돈과 내 시간을 바꾸는 노예 같았다. 직장생활을 할수록 행복감이 없었다. 그 당시 자영업으로 돈을 많이 번 부자들을 보게 되었다. 직장인의 월급과는 엄청난 차이가 났다. 나도 장사를 해서 돈을 벌어서 어머니를 행복하게 해드리고 싶다는 생각이 들었다.

나에게는 희망이 있었다. 다른 사람과 비교해서 없는 것이 아닌 있는 것에 초점을 맞추는 것이다. 그러자 세상이 밝고 긍정적으로 활기차게 느껴졌다. 나에게는 성실이 있고, 나에게는 인내도 있고, 나에게는 끈기도 있고, 나에게는 의지가 있다. 게다가 건강한 몸도 있다.

이렇게 생각하니 세상 모든 것도 할 수 있는 용기가 생겼다. 내가 가진 성실성과 긍정적 성격으로 자영업을 하면 좋겠다는 생각이 들었다. 모든 것이 없는 쪽이 아닌 있는 쪽으로 시선을 돌렸다. 나에 대한 희망과 믿음을 갖고 은행에 사표를 내게 되었다.

간절한 꿈이 생긴 후에 내 안에 잠든 거인을 꿈으로 깨우기 시작했다. 매일 내 안에 잠든 거인과 함께 시작한다. 잠자던 거인이 이제는 나를 잠에서 깨운다. 나는 새로운 결단을 하고 내 인생에 새로운 목적지를 정했다. 행복한 부자가 되기로 마음먹었다. 나는 간절하게 열망하는 꿈이 있다. 간절한 꿈은 깊은 잠에 빠져 있는 거인을 지속적으로 흔들어 깨운다. 잠자고 있는 거인은 별안간 벌떡 일어나는 것이 아니다. 지속적으로 깨우는 사람의 노력에 의해서 어느 날 갑자기 기적처럼 나타나는 것이다.

나는 해낼 수 있을까를 고민하면서 시간을 허비할 수 없었다. 결단을 내리는 것이 첫 번째의 행동이었다. 네트워크마케팅 비즈니스를 해야만 한다고 결심했다. 평범한 사람이 부자가 될 수 있는 마지막 기회이다. 성공하면 내가 원하는 모든 것을 얻을 수 있다. 내가 상상하는 것을 얻기 위해 많은 사람들의 거절은 고통이 아니라 즐거움이었다. 나는 가난하게 살면서 미래에 대한 걱정만으로 살고 싶지 않다. 평범하게 살아가는 사람들은 모른다. 평범하게 살아가는 대가가 네트워크사업을 하면서 치러야 하는 대가보다 더 크다는 것을 모른다.

다른 사람들이 '이 사업이 안 되면 어떡하지?' 걱정할 때, 나는 '어떻게 하면 성공할까?' 생각했다. 나는 유일하게 믿는 것이 나 자신밖에 없다. 나를 도와줄 사람도 나 자신이고 성공해야 하는 사람도 나였다. 나 스스로 부자의 삶을 선택했기 때문이다. 내 안에 무한 능력을 가진 거인을 깨워서 나에 성공을 돕게 했다. 내 안에 게으름, 미루는 습관, 부정적인 생각, 낡은 사고들을 버리고 나에 성공에 도움이 되는 잠자고 있는 거인들을 깨웠다.

새로운 결단으로 새로운 생각과 할 수 있다는 믿음으로 신념을 갖고 내가 원하는 삶으로 목적지를 향했다. 사람들은 자투리 시간을 이용해서 부수입을 늘릴 기회가 있다고 하면 돈을 벌고 싶지만 시간이 없다고 한다. 심지어는 시간은 있는데 실패를 두려워서 고민하는 사람들도 있다. 잘 살고 싶은 생각은 있지만 결단이라는 행동조차 하기 힘들다. 설사 결단을 내리더라도 지속적인 결단을 내리지 않는다. 희망이 없는 사람들과 어울려 노는 것이다. 희망은 잠자고 있지 않는 인간의 꿈이다. 인간의 꿈이 있는 한 이 세상은 도전해볼 만하다. 어떠한 일이 있더라도 꿈을 잃지 말자. 꿈을 꾸자. 꿈은 희망을 버리지 않는 사람에게 선물로 주어진다.

사무엘 존슨은 "희망이 없으면 노력도 없다. 희망이 없는데, 노력할 사람이 어디 있겠는가. 노력하는 데는 다 그만한 이유가 있는 것이다. 목표 없이 일하는 사람은 없다. 골인지점 없이 달리는 마라토너는 없다. 희망을 먼저 가지자. 그리하면 자연히 노력하는 사람이 될 테니까."라고 말했다.

나는 성공할 수 있다는 희망으로 내 안에 잠든 거인들을 깨워서 하루를 활기차게 살아간다. 내 삶이 성공으로 뒤바뀌는 날을 상상한다. 인생을 패배자처럼 산다면 두려움, 고통, 치욕스러운 날들을 살게 될 것이다. 나는 결코 성공하겠다고 나에게 약속했다. 내 인생의 희망은 나였다. 내 안에 잠든 거인은 나에게 할 수 있다는 신념과 용기를 주고 희망을 가지게 해주었다.

아이가 걷는 법을 배우려면 시간이 필요하다. 걸음마를 하는 아이에게 '넌 안 돼.'라고 하는 부모가 있을까? 세상의 모든 부모는 '우리 아이가 걸을 수 있을 때까지 계속 응원할 거야.'라고 말할 것이다. 나는 꿈을 이루기 위해 내 안에 잠든 거인을 계속 깨우고 지속적으로 결단하게 하면서 내가 원하는 성공을 할 때까지 '잘하고 있고, 잘해 낼 수 있다'고 응원할 것이다.

상상 속의 집에 살기 전까지는 그것들이 세상에 모습을 드러내지 않는다. 구하고자 하는 이상이 마음 안에서 잠재적으로 존재하지 않는다면 어떤 것도 우리를 통해 절대 나타날 수 없다. 우리 자아에 대한 관념을 바꾸지 않고 세상을 바꾸려 하는 것은 자연의 섭리에 정면으로 대항하는 것이다. 내부의 변화가 일어나기 전까지 외부는 변화하지 않는다. 원하는 모습이 이미 되어 있는 것처럼 상상하면 된다. 의식을 변화시키지 않고 어떤 일을 한다면 겉에 보이는 문제만을 다루는 것이다. 아무리 외부적으로 애쓰고 노력해봤자 자신이 규정하고 있는 것만을 받게 된다. 주변에 일어나는 일들에 반응하고 있다는 것은 존재의 법칙에 대항하는 것이다.

자신의 상상력을 충만하게 깨워 기적을 현실로 만들어내는 사람에게 매일매일 일어나는 일은 경이롭다. 상상 속에서 내가 알고 있는 최상의 것보다 더 위대한 것을 상상하면 된다. 내면에는 '나는 무엇이든 할 수 있다.'라고 믿는 긍정적인 자아와 '나는 아무것도 할 수 없다.'라는 부정적인 자아가 동시에 존재한다. 새로운 자아 개념을 만드는 것이 중요하다.

새로운 자아개념을 갖고 원하는 것을 상상하고 새로운 관점으로 세상을 보기 시작했다. 새로운 나를 상상하면 미래의 꿈이 현재에 나타난다는 것을 믿었다. 이미 되고 싶은 이상적인 존재를 창조하면서 내가 이미 그 사람이라고 가정했다. 느낌을 지배할 때까지 계속 가정한다면 반드시 그 이상적인 상태에 이르게 된다고 믿었다,

나는 사업을 시작할 때 안 될 거라는 사람들의 말에 신경을 쓰지 않았다. 승급을 할 때도 이미 이루어진 것처럼 그 이미지를 상상했다. 내가 원하는 것들을 이미 이루어진 것처럼 상상한 것이 결국 현실로 나타났다. 내가 상상한 것이 이미 나의 현실이 된 것이다.

나의 미래에 대한 꿈은 내 안에서 잠자고 있다. 자신의 내면의 목소리에 귀를 기울여야 한다. 내면에서 소망하는 꿈들을 상상하는 대로 나의 인생은 그려진다. 좋든 나쁘든 자기 몫을 받아들여야 한다는 사실에는

공감을 한다. 광활한 우주가 아무리 선한 의도를 갖고 있더라도 자신에게 주어진 땅을 비옥하게 가꾸지 않는다면 원하는 것을 얻을 수 없다는 사실도 인정한다. 내가 무엇을 할 수 있는지는 아무도 모른다. 스스로가 해보지 않고서는 알 수가 없다.

자신에 대한 신뢰를 갖게 되면 무한한 에너지가 생기게 된다. 자기 신뢰로부터 두려움으로 가득한 자의식에서 벗어나면 자신감과 용기가 생긴다. 두려움의 감옥에 갇혀 있는 내 안의 소망의 불씨를 찾아서 무한한 열매를 맺을 수 있게 해야 한다. 내 안에서 간절히 열망하는 것을 이루고 싶은 욕망에 불을 지펴야 한다. 원하기만 한다면 창조력인 상상의 힘으로 스스로의 인생에 찬란한 불꽃을 피울 수 있다.

06

성공과 실패의 한끗 차이

성공과 실패는 한 끗 차이이다. 많은 사람들을 만나면서 실패가 두려워서 도전하지 못하는 사람들을 만나게 된다. 그 사람들이 '생각의 병'에 고통을 받고 있는 것을 알게 되었다. 사실은 게을러서 생긴 핑계다. 성공을 원하지 않는 대부분의 사람은 핑계가 습관이 된 사람들이다. 목표가 없는 사람은 자신이 성공할 수 없는 이유가 수만 가지가 있다. 나는 목표를 달성하기 위해서 아무런 핑계도 대지 않기로 했다. 수많은 부정적인 것이 나를 실패에 대한 두려운 생각으로 발목을 잡을 것이다.

부정의 덫에 빠지는 순간 늪처럼 절대 빠져 나올 수가 없다. '생각의 병'에 빠져나와 행동을 하지 않으면 내가 원하는 성공이라는 것은 그림의 떡이다. 나는 성공한 사람들이 실천한 상상의 힘을 믿는다. 나는 강한 사람이고 나는 뭐든 할 수 있고 내가 원하는 것은 이미 이루어져 있다고 상상한다. 나는 내가 원하는 모습을 상상했다. 백만장자의 여유로운 모습, 행복한 모습을 상상했다. 나는 나의 성공한 모습을 자주 떠올린다. 기분이 좋기 때문이다. 나는 자주 성공을 떠올릴수록 기회가 더 많이 찾아왔고 그 기회 속에서 더 큰 성공을 만들었다.

나는 내가 원하는 것을 알고 성공할 수 있다는 것을 믿는다. 이 사실이 나에게 중요했다. 모든 원인을 나에게서 찾을 수 있기 때문이다. 남 탓을 하지 않고 모든 원인이 나에게 있다는 생각으로 관점을 바꾸었다. 그때부터 나에게 기적들이 일어나기 시작했다. 내가 원하는 모습을 만나는 날까지 일어나는 모든 것은 성공의 과정일 뿐이다. 지금의 나와 성공한 나 사이에는 시간과 공간이 있을 뿐이다. 그 과정에는 장애물이 곳곳에 숨어 있다.

성공과 실패는 동전의 양면 같아서 매일 매 순간 일어난다. 하늘에 떠 있는 구름을 보면 그대로 있는 것 같지만 시간이 지나면 구름이 사라지고 없는 것처럼 말이다. 구름이 서서히 움직이는 것을 내가 움직이지 말라고 할 수는 없다. 과학적으로 다 이유가 있다. 나에게 왜 이런 시련을 주시는 건지 다 이유는 있을 것이다. 나는 더 큰 성장과 깨달음으로 더 많은 행복을 주신다고 믿는다.

나는 매일 성공과 실패를 오가는 사람들을 만난다. 그 속에서 성공을 성공으로, 실패를 실패로 보는 것은 너무 쉽다. 나는 실패를 성공으로 가는 여정이라 생각한다. 나 스스로 나의 실패를 인정하는 것보다 바보같은 짓은 없다. 사실 실패라는 말은 쓰지 않는다. 가난한 사람은 '인생은 우연히 만든다.'라고 믿는다. 내 인생을 방관자처럼 산다는 것이다. 운이 좋았을 수도 있지만 모든 일이 우연하게 생기지는 않는다.

나는 성공한 사람들을 만나면서 느낀 것이 있다. 성공한 많은 사람들은 주변 사람들에 말을 듣지 않았다는 것이다. 자신에 대한 믿음 자기에 대한 신뢰가 가장 중요하다. 나는 많은 사람들이 불가능하다고 하더라도 그 소리에 신경 쓰지 않았다. '나는 할 수 있어. 그 사람이 했다면 나도 할 수 있어. 나에게 온 기회야.'라고 생각했다. 내가 할 수 있는 것이 어디까지인지 시험하고 싶었다. 신은 인간이 견딜 수 있는 만큼의 시련을 준다고 했다.

나는 나에게 한계가 없다는 것을 실패를 경험하면서 알게 되었다. 처음에는 실패에 대한 두려움이 생기기도 했다. 내가 정한 목표를 이루지 못할까 봐, 실수할까 봐, 내가 갖고 있는 것을 잃을까 봐 도전하기가 두려웠다. 실패에 대한 생각에 모든 것이 암흑처럼 느껴지기도 한다. 홀로인 것 같은 두려운 생각이 들게 한다. 새로운 일을 시작할 때 나를 도전하지 못하게 하는 생각들이다. 꿈을 꾸고 도전하는 순간, 늘 찾아오는 것이다.

이런 것들은 내가 성공으로 가는 가능성을 조금도 느끼지 못하게 나를 가로막는 생각들이다. 그 순간 나는 내가 원하는 것만 생각한다. 나는 '그럼에도 불구하고'라는 말을 좋아한다. 그럼에도 불구하고 나는 나의 성공을 원할 뿐이다. 나는 행복을 원하고, 성공을 원하고, 어머니께 효도하고 싶다는 꿈이 있다. 내가 진정으로 무엇을 원하는지를 생각했다. 성공한 모습을 상상하고 어머니께서 기뻐하는 모습을 상상했다.

내 삶에 대해 책임지기로 했다. 다른 사람을 비난하지도 말고 나 자신도 비난하지도 않는 것이다. 실패를 경험으로 삼고 이 세상 누구도 실패 없이 성공한 사람은 없다. 실패란 말이 나에게 주는 의미는 다르다. 실패를 통해서 더 좋은 결과를 만드는 데 익숙해졌다. 실패를 통해서 내가 부족한 점이 무엇인지도 알게 되었다. 실패는 내가 원하는 것들을 얻기 위해 나를 더 단단하고 강하게 해주는 밑거름이다. 작은 실패들이 쌓여 작은 성공을, 큰 실패가 쌓여 더 큰 성공으로 나에게 안겨주었다. 이제 실패 없는 성공은 없다.

인간은 태어날 때부터 아무것도 모르는 무에서 시작한다. 원래 모르는 것이 정상이라고 생각한다. 모르는 것을 배워가는 것이 인생이다. 슬픔이 있어야 기쁨을 알고 아픔이 있으므로 행복을 알 수 있듯이 인생은 양면성이 있다. 행운의 신은 항상 나와 함께한다. 성공과 실패의 차이는 행운을 인식하고 불운에 집착하지 않는 것이다.

누구나 성공을 원한다. 사랑하는 가족들의 행복과 안정을 위해 더욱 성공을 원한다. 성공을 원하는 사람 수보다 성공을 이루는 사람의 숫자가 적은 데는 이유가 있다. 네트워크마케팅 비즈니스를 하다 보면 수많은 거절과 비아냥거리는 일을 겪는다. 당연하다. 네트워크사업에 대해 잘 모르기 때문이다.

성공적인 사업가가 되고 싶다면 100명의 고객에게 거절을 받을 때까지 해보라고 했다. 나는 습관적으로 '네, 해보겠습니다.'라는 말이 나왔다. '그렇게 해서 성공한다면 해봐야지.'라는 생각이 들었다. 그 후로 100명에게 거절을 받기도 전에 나는 성공을 이루었다. 때로는 사면초가일 때도 있었다. 그 일에서도 무언가를 깨닫고 배우려고 했다. 앞으로 나가는 것만 생각했다. 신이 나에게 주신 시련으로 무언가 배울 것이 있을 것이라는 생각을 했다. 실패를 통해 배울 수 있는 좋은 계기가 되었다. 눈앞에 실패에 집착하지 않고 미래의 성공을 위한 능력을 키워주는 지혜를 배웠다.

에디슨은 이렇게 말했다.

"나는 실패한 것이 아니었다. 단지 성공하지 않는 10,000가지 방법을 발견했을 뿐이다."

실패를 성공으로 바꾸기 위해 노력했다. 네트워크마케팅 비즈니스가 특별하게 좋은 이유가 있다. 사회에서는 성공을 필요로 하는 사람은 누군가와 경쟁을 해서 패배시키지 않으면 행복해질 수 없다. 반면에 네트워크마케팅 비즈니스는 다른 사람을 성공시켜야 함께 성공할 수 있다. 실패라는 징검다리를 함께 건너면서 성공이라는 종착점에 도착하게 된다.

실패와 패배는 성공으로 가는 자연스럽고 당연한 과정이다. 무엇인가를 배우고 깨닫기 위해서 꼭 필요하다. '실패'는 나 자신을 포기하는 말이다. 실패는 자기 자신을 너무 일찍 포기했다는 것이다. 성공이란 한마디로 그만두지 않는 것이다. 사람도 마찬가지다. 지구가 움직이듯 지구에 사는 우리는 열심히 움직여야 한다. 그러면 누구나 성공할 수 있다. 그런데 만일 힘든 일이 있다면 이는 자신의 방법이 틀렸기 때문이다.

실패는 실패가 아니라 잘못된 방법을 알게 되는 기회다. 곧 바로 다른 방법을 찾아 다시 도전하면 된다. 이것이 성공하는 사람과 실패하는 사람의 차이다. 실패라고 생각하고 그만두면 낙오자가 될 뿐이다. 사람은 잘될 때까지 계속하면 반드시 성공한다.

그런데 왜 계속할 수 없는 것일까? 2가지 이유가 있다. 하나는 실패할 때마다 '실패했어, 나는 실패했어.'라고 생각하기 때문이다. 실패가 아니라 '틀렸다'는 것을 알게 된 성공체험이라고 생각하면 된다. 그리고 또 다른 하나는 고치지 않고 똑같은 일을 반복하기 때문이다. 우리는 실패를 포함해서 하나씩 하나씩 배워 나가면 된다.

만일 상황이 힘들어지면 "어려움이 해결되고 있는 중이다."라고 생각하고 목표를 향해 계속 노력하면 된다. 이 세상에 실패한 경험이 없는 사람은 아무도 없다. 사람들은 성공은 빨리 잊어버리고 실패는 오랫동안 기억한다. 지나간 실패를 수없이 반복 재생한다. 성공한 사람들은 자기가 해낸 일에서 작은 성취감이라도 오랫동안 기억한다. 성공한 자신의 모습을 늘 기억하고 상상하며 성공을 향해 꾸준하게 나아간다.

성공하는 사람들은 모든 상황을 긍정적으로 해석한다. 실패가 아니라 성공으로 가는 과정일 뿐이고 결국에는 성공한다는 당연한 믿음을 갖고 있다. 성공을 만날 때까지 끊임없이 걸어가는 것이라 생각한다. 성공하는 사람들은 행동을 멈추지 않을 뿐이다. 실패를 두려워하며 행동을 멈추지 않고 포기하지 않는다. 원하는 목표를 향해 꾸준하게 도전하는 것이다. 아무리 실패를 하더라도 성공할 때까지 포기하지 않는다면 그동안의 모든 일은 큰 성공을 위한 과정일 뿐이다. 실패한 시점에 머물러 있을 시간에 성공의 지점으로 이동하는 것이 우리가 해야 할 행동이다.

07

성공하기 전에 몰랐던 것들

나는 성공하기 전에 몰랐던 것들을 성공하고 알게 되었다. 나의 성공을 주변사람들은 걱정으로 응원했다. 많은 사람들이 다니고 싶어 하는 금융회사를 다니다가 남들이 모두 싫어하는 네트워커가 된다는 것만으로도 어머니께는 불효였다. 어릴 때부터 말 잘 듣고 공부 잘하는 딸이 은행에 입사했을 때 어머니는 세상 어떤 사람도 부러울 게 없는 성공한 어머니였다.

나의 꿈을 찾아 은행에 사표를 내고, 처음 자영업을 하면서 자본이 부족하면 경쟁력이 떨어지고 생명력이 길지 않다는 것을 경험했다. 좀 더 안정적인 사업을 찾기 시작했다. 대부분 자본과 경험 부족에서 시행착오를 겪어야만 했다. 장사나 사업을 하는 사람이라면 공감할 것이다. 실패가 실력이고 경험이 노하우로 쌓여가는 순간 성공하는 것이다. 자본과 경험에 대한 중요성을 알고 있던 내게 네트워크사업은 한줄기 빛 같은 것이었다.

무자본, 무점포, 무경험의 장점을 가진 네트워크마케팅 비즈니스를 만나게 되었다. 투자되는 것은 단지 나의 시간과 노력, 열정, 인내를 필요로 한다. 돈이 들지는 않지만 돈 만큼의 에너지를 반드시 쏟아야 한다. 내가 얻고자 하는 것이 있다면 배우면 된다. 실패할수록 성공은 더 간절해지고 성공이 다가오고 있다는 생각이 들었다. '성공자의 과거는 비참할수록 아름답다'는 말을 위안 삼았다. 거절에 대한 거절이 아닌 두려움으로 평범한 삶을 선택한 사람들을 구별하기 시작했다.

성공으로 어머니께 효도를 하고 싶었다. 어느새 어머니에 허리가 굽어가는 것을 보게 되었다. 마음이 무지 아팠다. 나에게 어머니는 강인함의 상징이셨다. 그런 어머니의 약해져가시는 모습에 마음이 아팠다. 빨리 성공해야만 했다. 어머니께서 더 쇠약해지기 전에 성공으로 보답해드리고 싶었다. 사람들이 안 된다고 하는 네트워크 비즈니스를 만나 실패가 연습이 되고 노하우가 쌓여 네트워크마케터로서 전문가가 되었다. 프로가 되기까지 15년 정도 걸렸다. 내가 성공을 열망하고 실패라고 보이는 성공으로 가는 과정 속에 사랑하는 가족들은 걱정으로 응원했다는 것을 성공하고 알게 되었다.

당신 주변에도 당신의 성공을 응원하는 누군가가 있다. 나는 경제인 책에 성공자로 인터뷰를 하게 되었다. 어머니께서는 강한 모습을 보여주시려고 눈물은 흘리지 않으셨다. 그러면서도 또 내 걱정을 하셨다. '돈 버는 것보다 쓰는 것이 중요하다'고 하셨다. 어머니께서는 많은 것들을 몸소 실천하시면서 내 인생에 행동으로 멘토가 되어주셨다. 그렇게 기다리던 나의 성공보다 앞으로 더 잘되는 것을 걱정해주셨다. 나에게 '잘했다, 성공했네, 수고했다'라는 말은 없으셨다. 내가 없을 때 오빠들에게 경제인 책에 나온 내 사진을 보여주면서 은근히 딸 자랑을 하셨다고 한다.

어머니는 마음속으로 내가 성공하기를 누구보다 원하셨던 것이다. 사서 고생하는 내 모습을 안타까움에 늘 잔소리로 응원하셨던 것이다. 어머니는 사랑을 표현하는 데 익숙하지 않으셨다. 아버지께서 돌아가시면서 자연스럽게 웃음을 잃어가셨다. 그런 어머니께 나는 웃음을 찾아드리고 싶었다. 내가 성공해야 하는 간절한 이유였다. 오빠는 나를 '슈퍼리치 내 동생'이라고 불러주었다. 가족은 남들이 싫어하는 일을 하는 나를 마음속으로 간절하게 응원하고 있었다는 것을 알게 되었다.

'신은 왜 나에게 이런 시련을 주셨을까?'라고 불평할 시간이 없었다. 신이 이런 시련을 주시는 데는 무슨 이유가 있을 것이라고 생각했다. 왜냐하면 빨리 성공하고 싶어서였다. 나에게 시간이 중요했다. '나에게 왜?'라는 말로 투정 부릴 시간이 없었다. 컵에 물이 똑같이 남은 것을 보고 누군가는 '컵에 물이 반밖에 안 남았네?'라고 하고, 누군가는 '물이 반이나 남았다.'라고 한다. 나는 지금 당장 할 수 있는 것은 무엇인지를 생각했다. 어떻게 하면 목표를 달성할 수 있을지를 생각했다.

내 귓가에 실패할까 봐 두려워하며 작동하는 부정적인 소리들을 들어줄 시간이 없었다. 실패에 대한 두려운 생각은 아무런 도움이 되지 않았다. 내가 꿈을 이루고 성공했을 때 기뻐해주고 축하해줄 가족들과 지인들의 모습을 상상했다. 내가 살고 싶은 집을 생각하고 편하게 여유를 즐기는 성공한 모습을 생생하게 상상했다. 내가 가고자 하는 방향에 초점을 맞추었다. 원하는 것을 명확하게 바라보았다. 모든 것이 '내 책임이다.'라는 생각이 내 인생에 주인공으로 내 운전대를 내가 잡게 했다. 이 말을 할 때마다 나는 강하게 느껴지고 할 수 있다는 생각으로 바뀌었다. 두려움을 떨쳐버리고 명확한 목표를 향해 끊임없이 앞으로 나갈 수 있는 자신감이 생겼다. 많은 경험이 자신감을 주었다. 나에게 자신감은 거침없이 앞으로 나갈 수 있는 커다란 용기를 생기게 했다. 나에게 용기는 두려움을 극복하게 해주었다. 용기는 자신감을 더욱더 굳건하게 만들어주었다.

랄프 왈도 에머슨은 "두려워하는 일을 하라. 그러면 두려움이 사라질 것이다."라고 말했다.

두려움을 극복하고 흔들리지 않는 용기와 자신감을 얻으려면 두려운 일을 계속해 나가면 된다. 두려움이 없어질 때까지 무한 반복하면 되는 것이다. 나는 '즉시 실천은 즉시 이득이며, 더 많은 실천은 더 많은 이득이다.'라는 말을 자주 되풀이한다. 더 많은 행동을 했을 때 더 많은 경험을 하게 되었다. 많은 경험이 나를 더욱 자신감과 용기를 갖게 해주었다.

목표를 명확하게 정하고 종이에 써서 계획을 세우고 목표를 이룰 때까지 열심히 노력하면 이 세상에 이루지 못할 것은 거의 없다. 결단을 하고 행동을 시작으로 원하는 것이 이루어질 때까지 그냥 하는 것이다. 원하는 것을 라디오처럼 주파수에 정확히 맞추면 완벽한 결과를 얻을 수 있다. 물론 그러기 위해서는 사용법을 알아야 한다. 우리 속에는 어떤 강력한 힘이 존재한다. 이 강력한 힘은 우리가 진실로 원하는 것이라면 무엇이든지 가질 수 있게 우리를 기꺼이 도와준다. 무엇보다도 중요한 사실은 이 강력한 힘이 우리를 도와주고 싶어서 안달한다는 것이다.

빌게이츠는 세계 최고의 부자다. 알다시피 그는 컴퓨터 산업을 통해서 거대한 부를 쌓았다. 그렇다면 '어떻게 컴퓨터 산업은 세계를 지배하게 되었을까?'라는 질문에 빌 게이츠가 지난 십 몇 년 동안 한 말은 "나는 10대 시절부터 세계의 모든 가정에 컴퓨터가 한 대씩 설치되는 것을 상상했고, 또 반드시 그렇게 만들고야 말겠다고 외쳤다. 그게 시작이다."라는 한결같은 말이었다. 물론 상식적으로 보면 말도 안 되는 소리다. 평범한 사람들은 이 말을 가볍게 생각한다. 하지만 성공한 많은 사람들은 이 말을 듣고 실천한 사람들이다.

나는 수많은 거절과 실패의 시간들을 보냈다. 거절과 실패는 나의 소망을 꺾을 수 없었다. 나의 간절한 소망은 거절과 실패의 문제를 해결하는 지혜를 주었다. 어머니께 효도하고 싶은 나의 간절한 소망은 어떤 장애물도 두렵지 않게 용기를 주었다. 내가 성공해야 하는 명확한 이유가 모든 어려움을 극복하게 해주었다. 내가 성공한 모습을 보고 기뻐하실 어머님을 상상하면 또다시 용기가 생겼다. 어머님을 사랑하는 내 마음이 커질수록 두려움은 사라지고 성공할 수 있다는 믿음이 저절로 생겨났다. 나는 어머니 덕분에 꿈을 이룬 것이다.

대부분의 사람은 성공적인 인생을 살고 싶어 한다. 성공적인 인생을 살기 위해서는 무엇을 원하는지 알아야 한다. 그리고 그것을 어떻게 하면 이룰 수 있는지 구체적인 방법도 알아야 한다. 성공하려면 자신의 의지와 행동이 필요하다. 성공한 사람들은 작은 목표를 달성하면 더 높은 목표를 향해 계속해서 나아간다. 이 과정에서 실패와 실망들이 곳곳에 나타난다. 실패 속에서 경험이 생기고 문제를 해결하는 방법을 배우게 된다. 시련이 생기더라도 극복하는 방법을 배운다면 더 이상 시련이 아니다. 성공해야 하는 명확한 이유는 목적지까지 갈 수 있는 원동력이 되어준다.

2장

꿈을 현실로 만드는 상상의 힘

꿈을 현실로 만드는
상상의 힘

01

과거의 나는 죽었다

나는 어린 시절 말 잘 듣는 아이였다. 나는 학창시절 황희정승을 좋아했다. 누군가 무슨 말을 하면 이 사람 입장에서는 이 말이 옳고, 저 사람 입장에서 들으면 저 사람 말도 옳았다. 나는 이런 성격으로 학교 다닐 때 또래 친구들의 고민도 들어주고, 위로도 해주다 보니 친구가 많았다. 어머니의 이해심 많은 성격을 닮아서 친구가 많았다. 나는 사회생활을 하면서 우유부단한 성격으로 변해버렸다. 내 생각을 표현하면 튄다는 이유로 미움을 받아야 했다. 사회생활을 하면서 성격은 더욱 소심해졌다. 직장생활은 상사의 눈치를 보게 되고 동료는 배려를 해줘야 했다. 나는 양보하고 배려하고 이해해주는 것이 당연한 사람이었다.

나는 지나간 과거를 오랫동안 아쉬워하던 때가 있었다. 하루하루가 지날 때마다 아쉽고 후회스러웠다. 지난 시간을 돌아보면 후회투성이다. 돌이킬 수 없는 많은 것들이 후회로 밀려왔다. 어디서부터 어떻게 변해버린 건지 모르게 너무 멀리 와 있었다. 후회 속에서 선택에 중요성을 깨닫게 되었다. 어떤 순간에 어떤 선택을 하느냐가 중요하다는 것을 알게 되었다. 문제를 회피하고 싶었던 일들이 결국에는 좋지 않는 결과를 낳았다. 좋은 게 좋은 거라고 내가 양보하고 이해하면 좋을 거라는 생각이 결국에는 나를 더 힘든 상황으로 만들었다.

사람들은 이야기 할 때, 자신의 지난 과거의 고통과 후회, 약점을 훈장처럼 말한다. 자신이 어릴 때 버림받은 사연, 부모님의 불행, 고부간의 갈등, 남편과의 불화, 자식에 대한 분노까지 파란만장하다. 나는 다른 사람들의 푸념을 냉철하게 보지 못했다. 그 사람들의 안타까운 마음을 이해하고 내가 도와줄 것이 없는지를 먼저 생각했다. 내 성격이 쓸데없는 오지랖이라는 것을 늦게 깨달았다. 이런 경험이 없었다면 나는 아직도 내 인생의 주인공으로 운전대를 잡지도 못하고 시간을 낭비하면서 살았을지도 모른다.

그런 의미에서 나의 과거는 지금의 나를 성장시킨 밑거름이다. 인생은 매 순간 선택의 연속이다. 식사를 할 때도 '자장면을 먹을 것이냐, 짬뽕을 먹을 것이냐.' 어떤 것을 먹는다 해도 인생이 별로 달라질 것도 없는데 우리는 매 순간 선택을 연습한다. 수많은 선택을 연습해야 중요한 선택을 해야 할 때 제대로 할 수 있게 된다.

나의 과거는 이미 죽었다. 이미 끝이 난 과거이다. 은행에 사표를 낸 것을 한 번도 후회한 적이 없었다. 주위 사람들은 모두 습관처럼 '왜 좋은 직장을 그만 두었냐'고 나보다 더 내 일에 신경을 썼다. 나는 과거에 얽매여 있던 적도 많았다. 두려움에 걱정이 일상일 때도 많았다.

과거는 지나버렸고 현재인 지금도 지나가면 과거가 될 텐데 무의미한 죄책감으로 시간을 낭비하고 싶지 않았다. 과거를 후회하면서 현재를 제대로 살지 못하는 것은 핑계일 뿐이다. 지나가버린 과거 때문에 과거라는 시간에 머물러서 지금도 행복하지 못하고 미래에 일어나지도 않을 일을 걱정하는 시간만 늘어난다면 무슨 의미일까?

요즘에는 '라떼'라는 말로 세대를 구분한다. '나 때는 말이야.'하며 옛날 사람을 자청하며 자신의 과거를 이야기하면서 자신이 지금 행복하지 못한 이유, 성공하지 못한 이유를 과거 탓으로 돌리기도 한다. 나는 과거에 좋았던 기억을 떠올리며 지금을 더 힘들게 느끼고 싶지 않았다. 또, 과거에 안 좋았던 기억을 떠올리면서 지금을 비교하고 싶지도 않았다. 그냥 현재를 살아야만 하고 시간은 현재가 흘러 과거가 될 것이고 미래가 현재로 흘러갈 것이기 때문이다.

오그덴 낸시는 "나는 과거가 지나갈 때 이미 작별의 키스를 했다. 나는 과거를 그리워하지 않는다."라고 말했다.

내가 어떻게 살아야 되는지를 알지 못했던 나의 과거로 되돌아가고 싶지 않다. 준비되지 않았던 나의 과거를 지금 되돌릴 수는 없다. 과거로부터 먼 시간을 왔어도 과거는 그 자리에 머물러 있다. 과거의 경험을 통해 배우고 성장해서 좀 더 멋진 나로 변화하는 것이 인생이다. 과거의 희생이 아니면 지금에 멋진 나는 탄생하지 못했을 것이다. 아픈 만큼 성숙해진다는 말처럼 말이다.

과거는 연필로 그린 밑그림 같아서 지우고 싶고 더 잘 그리고 싶은 것이다. 문득 지난 시절에 어리석은 선택을 후회하기도 한다. 겪어야 할 일들을 겪으면서 성장하고 더 행복한 자신을 찾은 것이다. 앞으로 더 많은 시간들이 내 인생에 과거로 남을 것이다. 지금 존재하는 곳에 완전히 존재함으로써 과거는 내게 좋은 친구이자 좋은 스승이 된다. 과거는 일어나야만 했던 일이고 그 모든 일조차 나를 변화시키기 위한 사건에 지나지 않는다.

현재를 살아가지만 꿈도 희망도 없는 사람들도 많다. 내가 가진 것은 오로지 '지금'뿐이다. 나는 과거를 생각하면서 지금 이 순간을 낭비했다. 과거나 미래를 가질 수는 있을지 모르지만 지금을 놓치고 있었다. '그때 그랬더라면', '그때 이렇게 했으면 더 좋았을 텐데.'라는 생각으로 지금을 낭비했다. 과거와 미래에 대한 생각으로 현재를 낭비하는 것은 인간만이 할 수 있다.

할머니께서는 나보다 오빠를 더 사랑했었다든가, '딸이라서 나만 그랬어야 했나?' 원망하지 않는다. 나는 현재에 존재하려고 자각하는 버릇이 생겼다. 내가 선택한 것을 스스로 잘못된 것이라고 인정하기가 싫었다. 과거에 대한 죄책감이나 미래에 대한 불안과 걱정으로 현재를 낭비하고 싶지 않았다. 내 안에 잠든 거인이 꿈틀거리면서 지난 시간들이 주마등처럼 스쳐 지나갔다.

나는 현재의 시간을 어떻게 보내느냐를 소홀히 했다. 내 인생을 조금 더 적극적으로 생각하지 못했던 것이다. 나의 행복보다 다른 사람을 배려하는 마음에 치우쳐 있었다. 어머니께서 고생하시는 것을 보면서 말을 잘 듣는 딸이 되어야겠다고 생각했다. 내가 스스로 선택한 것이다. 내가 과거에 어떤 선택을 했던지간에 과거를 탓하지 말고 나를 사랑하고 이해하기로 했다.

어니 J. 젤린스키의 『느리게 사는 즐거움』 중에 이런 글이 있다.

"우리가 하는 걱정거리의 40%는 절대 일어나지 않을 사건들에 대한 것이고 30%는 이미 일어난 사건들, 22%는 사소한 사건들, 4%는 우리가 바꿀 수 없는 사건들에 대한 것들이다. 나머지 4%만이 우리가 대처할 수 있는 진짜 사건이다. 즉 96%의 걱정거리가 쓸데없는 것이다."

많은 사람들은 일어나지 않을 일을 걱정하는 데 시간을 보낸다. 과거에 일어난 일을 다시 떠올리면 그 생각에 의해 같은 경험을 하게 된다. 사람은 생각에 의해서 원하는 것이 나에게 온다. 생각한 것에 의해 행동하면 그것을 받게 된다. 지난 과거에서는 더 이상 행동할 수가 없다. 아직 오지 않은 미래에 일어날지도 모르는 상황에 대비해서 미리 계획을 세우느라 시간을 낭비하며 살아간다. 우리는 어떤 상황이 일어나더라도 최고의 선택으로 대응하면 된다.

나는 지금 하고 있는 일에 집중한다. 현재에 집중하는 것을 습관화한다. 나에게 다른 시간은 존재하지 않는다. 나에게 지금 이 순간이 소중하다. 과거로 가서 행동할 수도 없고 미래에 가서도 먼저 행동할 수도 없는 것이다. 지금이 유일하게 나에게 행동할 수 있는 시간이다. 과거에 잘못 선택한 일을 판단하다가 후회로 한탄하던 시간도 있었다. 과거 때문에 오지도 않은 미래를 불안과 걱정으로 맞이하는 것만큼 어리석은 것은 없다.

오늘 해야 할 일이 있는데 하지 않는다면 그 일에 관한 한 실패한 것이다. 매순간 아주 작은 사소하게 보이는 것들이 뜻밖에 결과를 가져다주는 것이 인생이다. 나는 사소한 작은 것들로부터 모든 기회의 문이 열렸다. 오늘 할 일에 충실하고 내일 할 일도 걱정하지 않는다. 나는 원하는 것들을 이룬 모습, 이룬 상태를 상상하고 지금에 충실하게 행동한다. 내가 원하는 미래의 모습을 지금 선명하게 그린다. 명확한 목표를 이룰 수 있다는 믿음과 확신으로 꿈을 이룬 모습을 생생하게 상상하면서 행동한다.

성공한 사람은 자신이 정해놓은 판단 기준이 확고하다. 특히 '하고 싶지 않은 일'에 관한 선 긋기가 분명하다. 불필요하다고 판단한 일에는 절대 손을 내밀지 않는다. 인생을 걸고 하기로 한 일에 집중하기 위한 미래지향적 판단이다. 나는 "과거로 돌아가고 싶습니까?"라고 물으면 "아니요." 라고 대답한다. 과거로 돌아간다면 끔찍한 일이다. 나는 지금 현재에 만족한다. 다시는 같은 고생을 하고 싶지 않다. 과거에 못 다한 일에 집착하지도 않는다. 과거에 못한 일보다 앞으로 할 일이 더 많기 때문이다.

나는 현재와 미래에 희망적인 것만을 생각하며 살아간다. 그래서 과거는 나에게 이미 죽은 것이다. 단순히 바빠서가 아니라 금방 잊어버린다.

'지금' 이란 시간 속에 완전히 빠져서 산다. 나는 성공을 원하는 사람들에게 성공하는 법과 쉽고 빠르게 부자 되는 법들을 알려준다. 내가 일하던 때와 지금은 시대도 다르고 '나와 같은 고생을 다른 사람이 감당할 수 있을까?'라는 생각이 들었다. 또 내가 한 고생을 시키고 싶지도 않다. 그러니 될 수 있으면 과거의 일은 말하지 않으려고 한다. 실패한 것보다 성공하는 방법만 알려준다.

나는 네트워크마케팅 비즈니스를 하고 있다. 성공을 향해 함께 하는 꿈 친구들과 행복한 동행을 하고 있다. 꿈 친구들과 성공을 향한 믿음과 확신으로 꾸준하게 지속적으로 행동한다. 지금이라는 소중한 시간에 결과를 만들어 내는 행동을 꾸준하게 한다. 평범한 사람이 재능 없이도 부자가 될 수 있는 유일한 비즈니스를 통해 많은 꿈을 이루는 부자를 탄생시키는 일을 하고 있다. 내가 꿈을 이룬 것이 많은 사람들에게 동기가 되어 용기를 주며 함께 꿈을 이루어간다. 꿈을 이루는 안내자이자 응원가로 인생을 살고 있다. 우리 모두가 내 인생에 황금기 내 인생에 절정기를 만드는 순간은 바로 '지금'부터이다.

02

내 안의 또 다른 나

행복한 인생을 살고 싶어 하는 것이 인간의 공통적인 욕구다. 한 번 사는 인생 행복하게 살고 싶은 것이 당연하다. 사람들은 돈으로 해결할 수 있는 경제적인 안정을 바란다. 부자가 된다는 것은 생각만으로 되는 것은 아니다. 나는 '누구나 부자가 될 수 있고 부자가 될 자격이 있다.'라는 말을 진정으로 믿는다. 부자는 부자가 되기로 마음을 먹고 부자가 되기 위해 필요한 것들로 나를 변화시키면 되는 것이다.

에리카 종은 "아무런 위험을 감수하지 않는다면 더 큰 위험을 감수하게 될 것이다."라고 말했다.

내가 사표를 낸 것은 망망대해에 아무런 준비 없이 어떤 풍파도 헤쳐 나갈 자신감만 있으면 된다는 겁 없는 도전장이었다. 인생에서 가장 위험한 것은 실패가 아니고 도전하지 않는 것이다. 나는 실패라는 이름을 붙이는 것을 좋아하지 않는다. 그건 나에게도 마찬가지고 다른 사람에게도 또한 마찬가지다. 더 좋은 과정으로 가는 여정에 불과하다. 나는 경제적, 시간적인 진정한 자유를 꿈꾼다. 나는 부자가 되기 위해서 모든 행동을 하기로 마음먹었다. 과거의 나를 지워버리고 새로운 목표가 생긴 원하는 모습에 위대한 나를 탄생시켜야 했다.

나는 과거에 어른들이 나에게 붙인 이름표를 떼기 시작했다. 그리고 내가 나에게 붙인 이름표도 떼어버렸다. 나에게 이름표를 붙여 놓고 스스로 구속했다. 말 잘 듣는 사람, 칭찬받는 사람, 희생하는 사람, 사랑받는 사람이 되고 싶다는 그 이름표를 떼어버리고 싶었다. 너무 힘들다는 생각과 떨쳐버리고 싶다는 마음에 혼란스러웠다. 지금까지 살아온 나라는 옷을 벗고 싶었다. 새로운 좋은 옷으로 편한 옷으로 갈아입고 싶었다. 생각만 해도 마음이 홀가분해졌다. 내 어깨에 무겁게 차고 있던 완장을 떼어 낸 것이다. 과거에 이름표를 떼고 내가 원하는 모습에 이름표를 붙였다. 과거에 모든 상처와 무거운 기억들이 한꺼번에 달아나는 기분이 들었다. 그 순간 '나도 행복하고 싶다'는 생각이 들었다. 나도 행복해질 수 있고 행복하게 살아도 되고, 행복할 권리도 있다는 생각이 들었다.

그동안 내가 누구인지, 내가 무엇을 좋아하는 사람인지, 내가 원하는 것이 무엇인지를 생각하지 못하고 살아왔다. 명확한 꿈이 없다는 것은 진실로 위험한 인생이다. 어머니께 성공해서 효도를 하고 싶다는 나의 소망을 다시 되새기게 되었다. 명확한 꿈은 다시 나를 도전하게 만들었다. 그렇다. 내가 하고자 하는 것이 있었는데, 그것을 자주 잊어버리고 또 방황하는 나 자신을 보게 되었다. 이번에는 명확하게 노트에 간절히 바라는 것을 적었다. 마음이 편안해졌다. 이제 가야 할 곳을 정확하게 바라볼 수 있게 되었다. 나는 시간이 날 때마다 자주 노트에 적인 나의 목표를 보고 더 좋은 상상을 하게 되었다. 목표를 볼 때 마다 희망이 생기고 열정이 생기고 행동을 하게 되었다. 내가 성공을 하면 어떤 모습일까? 상상했다. 어머니께서 행복하게 웃고 계시는 모습이 떠올랐다. 그 모습은 나에게 용기와 에너지를 주었다.

어느 날 우연히 이름표를 떼어야겠다는 생각을 하게 된 그 길을 지나가게 되었다. 예전에 가슴이 뻥 뚫리고 영감이 떠올랐던 좋은 기억이 생각났다. 그 길을 운전하면서 내가 나에게 붙인 이름표를 떼어버리려고 했던 그날의 기억이 생생하게 떠올랐다. 그 당시 내 마음이 아주 가벼워졌던 기억이 생생하게 느껴졌다. 한동안 그 길을 지날 일이 없어서 까마득하게 잊고 있었다. 지난 과거에 나도 모르게 내 안에 쌓인 고정관념으로 내 스스로를 무겁게 만들었던 것들이 쌓여 있었다. 책임감, 목표의식들로 인해 나에게 붙여진 이름표들이 있었다. 이제 새로운 인생을 살기 위해 내 어깨에 짊어진 이름표부터 떼어내는 것이다. 그 순간 나의 꿈과 성공을 도와주는 긍정적인 천사들이 찾아왔다.

명확한 목표를 달성한 모습이 떠오르고 주변에 많은 사람들이 '너는 성공할 줄 알았다'고 하는 칭찬과 환호의 음성이 들려왔다. 이 기쁜 순간을 영원히 각인시키고 싶었다. 나는 학용품을 파는 멋진 가게에 갔다. 보물지도를 만들기 위해 필요한 도구들을 고르면서 행복했다. 꿈을 이룬 것을 생각하니 벌써 기쁘고 행복했다. 내가 좋아하는 색깔로 사고 싶은 필기구들을 샀다. 나는 인터넷을 검색해서 내가 살고 싶은 집, 내가 여행가고 싶은 곳, 갖고 싶은 것들과 하고 싶고, 되고 싶은 이미지를 찾았다. 내가 원하는 이미지를 붙이고 옆에 달성하고 싶은 날짜, 필요한 것들을 메모지를 활용해서 붙였다. 나는 보물지도를 만드는 동안 수많은 떨림과 전율이 흐르는 행복감을 느꼈다. 나의 꿈이 현실로 만들어지는 상상의 힘은 발현되기 시작했다.

나는 내 안에 끝없이 만나는 2가지 자아가 있다는 것을 느꼈다. 하나는 늘 의심과 두려움, 가난과 고통을 생각하는 실패에 초점이 맞춰진 생각을 하는 부정적인 자아다. 또 다른 하나는 부자, 건강, 사랑, 우정, 봉사라는 성공에 초점이 맞춰진 긍정적인 자아다.

나는 긍정적인 것이든 부정적인 것이든 중요한 어떤 것들에게 늘 지배를 받았다. 부정적인 성격이 강해지면 '나는 왜 안 되지? 되기는 되는 건가? 무슨 소용 있겠어?'라는 생각이 자연스럽게 떠오른다. 내가 원하는 목표를 이룰 수 없게 순식간에 의욕을 꺾어버린다. 내가 가려고 한 방향과 정반대의 방향으로 몸이 힘을 잃어버리게 했다. 이런 시간은 나를 힘들고 외롭게 했다.

우연히 TV에서 〈생활의 달인〉 프로를 보게 되었다. 힘든 상황에서도 시련과 역경을 이겨낸 결과가 성공이라는 것을 깨닫게 된다. 부자가 되기 위해 헌신하는 사람들이다. 성공한 사람들은 무엇이든 필요한 일은 뭐든지 다 할 자세로 헌신한다. 나도 '다시 한 번 해볼까?'라는 긍정적인 생각으로 바뀌어서 '나도 하면 될 거야'라는 긍정의 문을 들어선다. 긍정적인 생각이 강해지면 강한 욕망과 열정으로 활활 타오르게 된다. '나는 할 수 있다'는 고지를 점령하고 희망에 찬 꿈을 이룬 성공한 모습을 상상하게 된다.

모든 것이 나와 내 안에 존재하는 생각의 힘이 너무도 크다는 것을 알게 된다. 내가 원하는 씨앗을 마음에 심고 그것을 어떻게 가꾸느냐가 중요하다. 목표를 향해 계속해서 발전하고 변화하고 진화해서 자신이 원하는 삶을 살게 된다. 모든 것은 내 안에 있었다. 내 안에 긍정적인 상황으로 볼 수 있는 긍정적인 천사와 모든 것을 부정적인 상황으로 보는 부정적인 악마가 늘 공존하고 있다. 마음속에 뿌려진 생각의 씨앗은 뿌리를 내리고 꽃을 피우고 열매를 맺는다. 좋은 생각의 씨앗은 좋은 열매를 맺고 나쁜 생각의 씨앗을 나쁜 열매를 맺는 것이다. 내 생각을 지배하는 것이 내 인생의 주인이 되는 것이다.

인간은 누구나 자유롭고 고귀한 생각과 행동을 통제할 수 있다. 사람들은 환경을 개선하려고 안간힘을 쓰지만, 자기 자신을 변화하는 데는 소홀히 한다. 자기희생을 두려워하지 않는다면 마음먹은 일은 반드시 이루게 된다. 많은 사람들이 부자가 되고 싶어 한다. 그들은 부자가 되는 것은 매우 어렵다고 생각한다. 나도 한때는 부자가 되는 길이 매우 어렵다고 생각했다. 그런데 부자는 쉽고 빠르게 될 수 있다. 나는 경험했던 모든 것을 알려주면서 쉽고 빠르게 부자 되는 법을 안내해주고 있다.

누구를 만나느냐에 따라 인생은 달라진다고 생각한다. 사람들은 자신이 처한 상황의 원인을 스스로가 제공한 것이며 목표와는 전혀 다른 방향으로 생각과 상황을 끌어당긴 것이라는 사실을 알지 못한다. 선한 생각과 행동은 절대로 나쁜 결과를 낳지 않는다. 나쁜 생각과 행동은 절대로 좋은 결과를 낳지 않는다. 내가 지금 생각한 것이 나의 미래가 되는 것이다.

내가 사랑하는 사람들에게 줄 수 있는 있는 것은 희망이다. '내가 진정으로 원하는 것은 무엇인가? 나는 자신에 대한 판단이나 한계를 거부한다. 만약 원하는 것을 가질 수 있고 원하는 모습이 될 수 있다면 나는 어떤 선택을 할 것인가? 내가 해야 하는 구체적인 행동은 무엇인가?'를 생각했다. 한계를 두지 않고 생각하니 모든 것이 '할 수 있다'는 희망으로 떠올랐다. 긍정적인 생각의 씨앗을 심고 긍정적인 열매를 맺어가고 있었다.

나는 구체적으로 상상하는 모든 것을 보고, 듣고, 냄새 맡고, 맛보고, 느껴보았다. 시각화의 효과를 극대화하기 위해 모든 감각을 동원했다. 생생하게 상상할수록 그것을 현실로 만드는 데 필요한 행동들이 생각났다. 나는 매일 내가 원하는 긍정적인 행동을 하는 내 모습을 떠올렸다. 내가 하는 말과 행동이 다른 사람에게 긍정적인 에너지를 주는 모습과 내가 하는 일에 확신과 자신감을 가지고 열정적인 비즈니스를 하는 모습을 그려보았다. 많은 사람들이 나와 비즈니스를 함께하고 싶어 하는 모습도 시각화했다. 나에 잠재의식에 프로그래밍을 새롭게 이미지화했다. 시각화는 나에 꿈과 목표달성에 필요한 모든 영감을 받게 해주었다. 시각화는 나에게 빠르게 실천할 수 있는 용기와 자신감을 불어넣어주었다.

5년 후의 나의 멋진 모습을 떠올렸다. 멋진 백만장자로 성공한 모습을 나의 잠재의식에 시각화로 씨앗을 심었다. 이미 내가 심은 씨앗은 성공이며 생각을 선택하는 순간에 내가 원하는 상황을 끌어당기게 될 것이다. 나의 잠재의식에 심은 씨앗이 상상의 힘으로 현실이 될 것이다. 이루고 싶은 것이 있다면 반드시 이루어진다고 믿고 씨앗을 심어야 한다. 과거의 자신을 돌아보면서 시간을 낭비하지 말고 지금 원하는 모습을 그리며 현재에 집중해서 새로운 기적을 만나는 것이다. 내 안에 성공을 원하는 모습을 만나기 위해 내 안에 긍정적인 자아를 만나야 하는 것이다.

나는 '즉시 실천은 즉시 이득이며 더 많은 실천은 더 많은 이득이다.'라는 말을 좋아한다. 즉시 결정할 줄 모르는 사람은 그것을 실행에 옮길 만한 모든 여건이 갖춰져 있다 해도 결국 성공하지 못한다는 것을 나는 경험으로 잘 알고 있다. 무엇이든지 바라고 소망한다고 해서 그냥 얻을 수 있는 것은 아니다. 즉시 결정할 수 있는 사람은 대개 어려운 상황에 처해도 명확한 목표를 가지고 실행해 옮기는 능력이 있는 법이다.

03

꿈꾸던 무대를 상상하라

인간은 사회적인 동물이다. 인간은 누구나 사람을 만나면서 살아간다. 살아가다 보면 다른 사람과 비교하는 순간이 오게 된다. 위험을 감수하지 않고 살아간다면 어떻게 될까? 다른 사람과 나를 비교를 하다 보면 순간 회의가 찾아오게 된다. 나도 그런 적이 있었다. 나보다 나이가 적은 사람이 큰 성공을 해서 부자가 된 것을 처음 보았을 때이다. 나도 열심히 살고 있다고 생각했는데 정보에 대해서 잘 몰랐기 때문이다.

네트워크마케팅 비즈니스 정보를 처음 듣게 된 순간이었다. '나는 지금까지 어떤 일을 한 건가? 지금까지 무엇을 하고 살았나?'라는 인생에 허무함과 회의감을 느꼈었다. 21세기는 '정보 빠른 자가 정보 느린 자를 지배한다.'라는 것이다. 우리는 지금은 정보 홍수시대를 살고 있다. 예전에는 궁금한 것이 있으면 주위에 학력이 좋은 사람이나 선생님, 아버지, 어머니께 물어보던 시절이었다. 하지만 지금은 인터넷 창에 검색단어만 입력하면 지식이 총망라되어 나온다. 어떤 것이 진짜인지 가짜인지 절대적인 것이 없다.

세상에는 정답이 없는 것이다. 왜냐하면 세상은 변하기 때문이다. 과거의 생각으로 내일을 살아갈 수 없는 것이 지금 시대다. 인간이 하는 일은 기계로 대체되면서 우리를 위협하고 있다. 세상에 변하지 않는 것은 아무것도 없다는 것이다. 인류 역사를 통틀어 가장 빠른 속도로 변화하는 시대에 살고 있다. 변화의 속도는 너무나 빠르다. 위험을 감수해야 더 행복한 인생을 살 수 있다. 도전을 통해 지혜를 배우고 성장으로 성공하게 된다. 인생에서 가장 위험한 것이 실패가 두려워 도전을 하지 않는 것이다. 자신이 만든 실패에 대한 두려움으로 창살 없는 감옥에서 불행하게 살아간다.

사람들은 실패를 위험으로 여기고 실패로 무언가를 잃는 것이라고 생각한다. 정신적으로 물질적으로 잃는 것에 대한 두려움이 도전을 막아버린다. 인생을 행복하게 살기 위해 도전하느냐 아니면 아무것도 하지 않고 위험을 맞이할 것이냐다. 실패가 두려워서 아무 도전도 하지 않는다면 더 위험한 상황에 놓일 수 있다. 사람은 늘 안정을 원한다. 그래서 변화가 두렵게 느껴질 뿐이다. 변화가 두려워서 위험을 피하고 싶은 인간의 본능적인 반응이다. 위험을 피하면 당장은 편할 수 있지만 세상이 계속 변하기 때문에 머지않아 뒤처지게 된다. 그보다 더 경제적으로 힘든 상황에 처할 수도 있다. 도전을 해야 위험을 감수할 수 있고 변화하는 세상의 기회를 만날 수 있다.

토마스 제퍼슨은 "아무 하는 일 없이 시간을 허비하지 않겠다고 맹세하라. 우리가 항상 뭔가를 한다면 놀라 우리 만치 많은 일을 해낼 수 있다."라고 말했다.

많은 위대한 것들도 처음에는 그저 한낱 꿈에 지나지 않았다. 꿈은 머지않아 자라는 대나무와 같다. 꿈은 판단이나 논리적으로 꾸는 것이 아니다. 어느 날 느닷없이 상상력으로 꾸게 된다. 나에게 상상력은 기쁨과 행복이었다. 잠재의식은 항상 상상력을 발휘했다. 내가 살고 싶은 인생을 꿈꾼다. 아무 한계가 없이 거부감 없이 이루고 싶은 것들을 상상한다.

많은 사람들은 자신의 능력을 과소평가하는 데 익숙해져 있다. 목표를 낮추고 작은 성공에 만족하고 있다.

잉어의 일종인 '고이'라는 관상어가 있다. '고이'는 어항에 넣어두면 5~8cm밖에 자라지 않는다. 그러나 아주 커다란 수족관이나 연못에 넣어두면 15~20cm까지 자란다. 넓은 강물에 방류하면 90~120cm까지 큰다. '고이'는 자기가 처한 환경에 따라 이렇게 달라진다. 우리의 생각이 고이가 처한 환경 같기도 하다. 더 큰 생각을 품고 더 큰 꿈을 꾸면 더 큰 것을 이룰 수 있다.

꿈을 꾸고 그것을 이룰 수 있다는 믿음이 생겼다. 한계를 두지 않고 상상에만 맡겼다. 근거 없는 자신감이 생겼다. 꿈을 이루기 위해 모든 에너지를 집중했다. 꿈이 이루어질까? 이루어지지 않으면 어쩌지? 같은 두려움은 이미 내 안에서 죽었다. 더 이상 내 꿈을 방해할 수 있는 것은 아무것도 없었다. 내가 원하는 것이 명확해졌기 때문이다. 인생에서 가장 현명한 사람이 되는 것이다. 도전하는 만큼 인생은 좋아지고 어느 쪽을 선택할 건지는 자신의 몫이다. 부자가 되려면 성공하기 위해서는 위험을 감수해야 한다. 잘 살 수 있는 가장 좋은 방법은 도전과 실패를 반복하는 것이다. 도전하지 않고 실패 없이는 결코 성공할 수 없다. 기회는 준비된 자에게 행운이라는 이름으로 다가오는 것 같다.

나는 각피 손상으로 피부에 진물이 흐르는 상태에 병원 치료를 받아도 더 이상 진전이 없었다. 예전에 건강했던 피부로 돌아가고 싶다는 간절한 마음뿐이었다. 사람을 만나는 것이 점점 자신이 없어졌다. 피부에 좋다는 화장품을 기대와 희망으로 사용했다. 더 나빠지지 않으면 좋겠다는 마음이었다. 인생은 힘들어서 그만 놓고 싶을 때 기적이 일어나는 것 같다. 그래서 항상 희망을 놓지 말아야 한다.

지인을 통해 '인체줄기세포 배양액'으로 만든 최초의 뿌리는 화장품 '루비셀'을 뿌리게 되었다. '루비셀'은 바람을 타고 나에게 나타났다. 나의 간절한 소망을 하늘이 도와주었다. 피부가 좋아진다는 말을 믿고 열심히 뿌렸다. 내 얼굴이 날이 갈수록 탄력이 생기고 피부에 생기가 돌았다. 지인들이 내 얼굴이 좋아졌다고 연신 묻기 시작했다. '루비셀' 제품의 효과 덕분에 내 인생이 바뀌었다. 내 얼굴이 10년 젊어지는 동안으로 변했듯이 '루비셀' 덕분에 내 인생도 빠르게 바뀌었다.

지금 내 인생이 힘들다면 더 좋은 일들이 오고 있는 것이다. 피부가 문제가 있을 때는 내 인생에 아무런 희망도 없었다. 모든 세상이 절망으로 느껴졌고 막막했다. 다만 포기하고 싶지 않았다. 잠자리에 누워서 긴 한숨을 쉬었다. 내가 할 수 있는 것이 무엇일까? 내일 아침에 피부가 좋아져 있으면 좋겠다는 마음뿐이었다. 아침에 거울을 볼 때 내 얼굴에 아무 상처가 없는 모습을 상상했다. 우울한 내 마음을 달랠 수 있는 유일한 생각이었다. 그러던 어느 날 지인을 통해 '루비셀'이 나에게 날아왔다.

누구나 다 아는 성경 말씀이 있다. "구하라, 그러면 너희에게 주실 것이요, 찾으라, 그러면 찾을 것이요, 문을 두드리라, 그러면 너희에게 열릴 것이니, 구하는 이마다 얻을 것이요, 찾는 이가 찾을 것이요, 두드리는 이에게 열릴 것이니라."라는 지혜를 구하는 말씀이다. 나는 이 현명하게 지혜를 얻는 단순한 방법을 쉽게 잊어버렸다. 세상에는 진리라는 것들이 있다. 단순한 세상에 이치다. 내가 세상에 원하는 것을 얻는 방법을 미리 알았더라면 얼마나 즐겁게 인생을 살았을까? 이런 생각을 한다. 성공의 길을 먼저 걸어간 사람들이 겪은 실패 속에서 지혜를 배우면 쉽고 빠르게 성공할 수 있기 때문이다. 내가 꿈 친구로 만난 사람들에게 꿈을 성취하는 과정을 도와주는 일을 하는 것도 이 때문이다.

미셸 몽테뉴는 "어느 곳을 향해 배를 저어야 할지 모르는 사람에게는 어떤 바람도 순풍이 아니다."라는 말을 했다.

꿈이 없다면 어디로 가야 할지 모르는 바다에 정박해 있는 배와 같다, 어떤 바람이 불어도 더 이상에 변화는 없다. 두려운 것도 없지만 행복 또한 없다. 정박되어 있는 배에게는 어떤 바람이 불더라도 의미가 없다. 간절한 꿈이 있다면 스스로 정박되어 있던 밧줄을 끊어버리고 출발을 할 수 있다. 꿈과 목표가 명확하다면 어떤 바람도 순풍이 되어준다. '루비셀'은 각피손상이 심한 내 얼굴을 복원시켜 주었다. 피부에 문제가 있던 것이 더 좋은 기회가 된 셈이다. 나에게 오랫동안 바라고 원하던 기회가 역풍 속에 찾아왔다. 나에게 '루비셀'은 새로운 꿈을 이루는 수단이 되었다. 많은 사람들에게 '루비셀'에 기적을 알리기 시작했다. '루비셀'로 내가 원하는 성공을 할 수 있다는 믿음과 확신이 생겼다. 피부가 변하듯이 내 삶도 바뀌어갔다. 성실하게는 살았지만 부지런하다고 모두가 성공하는 것도 아니었다.

처음부터 돈이 되는 일을 하고 크게 성장할 수 있는 일을 하는 것이 인생을 한 번에 바꿀 수 있는 것이다. 내 인생의 마지막 선물을 받은 것 같았다. 많은 실패 속에 제품 보는 안목도 생겼고 위기를 기회로 만드는 힘도 생겼다. 성공에 대한 믿음과 확신은 모든 기회를 결과로 만들었다. 많은 사람들은 두려움으로 기회를 잃었다. 세상에는 공짜는 없는 것이다. 나는 수많은 실패 속에 기회를 보는 눈을 가지게 된 것이다. 실패의 연속으로 실력이 쌓이다 보면 성공열차를 만나게 되는 것이다. 기회는 준비된 자에게 온다는 말이다. 수많은 실패 속에서 '루비셀' 아이템을 알아보는 눈이 생기고 타이밍을 잡게 된 것이다. 실패는 더 좋은 선택을 할 수 있는 공부인 것이다. 실패하지 않는다면 더 좋은 기회를 놓치고 더 좋은 인생을 만날 수 없기 때문이다.

나는 꿈을 이룬 모습을 자주 상상했다. 운전을 하면서도 밥을 먹으면서도 시시때때로 상상했다. 내 마음속에 잠재의식과 대화를 하는 듯했다. 내가 원하는 모습을 떠올리는 것만으로도 행복해지고 어떤 시련도 극복하게 해주는 원동력이 되어주었다. 순풍을 타기 위해서 수많은 역풍은 겪어야만 한다. 수많은 역풍은 나를 강하고 단단해지게 만들어준다. 시간이 흐를수록 자신감과 용기를 북돋워주고 희망까지 선사해준다. 내가 꿈꾸는 멋진 인생을 상상한다. 지금 내 앞에 일어나는 성공으로 가는 여정을 즐기며 행복한 상상을 한다.

04

상상하면 이루어진다

우리는 좋은 일이 일어나면 습관적으로 '뭔가 이상하다'고 느끼고, 좋지 않은 일이 일어나면 팔자를 운운한다. '타고난 팔자는 죽는 날까지 떼어놓지 못한다, 제 팔자 개 못준다.'와 같은 무서운 속담들이 있다. 팔자는 어떤 방법을 써도 피할 수 없다는 뜻이 깔려 있다. '팔자 도망은 못 한다.'라는 말은 운명은 아무리 피하려고 해도 피할 수 없다는 말이다. 돌이키지도 못하고, 벗어날 수도 없는 어려운 상황에서 슬픔과 역경을 극복하기 위한 자신에 대한 위로와 한탄이 이런 속담으로 이어져 내려온 것은 아닐까. 운명론으로 자신의 처지를 위로하다가 자기 스스로를 얽매이게 하고 한계를 뛰어넘지 못하게 만든 것은 아닐까. 어떤 일을 할 때 어떤 생각을 하느냐가 인생을 송두리째 바꿔버리기도 한다.

카네기 연구소를 설립한 데일 카네기는 "인생을 살면서 얻은 가장 소중한 교훈이 있다면 그것은 '사고의 중요성'이다. 자신이 무엇을 생각하고 있는지를 정확히 안다면 그는 자신이 누구인지를 아는 사람이다. 생각이 자기 자신을 만들기 때문이다. 내 정신 상태, 즉 내 마음은 운명을 결정하는 가장 중요한 요소다."라고 말했다.

나 자신에 대한 자아상이 중요하다. '나는 할 수 있어'라고 생각하고 말하면 결국은 그렇게 된다. '나는 할 수 없어'라고 생각하고 말하는 사람은 결국 그렇게 된다. 생각과 말에 따라 운명이 바뀌게 되는 것이다. "이렇게 사는 것이 내 팔자이고 내 운명이야, 아무리 노력해도 난 벗어날 수가 없어." 이런 말은 아무 위로도 되지 않는다.

나는 늘 희망을 이야기한다. 나를 찾아오는 사람들은 희망 에너지를 받으러 온다. 나는 절망한 사람들에게 희망을 주고, 상처 받은 사람들에게 위로를 해주며, 다른 사람들을 기쁘게 해주고 있다. 사람들은 평소 사고 습관 때문에 삶의 위치가 정해진다. 사람들은 가난에 대한 걱정을 푸념처럼 이야기한다. 나는 '풍요에 대한 기대'로 용기를 준다. 사람들은 자신이 갖고 있는 재능이 있는데도 불구하고 늘 부족한 부분을 걱정한다. 지나친 겸손이 습관이 되면 자존감마저 상실해버린다. 아무도 나의 인생에 관심이 없는데도 불구하고 자신을 스스로 비난한다.

나를 찾아온 사람들에게 자신에 대한 생각을 새롭게 이미지화하기를 권한다. '나는 강한 사람이야.' '나는 무엇이든 긍정적으로 해석하는 사람이야.' '나는 무엇이든 할 수 있어.' 용기와 희망으로 자신을 새롭게 규정하는 것이다. 많은 사람들에게 '나는 운이 좋은 사람입니다, 나는 정말 운이 좋은 사람입니다.'를 말하게 하면서 긍정적인 에너지로 바뀌는 것을 종종 보게 된다. 나에 대한 이미지를 긍정적으로 잠재의식에 이미지화해서 새롭게 상상하는 것이다. 결국에는 상상력을 통해서 자신의 자아상을 긍정적으로 각인시키는 것이다.

그리스 신화에서 나온 '피그말리온 효과'라는 말이 있다.

조각가인 피그말리온은 세상에서 가장 아름다운 여인을 조각하겠다고 마음먹었다. 그 후 자신이 조각한 여인상을 진심으로 사랑하게 된다. 깊은 사랑에 빠진 피그말리온은 아프로디테에게 여인상을 인간으로 만들어달라고 간청하였다. 아프로디테는 그의 사랑에 감동하여 여인상에게 생명을 불어 넣어주었다. 긍정적인 생각이 좋은 결과로 연결되는 것을

'피그말리온 효과'라고 부른다. '우리가 상대방에게 기대하는 만큼 그 결과를 얻는다.'는 기대효과를 말하고 있다. 상대방에 대한 우리의 기대가 놀라운 행동변화를 낳는다.

하버드대학교 심리학과 교수 로버트 로젠탈 박사는 이러한 내용의 연구를 실제 초등학교 교장 레노어 제이콥슨과 실험에서 증명해냈다. 로젠탈은 샌프란시스코의 한 초등학교에서 전교생을 대상으로 IQ검사를 했다. 그 뒤 검사 결과와 상관없이 무작위로 한 반에서 20%정도의 학생을 뽑아 그 명단을 교사에게 주면서 '지적 능력이나 학업성취의 향상 가능성이 높은 학생들'이라고 믿게 했다. 그 후 8개월이 지나서 이전과 같은 IQ검사를 다시 실시했는데 그 결과 명단에 속한 학생들은 다른 학생들보다 평균 점수가 높게 나왔다. 뿐만 아니라 학교성적도 크게 향상되었다고 한다. 명단에 오른 학생들에 대한 교사의 기대와 격려가 중요한 요인으로 작용되었다는 것을 입증한 실험이었다. 로젠탈은 교사가 높은 IQ점수를 받은 학생들에게 보이지 않는 기대를 하며 그들을 미묘한 방식으로 격려하거나 호의적으로 행동할 것이라고 예상했다. 교사가 일반 학생들보다 더 많은 지적 성장을 기대했던 IQ점수가 높은 학생들이 큰 향상을 보였던 것이다. 또한 그 효과는 저학년에 매우 강한 영향력을 끼쳤다고 한다. 이것은 생각이 우리의 행동에 얼마나 중요한 영향을 끼치는지를 알려주는 극명한 사례다.

교사들은 IQ 점수가 높은 학생에게 더 자주 미소 지었고, 더 많은 시선을 주었고, 수업 중에 이 학생들의 응답에 더 호의적인 반응을 보였다고 한다. 따라서 기대를 받는 학생들도 학교 다니는 것을 더 좋아했고, 실수를 해도 교사들이 애정 어린 조언을 해주었기 때문에 성적 향상을 위해 열심히 노력할 수 있었다. 결과적으로 교사의 기대는 학생의 IQ점수 그 이상의 영향력을 발휘했음이 드러났다. 이처럼 우리가 하는 생각은 자신뿐 아니라 타인을 변화시키는 데도 놀라울 만큼 큰 영향력이 있다. 생각에너지의 창조력을 극대화시키는 것이다.

나는 사업을 처음 입문하는 사람들과 카운슬링을 자주한다. 18년 이상 비즈니스를 하다 보니 많은 사람들을 만나고 상담하는 것이 자연스러운 일이다. 어떤 일을 처음 접하는 사람들이 흔히 갖는 일에 대한 두려움을 자신감과 용기로 바뀌는 과정을 많이 경험한다. 지금 현재 처한 상황을 변화시키려고 한 번도 해보지 않은 일을 시도해야 된다. 낯선 것에 대한 두려움이 생기는 것은 당연하다. 두려움을 가지고 그냥 새로운 시도를 해야 한다. 나도 두려움을 공포로만 느끼던 때가 있었다. '처음'이 주는 설렘이 두려움이다. 좋은 일도 낯설다는 이유로 설레는 마음이 두려움과 혼돈되기도 한다. 사람들은 좋은 것도 두려운 생각이 들고, 안 좋은 것도 두려운 생각이 든다. 두려움이란 성공과 실패와는 상관없이 그냥 일어나는 감정이다. 하지만 사람들은 실패에 대한 두려움에 더 익숙해져 있다.

많은 사람들이 겪지 않은 것에 대한 두려움과 불안으로 고민하는 것을 이해한다.

나는 두려움으로 자신의 재능을 찾지 못해서 인생에 기회를 잡지 못한 사람들에게 그들의 장점을 빠르게 찾아서 성장시키는 일을 한다. 많은 사람들은 자신의 장점을 보지 못하고 온갖 두려움으로 더 좋은 기회를 놓쳐버린다. 다른 사람의 장점을 빠르게 찾아서 그들을 격려하고 응원으로 기대한다. 나는 함께하는 사람들을 신뢰하고 긍정적으로 기대를 한다. 다른 사람들의 능력을 바탕으로 합리적인 기대와 지지를 한다. 생각했던 일이 잘될 거라는 기대를 하면 잘된다. 물론 부정적인 생각하면 잘 안 풀리게 되는 것이다. 지금 내가 어떤 생각을 하느냐에 따라 결과를 기대해야 한다.

네트워크마케팅 비즈니스의 장점이 경험이 없는 사람도 가능하다는 것이다. 대부분의 사람이 경험이 없이 가능하다는 점을 장점으로 생각하지 않는다. 이 일에 경험 많은 선배들이 노하우를 자세히 알려준다. 이 과정에서 자존감이 낮은 사람은 '자신은 별로 칭찬받을 자격이 없다'고 생각한다. 늘 자신에게 완벽함을 요구하는 사람들도 스스로에게 관대해지는 순간 자신이 무너질지도 모른다는 불안을 갖고 있기도 한다. 스스로를 가치 있다고 느껴야만 칭찬도 할 수 있다. 서로가 서로에게 격려와 칭찬으로 꿈을 응원한다. 자신은 물론이고 다른 사람들을 긍정적으로 바라볼 수 있다는 것이 능력이다. 서로에게 긍정의 믿음을 보내면 시너지가 생겨서 원하는 것을 쉽게 얻을 수 있다.

나는 긍정적인 믿음으로 한 사람 한 사람 꿈을 이룬 모습을 기대하고 상상한다. 처음 하는 일에 성과보다 성장해가는 모습으로 관점을 바꾸면 더욱 기대하게 된다. 어떤 관점으로 사물을 바라보느냐에 따라 달라진다. 세상은 내가 믿고 바라보는 대로 현실로 나타나기 때문이다.

사람은 서로 다르다는 것을 인정하게 되면 다르다는 것으로 서로에게 상처 주지 않는다. 서로를 인정하는 것으로부터 좋은 관계는 시작되는 것이다. 다른 사람이 갖고 있는 본성을 인정할 때 더욱 희망과 기대로 행복해진다. 나는 함께 비즈니스를 하는 동료들을 긍정적인 기대와 상상의 힘으로 바라본다.

우리는 과거 어떤 시대보다 윤택한 삶을 살고 있다. 하지만 자신이 지금 살고 있는 시대가 가장 힘들게 느껴지기도 한다. 그러나 아무리 어렵더라도 기회를 잡은 사람들은 어떤 시대에도 있었다. 상황이 나를 만드는 것이 아니라 내가 나를 만든다는 것이다. 내가 인생에서 겪은 모든 일은 내게 책임이 있다는 말을 분명하게 알게 되었다. 모든 것이 나의 실수라는 것을 인정하고 완전히 내 책임이라는 생각이 나의 인생을 가장 빠르고 확실하게 개선시켰다.

긍정적인 상상은 사람과 일을 변화시키는 위대한 힘을 가졌다. 한 순간에 그치는 상상은 망상에 불과하다. 열망하는 것이 있다면 진정으로 이루려는 노력과 열정이 필요하다. 긍정적인 상상은 반드시 긍정적인 결과를 얻게 해준다. 이런 노력과 열정에 충분한 시간이 더해지면 비로소 원하던 것을 이룰 수 있는 기회가 나타난다. 상상한다는 것은 원하는 것을 주문하는 것과 같다. 지금 내가 무엇을 상상하느냐가 나의 미래가 된다.

05

이미 이루어졌다고 믿어라

사람들은 "나는 이렇게밖에 할 수 없어요, 나는 이런 환경에 태어났으니까 특별한 능력이 없어서 이렇게밖에 할 수 없어."라고 쉽게 이야기한다. 무의식중에 스스로를 무능력하게 만들고 패배자로 만든다. 계속해서 이야기하다 보면 나도 모르게 무기력해지고 포기하고 싶은 마음마저도 든다. 자신 스스로가 가치 있다고 말하면 가치 있는 것이다.

스스로가 가치 없다고 말하면 가치 없는 사람인 것이다. 어느 쪽이든 스스로 지어낸 이야기에 따라 살아간다. 오직 자신만이 가치 있는 사람인지 아닌지를 결정한다.

지구상에서 유일하게 인간만이 자신에게 한계를 부여한다. 무조건 노력한다고 해서 반드시 목표를 실현할 수 있는 것은 아니다. 사람들은 성공을 원하면서 스스로에게 잘못된 기대를 끝없이 품고 있다. 나는 '모든 게 잘될 것이다.'라는 믿음으로 하루를 시작한다. 아무리 절망적인 상황이라도 좋은 결과가 온다는 것을 믿는다. 기대가 크면 클수록, 목표가 명확할수록 그 힘은 더욱 강하게 움직인다.

나는 위대한 것을 습관적으로 기대한다. 내가 원하는 것은 반드시 얻을 수 있다고 믿는다. 안타깝게도 아직 많은 사람들이 말을 바꿈으로써 전혀 다른 하루를 살 수 있다는 사실을 모르고 있다. 과거의 나처럼 색안경을 끼고 한숨 쉬면서 현실을 바라본다. 새로운 일에 도전하는 사람들이 많이 하는 말이 있다. "나는 학벌이 부족해서 돈을 많이 벌 수 없어, 나는 인맥이 없어서 안 돼, 나는 능력이 부족해서 안 돼, 나는 ~해서 ~ 할 수밖에 없다."라고 한계를 지으며 말한다. 원인만 찾아다니는 부정적인 말을 습관적으로 하면서 '내가 못하는 이유'를 만들어 낸다.

특히 돌아갈 수 없는 과거나 다른 사람, 주변 환경처럼 내가 바꿀 수 없는 것을 탓하면서 스스로를 아무것도 못하는 사람으로 만든다. 이런 말버릇은 불행을 만든다. 나는 카운슬링을 할 때 이미 상대방이 잘된 모습을 상상한다. 내 마음에 상대방의 이미지가 성공, 부자, 풍요에 맞춰져 있을 때 상대방의 장점이 보인다. 그런 다음에 대화를 하면 모든 것이 쉽게 해결된다. 상대방이 정말로 성공하면 좋겠다는 진심이 상대방의 마음에 기운을 북돋아줄 수 있는 것이다. 어떤 상황이 일어나도 '모든 것은 다 좋다, 모든 것은 다 괜찮다.'라는 말을 습관처럼 한다.

앤드류 매튜스는 "목표가 있거든 그것이 이미 성취된 것처럼 무의식에 새겨 넣어라. 목표가 이미 이루어졌다고 상상하는 사이, 내면의 마음은 당신이 원하는 마지막 결과를 만드는 작업에 착수할 것이다."라고 말했다.

내가 소망하는 순간 이미 우주의 차원에서는 그 소망이 이미 사실로 존재한다는 것이다. 우리는 어떤 제약도 받지 않고 내가 원하는 것을 마음속에 그릴 수 있다. 자신의 능력을 의심하지 않는다면 원하는 것을 가진 상상을 할 수 있다. 그리고 그 일이 마치 현실이 된 것처럼 느끼고 행동하는 것이다.

나는 성공한 나의 모습을 무의식적으로 상상한다. 내 생각을 바꾸고 원하는 것을 이미 가졌다고 행동한다. 내가 살고 싶은 근사한 집을 그려보고, 갖고 싶은 자동차를 타고 운전하는 내 모습을 떠올린다. 내 안에 잠자고 있던 거인들이 깨어나 영감을 주고 내가 원하는 것을 이미 얻은 것처럼 행동할 수 있게 도와준다. 이런 상상은 내가 만나는 사람들의 위대함을 보게 하고 있는 그대로 인정하고 사랑하게 한다.

부자에게도 가난한 사람에게도 첫걸음은 누구나 어렵다. 인생에서 원하는 결과를 얻기 위해서 경험에 대한 한계를 넘어야 한다. 스스로의 한계를 극복하지 못하면 욕망하는 새로운 현실을 창조하지도 못한다. 궁극적으로는 원하는 인생에 도달하지도 못한다. 무의식은 가장 강력하게 긍정적인 변화가 시작되는 곳이다.

나는 카운슬링을 하면서 답을 찾았다. 사람들이 나에게 질문을 하면 자동으로 나는 그에 대한 답을 하게 된다. 답을 찾으려고 하지 않아도 그렇게 할 수밖에 없었다. 사람들은 부정적인 믿음을 가지고 있다. 그들의 질문은 대부분 '왜 나는 일이 잘 안될까요? 내가 무엇을 잘못하고 있는 건가요?' 같은 내용이다. 상담을 할 때는 일하는 방식에 문제를 찾아주기 시작했다. '어떻게 하면 성과를 잘 낼 수 있을까?'라는 것에 초점을 맞추어서 상담을 했다. 많은 사람들이 상담을 하고 그 부분에 좋은 성과를 내게 되었다.

꿈을 이루려면 명확한 목표를 가지고 이미 내가 원하는 것을 얻은 것처럼 생생하게 상상하고 행동하면 된다. 처음에는 이미 이루어졌다고 생각하라는 말이 억지처럼 생각된다. 반복의 연습만이 잠재의식을 변화시킬 수 있는 것이다. 성공한 모습을 상상한다는 것은 이미 내가 성공자이라는 것이다. 미래에서 현재의 모습을 떠올려야 하는 것이다. 성공에 대한 믿음을 가지는 것이 성공으로의 출발이다.

나는 스스로 '왜 나는 성공 했을까?'를 생각했다. 그러자 수많은 이유가 생각났다. '왜 나는 이렇게 일을 잘하는가?' 나는 나에게 질문했다. 처음에는 닭살이 돋았다. 내가 나를 칭찬하는 일에 익숙하지 않아서였다. 나의 질문에 머릿속에 떠오르는 대답은 나를 기분 좋게 하는 것들이었다. 나는 나에게 긍정의 질문을 자주한다. 나와 긍정적인 대화는 다른 사람들과의 대화도 긍정적으로 만들어 주었다. 나 자신을 바꾸기 위해서 내 삶을 바꾸기 위해서 가장 먼저 기존에 내가 하고 있던 잘못된 말 습관부터 바꾸기 시작했다. "어떻게 하면 될까? 더 좋은 방법은 뭐가 있을까? 분명히 더 좋은 방법이 있을 것이다."라고 말하면서 답을 찾을 때까지 나에게 질문을 던졌다. 내가 원하는 것을 이미 이룬 상태에서 생각하면 가장 쉬워진다. "나는 왜 모든 것을 다 이루었을까? 나는 왜 행복해졌을까?"라고 말하기 시작하자 행복해졌다.

목표를 확언해도 마음속에 '이게 정말 될까?' 하는 의심이 생긴다. 할 수 있다고 믿으면 무엇이든 할 수 있게 된다. 멋진 인생으로 비상하고 싶다면 '나는 무엇이든 할 수 있고, 나는 그럴 만한 자격이 있고, 마음만 먹으면 무엇이든 이룰 수 있다.'라는 믿음부터 키워야 한다. 꿈을 이룰 수 있다는 것을 믿는 것이야말로 꿈의 시작이다. 자신을 믿기 시작하면 세상은 꿈을 이룰 것이라고 예상했던 시기보다 훨씬 더 빨리 이루어진다.

미국 뇌 과학자들의 연구 결과에서는 인간의 뇌세포 230억 개 중 98%가 말의 영향을 받는다고 밝혔다. 뇌 속에 있는 언어 중추신경이 신경계를 지배하고 있는 것이다. 우리 뇌의 98%가 말의 지배를 받는다. 결국 '언어가 인간의 행동을 지배한다. 긍정적인 말은 감정과 마음을 편안하게 만들고, '행동'을 바람직한 방향으로 이끌어준다. 부정적인 말이 가져오는 생각은 부정적인 '감정'을 가져오고 파괴적인 '행동'까지 일으킨다.

사람들은 무의식적으로 오늘 하루 동안 '왜 이렇게 일이 꼬이는 거지? 힘들다, 일이 안 풀린다.'라고 반복적으로 내뱉고 있다. 순간은 스트레스가 풀리는 것 같은 기분이 든다.

하지만 그렇게 말하고 난 뒤 그 일들은 어떻게 되었는가? 더욱더 일이 꼬이고 안 풀리게 된다. '비록 지금의 나는 힘들지만 이제 곧 잘될 거야, 비록 지금 일이 잘 안 풀리지만 점점 잘 풀릴 것이다, 다 잘되고 있다, 하는 일마다 잘된다.'라고 나에게 희망을 주는 말을 한다.

나는 부정적인 속삭임을 잠재우기 위해서 원하는 상황과 목표를 말하기 시작했다. 꿈을 품기도 어렵지만 그 꿈을 포기하지 않고 일관되게 추진하기란 더욱 어렵다. 평생을 두고 하고 싶고, 되고 싶고, 가고 싶고, 갖고 싶은 것은 무엇인지 명확한 비전이 있어야 한다. 나는 네트워크마케팅 사업을 만나 꿈을 꾸게 되었다. 처음에는 실현 가능성보다는 꿈을 떠올리는 것만으로도 행복했다. 꿈은 인생에 새로운 의미와 열정을 가져다주었다. 목표를 성취하는 데 '나는 할 수 있다'는 자신에 대한 믿음이 성공하는 방법을 찾게 해주었다. 사람들은 성공할 수 있다는 것을 믿지 않음으로써 성공으로 가는 방법을 찾지 못한다. 나는 나 자신이 성공한다는 것을 강하게 믿는다, 나는 최고가 된다는 나에 대한 믿음을 가지고 열심히 도전해서 성공을 이루었다.

니체는 "진실은 없다. 오직 주관적인 해석만 있을 뿐이다."라고 말했다.

사실과 현실은 다르다. 현실이란 내가 바라봄으로써 이미 객관적인 의미를 상실한다. 한 가지 사실을 놓고 각자의 시선에 따라서 전부 다르게 해석한다. 내가 느끼는 현실을 얼마든지 다르게 해석할 수 있다. 이 세상의 일은 어떤 관점에서 보느냐에 따라 다르다. 누가 보느냐에 따라 다르다는 것이다. 자신에게 성공할 수 없는 이유를 찾아가며 패배자를 만들 수도 있다. 성공할 수밖에 없는 이유를 찾아서 성공자를 만들 수도 있다. 자신을 스스로가 어떻게 바라보느냐에 달렸다. 자기 자신과 자신의 능력에 어떤 믿음이 있느냐는 것이다. 비록 부족한 능력을 잘 알고 있지만 자신을 믿고 최선을 다하겠다는 마음이다.

자신에 대한 강한 믿음은 꿈을 달성하는 수단과 방법을 찾게 해준다. 스스로 성공할 수 있다는 믿음은 강한 신뢰를 만들어 낸다. 가능하다고 믿는 사람들은 실제로 그렇게 한다. 불가능하다고 믿는 사람들은 결국 해내지 못한다. 믿음은 해낼 수 있는 힘을 만들어주기 때문이다. 꿈을 이룰 수 있다는 믿음이 생기면 상상할 수 있게 된다. 상상할 수 있게 되면 믿음이 굳건해지고 신념이 되어 강한 행동으로 이어지게 된다.

06

원하는 것에만
집중하라

알프레드 E 뉴먼은 "대부분의 사람은 자신이 무엇을 원하는지 잘 모른다. 하지만 자신이 그것을 할 수 없다는 것은 너무 잘 안다."라고 한다.

어떤 사람들은 자신이 무엇을 원하는지 모르겠다고 말한다. 원하는 것이 무엇인지 모르는 것은 원하는 것을 말하는 데 익숙하지 않기 때문이다. 원한다는 것을 욕심 정도로 생각하기도 한다. 원하는 것을 얻기 위한 노력을 하기 싫은 것이다. 세상에는 두 부류의 사람들이 살고 있다. 하나는 원하는 것에 집중하는 사람, 다른 하나는 원하지 않는 것에 집중하는 사람이다. 부자는 기회에 집중하고 가난한 사람들은 문제에 집중한다.

성공하는 사람들은 '어떻게 하면 원하는 것을 얻을 수 있을까?'를 생각한다. 성공한 사람들은 보상에 집중한다. 가난한 사람들은 두려움을 바탕으로 부정적인 생각을 선택한다. '이 상황에서 잘못되면 어떡하지?' 잘못될 수 있다는 생각을 계속한다.

성공을 원하는 사람들은 자신의 능력을 확신하고 믿는다. 먼저 원하는 것이 무엇인지부터 명확하게 알아야 한다. 무엇인가를 원한다면 행동을 하면 된다. 부자는 원하는 것에만 집중한다. 가난한 사람들은 원하지 않는 것에 집중한다는 것이다. 부자는 모든 것에서 기회를 찾기 때문에 기회가 끊이지 않는다. 내 생각이 어디에 집중하느냐에 따라 얻는 것이 달라진다. 목표를 늘 바라보고 집중하면 된다. 원하는 것을 이루기 위해 시간과 열정을 쏟으면 된다. 그리고 그것이 이루어진 것처럼 느끼는 것이다. 원하는 것을 얻기 위한 행동을 당장 시작하는 것이다. 장애물이 생기면 문제를 해결 하면 된다.

미국 하버드대학교 제럴드 잘트먼 교수는 자신의 연구결과를 통해서 이렇게 밝혔다.

"인간은 의식과 무의식으로 이루어져있다. 그런데 인간의 사고, 감정, 학습의 95%가 무의식적으로 이루어진다."

인간의 행동을 결정하는 것은 95% 무의식이라는 이야기다. 사람은 90% 이상 무의식에 의해 행동한다. 불과 10%만이 의식적인 것이다. 아무리 내가 10% 의식적으로 생각해봤자, 인간 행동의 90%를 관장하는 무의식의 힘이 훨씬 크기 때문에 변화가 쉽지 않다. 아무리 수많은 사람이 성공철학을 알고 있어도 부정적인 무의식이 변하지 않기 때문에 삶이 변하지 않는 것이다. 90%의 무의식은 하루아침에 만들어지는 것이 아니다. 인간이 태어나고 자라면서 학습하고, 경험한 결과가 쌓이고 쌓여서 만들어진 것이다. 단순히 몇 번 생각하고 말한다고 변화할 수 없다. 더 큰 무의식이 자기도 모르게 생각과 말과 행동을 조정하고 있기 때문이다. 결국 10%의 생각만 바꿔서는 아무런 효과가 없다. 90%의 무의식을 바꿔야 되는 것이다.

"하늘이 무너져도 방법은 있다. 반드시 해결책을 찾아내겠어."라는 말을 수천 번도 넘게 소리 내어 말로 뱉었다. 어느새 습관적인 사고 패턴을 깨기 시작한 것이다 그러자 무의식이 조금씩 움직이기 시작했다. 나는 계속해서 무의식을 바꿔 나갔다. 말에는 생각을 이길 수 있는 힘이 있다. 일부러 소리 내서 말하고 반복하고 또 반복해서 말했다. 내가 갖고 있던 우울한 감정과 절망적인 상황에서 벗어나려고 말하기 시작했다. 반복해서 말을 했더니 두려움과 망설임이 점점 사라지기 시작했다. 꽉 막혔던 사고가 뚫리는 것 같았다. 기회를 재빠르게 포착하는 생각 회로가 움직이기 시작했다. 반복적으로 즉시 말하고 행동으로 옮겼다. 생각과 말과 행동이 하나의 방향으로 옮겨졌다. 반복해서 말하고 행동함으로써 삶을 변하게 만들었다.

단 몇 번의 상상만으로는 나를 변화시키지 못한다. 무의식을 바꿔야 내 모든 것이 변화하기 시작한다. 90%에 달하는 무의식이 변해야 인생이 변하는 것이다. 반복적인 말로 무의식에 각인시켰다. 말에는 생각을 이길 수 있는 힘이 있다. 말에는 감정이 담겨 있고, 감정은 생각에 엄청난 영향을 주기 때문이다. 나의 생각과 말과 행동이 한 방향으로 향하게 했다. 그러자 무의식은 점점 바뀌기 시작했다. 사람들은 의식적으로는 긍정적으로 생각해야 긍정적인 현실이 나타난다는 것을 잘 알고 있다. 의식적으로는 긍정적인 것이 좋다는 것을 알고 있다. 그렇지만 무의식적으로 어떤 말을 하루 동안 내뱉는지 잘 모른다.

1980년대 중반 이후 여성문학의 대표적 작가로 주목 받은 한국의 소설가 박완서님은 이렇게 말한다. "쉴 땐 쉬기만 하고 일할 땐 일 생각만 하라. 쉬면서 일 생각을 하고, 일하면서 쉴 궁리를 하면 당신은 결국 아무것도 제대로 하지 못할 테니까."

나는 학창시절 공부 잘하는 친구들에게서 배운 것이 있다. 성적이 좋은 친구들은 수업시간에 선생님 말씀을 집중해서 듣는다. 학창시절 칠판에 주로 떠드는 아이 이름을 적었던 기억이 난다. 성적이 좋은 친구들은 칠판에 이름이 적히는 일이 드물다. 성적이 좋은 친구들은 뚜렷한 목표를 갖고 있다. 어떤 학교를 갈 것이며, 성적은 몇 등급이어야 하는지 명확하다. 목표가 명확한 학생은 수업시간에 다른 방해 요소들을 없애고 수업에 집중한다. 수업시간에 철저하게 학습을 하는 태도를 보인다. 수업시간에 최대한 배우는 데 집중을 해서 습득하는 노하우를 갖고 있다. 우리는 원하는 것을 배우기 위해 집중하는 것을 어려서부터 배운다.

성공한 사람들은 일만 하는 사람이 아니다. 일할 때는 일에 집중하고, 어떻게 하면 좋은 성과를 낼 수 있을까를 찾는다. 그만큼 일에 몰입해서 하다 보면 즐겁고 더 좋은 결과로 이어진다. 나도 한때 일중독이었던 적이 있었다. 열심히 노력해야 남보다 더 잘된다는 구시대적인 사고 때문이었다. 성공의 메커니즘을 모르던 때에 이야기다. 직장인들은 퇴근시간을 기다린다. 주말이 되면 일하느라 지친 심신을 달래기 위해 쉬어야 한다. 일요일 오후가 되면 벌써 월요일에 시작을 무겁게 느낀다. 쉬면서도 월요일 시작을 걱정하고 일하면서도 '언제쯤 쉴 수 있을까?'를 생각한다. 그런 면에서 나는 자유로운 인생을 살고 있다.

시간을 효율적으로 사용하는 방법을 알게 되면서 내 삶은 여유로워졌다. 지금이라는 시간을 제대로 사용하면서 삶의 질이 좋아졌다. 제대로 쉬었을 때 일에 더 집중할 수 있고 효율성이 더 좋아졌다. 쉬면서 못 다한 일을 걱정하고 그러다 보면 늘 일을 끼고 살아야만 한다. 이 일도 해야 하고, 저 일도 해야 하고 모두가 급하게 처리해야 하는 일이다. 일에 대한 노예가 되는 것이다. 나는 인생에 명확한 꿈을 갖고 구체적인 계획으로 목표에 집중하고 있다.

목표를 달성하는데 가장 효율적인 방법은 집중이다. 집중은 모든 잡념을 몰아내고 원하는 것을 얻게 해주는 강한 힘이다. 집중하면 집중할수록 사소한 것들을 인식하지 못하게 된다. 세상은 집중을 방해하는 것들로 넘친다. 사람은 관심을 기울이는 것에 쏠리게 된다. 사람들은 집중이 마음만 먹으면 된다고 생각한다. 산만한 마음으로는 집중하기가 쉽지 않다. 집중하기 위해서는 목표를 잊지 말아야 한다. 목표를 이루기 위해서는 원하는 것에만 집중해야 한다. 목표를 달성하는 날짜가 적혀 있는 보물지도를 보면 기쁘고 행복하다. 이미 꿈을 이루고 편안하고 여유로운 모습까지 상상하니 더욱 즐겁게 일에 집중하게 된다. 스스로 목표를 정하는 것도 반복적인 연습이 필요하다. 목표와 계획은 스스로 정했을 때 더욱 효력이 발생하게 된다. 스스로 자발적인 목표설정은 자신감을 갖게 해준다. 목표설정을 할 때부터 이루었을 때를 상상하게 된다. 그 상상은 좋은 감정을 불러일으켜 좋은 행동으로 이어진다. 어렵고 가치 있는 일을 이루기 위해 몸과 정신을 한계 없이 밀어붙이는 열정이 나온다. 반복적으로 열정적으로 집중하면 최고의 순간이 찾아온다.

원하는 것에 집중할 수 있는 방법은 일단 행동하는 것이다. 성공하는 사람들은 일단 결단을 시작으로 행동을 한다. 일단 행동하면서 현명한 생각으로 수정한다. 평범한 사람들은 자신과 자신의 능력조차 믿지 않는다. 행동하기 전에 모든 것을 완벽하게 알아야 시작할 수 있다. 미리 모든 것을 알아야만 한다고 생각한다. 모든 것을 다 알기 전에는 아무것도 시작하지 않는다. 문제점을 다 파악하고 정확히 알기 전에는 아무런 행동도 하지 않는다. 성공하는 사람들은 기회를 보고 최고의 노력으로 그 일에서 성과를 만들어 내는 일에 집중한다. 낙관적인 자세로 기회를 가능성으로 만들어 낸다. 원하는 것을 얻기 위해서 모든 어려움에서 기회를 찾고 인생의 고난에서 위대한 성공을 만난다.

내가 생각하는 것이 현실을 만들어 낸다. 내가 하루 동안 무엇에 집중하느냐가 나의 미래다. 인생을 바꾸는 것은 생각을 바꾸는 것이다. 원하는 것을 반복해서 생각함으로써 잠재의식에 심게 된다. 어떤 생각을 계속해서 하면 끌어오게 된다. 원하는 것을 얻기 위한 구체적인 계획을 하고 행동하면 된다. 명확한 목표를 이루기 위해 계획을 세우는 것에 모든 생각을 집중하는 습관을 기르면 원하는 것을 얻게 된다.

07

결국, 될 일은 된다

꿈을 이루는 데는 과정이 필요하다. 목표 지향적으로 그 과정을 힘들고 지겹게 느끼면 중도에 포기하게 된다. 끝까지 하게 되더라도 심한 허탈감에 빠질 수도 있다. 성공한 사람들은 특별한 사람들이 아닌 꿈을 이루는 과정에 가치를 두는 사람이다. 성공하는 사람들은 남들이 하기 싫어하는 일을 해내는 습관이 있다. 하찮은 일을 이야기하는 것이 아니라 목표의식이 습관이 되어서 하기 싫은 일을 해내야 하는 일로 만든다. 꿈을 이루기 위해서는 하기 싫은 일을 즐기면서 하고 싶은 일로 만들어야 한다. 천재는 노력하는 사람을 이길 수 없고, 노력하는 사람은 즐기는 사람을 이길 수 없다는 말이 있다. 목표를 정하는 것이 그것을 이루기 위한 시작이다.

네트워크마케팅 비즈니스를 시작하면서 가망고객들을 찾게 된다. 가망고객이 끊임없이 유지되는 방법도 알려준다. 사람과의 관계 속에 자신이 즐겁고 행복하게 살아가면 된다. 내가 즐겁고 활기차게 사람을 만난다면 사업을 지속해나가기 쉽다. 내가 즐겁고 행복하게 살아가면 주위에 멋진 사람들이 자석처럼 끌어당겨져 온다.

나는 이 사업을 시작하는 사람들과 이루고 싶은 꿈을 적는 시간을 중요하게 생각한다. 가고 싶은 곳, 하고 싶은 것, 갖고 싶은 것, 되고 싶은 것들을 함께 적는다. 함께 사업을 하는 사람들의 꿈을 공유하면서 서로의 꿈을 응원한다. 사업을 처음 시작하는 사람들은 "나는 영업은 못 해, 나는 물건 파는 것은 자신 없어."라고 자신에게 기회를 막아버리는 말을 한다. 다른 사람들의 시선이 두려워서 영업은 못 하겠다는 사람들도 있다. 영업에 대한 편견이 있을 수도 있다. 예전에 물건을 살 때 본인이 강요당한 적이 있다든가, 계약서에 사인을 압력에 의해 한 경험이 있을 수도 있다. 어쩔 수 없이 구매했더라도 스스로 결정이 의심스러운 기분이 들게 된다. 이런 상황을 누구나 피하고 싶을 것이다.

나는 사람들이 자기 자신을 위해서 올바른 구매를 결정할 수 있도록 최대한 돕는 일을 한다. 내가 만나는 모든 사람이 나를 만나서 인생에 도움이 되는 결정을 할 수 있게 도와준다. 내가 네트워크마케팅 비즈니스를 하는 이유가 메신저가 되는 것이기 때문이다. 나를 통해 누군가에게 도움을 주고 그 결과로 상대가 즐겁고 행복하다면 감사한 일이다. 사람들에게 이 사업의 비전과 제품에 대해 설명을 하면 자신은 안 맞는다고 생각하고 거절하기도 한다. 사람들이 거절할 때 그들이 거절하는 이유를 구체적으로 알게 된다. 나는 거절하는 이유를 듣는 것이 재미있다. 네트워크마케팅 비즈니스를 제대로 잘 이해하지 못하고 있다는 것은 이 사업의 시장성이 엄청나다는 것이다. 내가 제시하는 제품이나 사업으로 많은 이득을 얻을 수 있는 사람을 찾는 것이다.

내가 만나는 사람들이 사업의 비전을 보고 최고의 결정을 내릴 수 있도록 도와준다. 이 사업을 시작하는 사람들은 고객에게 '예스'라는 말을 들으면 자신이 하고 있는 일을 잘 선택했다고 믿는다. 올바른 선택을 했다고 믿기 때문에 자신감도 생긴다. 새로운 사업을 시작하는 사람들을 지속적으로 가망고객을 발굴하는 전략을 세우는 데 집중한다. 자신이 하는 일을 지지하는 가족, 친구, 지인들을 가망고객으로 만나게 된다. 그중에는 미쳤다고 하는 사람도 있다. 일면식도 없는 사람보다는 나에게 관심이 있는 사람들 중에서 '예스'라는 대답을 듣게 되면 금방 자신감이 붙는다. 내가 알고 있는 사람들에게 전화를 걸 때에도 기술이 좋아지고 자신감도 높아져서 자연스럽게 익숙해진다. 익숙해지고 편안해지면 더 큰 성과를 얻을 수 있게 된다. 사람들은 이런 과정들을 무시하고 성공만을 원한다. 힘든 일은 하기 싫고, 하기 싫은 것은 안 하고 부자는 되고 싶어 한다.

어떤 일도 전문가가 되는 과정이 필요하다. 의사가 되는 방법도 의과대학에 입학을 해서 예과 2년, 본과 4년의 교육과정을 마치고 졸업을 하는 것이다. 아니면 4년제 대학을 졸업하고 의학전문대학원에 입학을 해서 의학과 본과 4년의 교육과정을 받는 것이다. 변호사가 되려면 사법시험에 합격해서 사법연수원에서 연수를 마치거나 로스쿨에 진학해서 3년 동안 소정의 과목들을 이수한 후에 변호사 시험을 통해서 변호사가 되는 방법이 있다. 평생 전문적인 직업을 가지고 그 분야의 프로가 되기 위해서는 배우는 과정은 반드시 필요하다. 어떤 일이든 제대로 배워야 돈이 되는 것이 당연하다. 목표를 달성하는 과정에서 내 생각의 한계를 깨는 과정을 거쳐야 성공한다. 성공으로 가는 과정은 필수이다. 그 과정을 즐기는 사람이 진정한 승자이다.

나는 네트워크마케팅 비즈니스를 하면서 사람들이 얼마나 많은 것에 편견을 갖고 사는지를 보게 되었다. 아마 나도 이 사업에 대해서 제대로 공부하지 않았더라면 마찬가지였을 것이다. 15년 정도 경험을 통해 편견

없이 바라보는 눈이 생겼다. 세상을 어떤 눈으로 바라보느냐에 따라 내가 끼고 있는 안경의 렌즈를 통해 보게 된다. 편견은 사회적, 문화적인 환경 속에서 여러 방식을 통해서 형성된다. '누군가의 실패는 나에게도 실패다.'라고 단정 짓는다면, 누군가의 성공은 곧 나의 성공이 되어야 한다. 충분한 생각이나 지식 없이 예전에 경험이나 결정에 의존하는 생각에서 멈춰버린다. 완고하게 더욱 굳어져서 '고정관념'으로 고착화시켜버린다.

네트워크마케팅이 어떤 것인지 들어보지도 않으려는 사람들도 있다. 세상이 변하는 것을 전혀 모르고 살아가는 사람들이다. 예전과는 달리 요즘은 네트워크마케팅을 하나는 해야 한다는 이야기를 많이 듣는다. 2000년도 초반에는 이 사업을 한다는 이유만으로 이방인 취급을 하는 사람도 있었다. 심하게는 다단계라는 이유로 친한 사이도 멀어지게 되기도 했다. 어머니도 하필 남들이 다 싫어하는 다단계냐고 걱정하셨다. 나는 무자본, 무점포, 무경험으로 평범한 사람이 부자가 될 수 있는 유일한 길이 있다면 도전해봐야겠다는 생각이었다.

네트워크마케팅을 제대로 알아보기 시작했다. 선진국형 비즈니스인데 우리나라에 들어올 당시 아직 빠른 시기에 들어왔던 것이다. 워런 버핏은 "잠자는 동안에도 돈이 들어오는 방법을 찾아내지 못한다면 당신은 죽을 때까지 일을 해야만 할 것이다."라고 했다. 도널드 트럼프는 인터뷰에서 "만약에 처음부터 다시 시작해야 한다면 좋은 네트워크마케팅 회사에서 일할 겁니다."라고 말하자 관중이 야유를 보냈다. 그는 이것이 내가 이 자리에 올라 있고 당신들은 그 밑에 앉아 있는 이유라고 설명했다.

미래에 유통시장의 흐름을 통해 부자가 될 수 있는 유일한 것을 알게 되었다. 로버트 키요사키의 『부자아빠 가난한 아빠』를 통해 현금흐름의 사분면을 이해하게 되었다. 가난한 사람은 가난한 이유가 있고 부자는 부자가 될 수밖에 없는 이유를 알게 되었다. 지금은 누구의 말을 빌리지 않더라도 유통에 전문가들은 21세기 최후의 승리는 '미래형 무점포 유통사업'이라고 말한다. 평범한 사람들에게 부자가 될 수 있는 기회를 주면서 함께 부자가 되기를 안내한다. 누군가는 자라 보고 놀란 가슴 솥 뚜껑보고 놀란다고 '다단계'가 무슨 의미인지도 모르고 기회를 놓쳐버린다. 편견과 두려움으로 자신에게 찾아오는 기회를 스스로 알아보지 못한다. 준비된 자에게 기회가 오는 법이다. 우리는 기회가 언제 올지도 모르기에 늘 준비를 해야 한다.

네트워크 사업은 무자본으로 시작할 수 있다는 장점 때문에 이 사업의 비전을 제대로 보는 기회가 적은 것 같다. 다른 사람이 사업을 구축해서 부자가 되게끔 도와줄수록 내 사업은 더 성장하고 부자가 되는 일이다. 자기의 사업을 하고 싶은 사람, 미래를 준비하는 사람들은 반드시 네트워크사업을 객관적인 눈으로 알아보아야 한다. 남들이 안 된다고 하지만 결국 이 사업이 되는 이유는 명확하다. 나는 큰 꿈을 갖고 꿈을 이룬 후에는 보다 더 큰 꿈을 향해 나간다. 나는 다른 사람들의 꿈이 현실이 되는 것을 기꺼이 돕는다. 성공하려면 긍정적인 자세로 남에게 도움이 되는 일을 하면 된다. 그것이 세상에 도움이 된다면 돈은 저절로 들어온다.

꿈은 성취를 믿는 것이 핵심이다. 성취는 믿는 마음에서 시작한다. 믿음은 우리가 무엇인가를 얻고자 할 때 바라보는 태도이다. 우리가 살아가는데 필요한 생각이나 사상을 변함없이 일관된 태도를 말한다. 지나치게 논리적인 사람은 꿈의 성취를 잘 믿지 않는다. 농담도 허풍도 못 떤다. 우뇌가 발달된 직관의 사람들은 근거 없이 믿고 감으로 결정한다. 꿈이 이루어지는 데 반드시 필요한 것이 믿음 곧 신념이다. 꿈이 방향이라면 신념으로 굳건해진다. 꿈을 품었으면 그 다음 수순은 가능한 모든 에너지를 꿈의 성취에 집중하는 것이다. 그러기 위해서는 꿈이 이루어질지 안 이루어질지에 대해서 걱정하는 것은 부질없는 것이다. 이를 한꺼번에 이루어내는 것이 바로 믿음 곧 신념이다. 신념은 나에게 오직 이루어진다는 일념으로 곧 바로 행동에 옮기게 한다.

나는 강한 신념으로 만나는 사람들에게 '루비셀'의 효과를 이야기한다.

전 세계 화장의 문화를 바꾸는 루비셀을 통해 제품과 사업의 비전을 전달하고 있다. 누구나 젊고 아름다운 피부를 유지하고 싶어한다. 10년 동안피부가 될 수 있는 기적의 '루비셀'을 전달하고 있다. 요즘 세계 문제나 사회 문제가 심각하다. 수많은 자영업이 몰락하고 평생직장이 없어지는 초고령화 시대를 살고 있다. 불안한 시대를 사회 탓, 환경 탓만 하고 관망하기에는 현실이 녹록지 않다. 사람들에게 미래에 대한 대안이 있냐고 물으면 막막하다고 한다. 직장생활을 하는 사람들이 가장 위험한 시대다. 네트워크마케팅 비즈니스는 자발적인 소비와 소비를 통해서 부를 창출할 수 있다. 불안한 시대에 경제적 미래를 위해서 무자본, 무경험인 무점포 유통시스템을 통해서 자유롭게 노후 대비를 할 수 있는 네트워크마케팅 사업이다.

사업을 하는 나의 신념은 내가 하는 일이 남에게도 이로워야 한다는 것이다. 강한 신념을 가지고 꿈만 꾸는 사람에게 꿈을 꿀 수 있는 기회를 전달하고 있다. 내가 가진 신념으로 꿈과 목표를 가지고 가치 있는 일을 한다. 구체적인 목표와 계획으로 이미 꿈이 이루어진 것을 상상하며 원하는 것을 얻기 위해 행동하고 있다. 당신이 꿈을 꿀 수 있다면 당신은 그 꿈을 이룰 수 있다.

08

상상은 모든 것의 시작이다

상상력은 인간이 가진 능력 중에 최고다. 우리는 인류의 역사가 상상력으로 시작되었다는 것을 안다. 새처럼 날 수 있다는 상상으로 비행기가 탄생했다. 표범보다 빠를 수 있다는 상상으로 자동차가 만들어졌다. 내가 미래에 무엇을 할 수 있다는 상상이 삶을 창조한다. 내가 한 상상을 현실로 만들 수 있다는 믿음이 열정과 끈기로 이어져 꿈을 이루어 낸다. '긍정적인 생각 행운을 부르고, 부정적인 생각은 불운을 부른다.'라는 말은 이 시대를 살고 있는 우리 귀에 너무도 익숙하게 들린다. 인류가 동굴에 소망과 이상을 그려왔듯이 인류와 함께 시작된 보편적인 진리다. 소망은 신을 향해 간절히 부르짖는 외침이다. 과학이 아무리 발전을 거듭해도 인간이 신의 존재를 거부하지 못하는 이유가 있다. 과학적으로 해결할 수 없는 이상을 신에 의지함으로써 이룰 수 있단 믿음을 가지기 때문이다.

생각은 믿음에서 생겨나고 믿음에는 소망을 이루게 해주는 엄청난 힘이 있다. 그 어떤 위대한 것도 움직이지 않는다면 아무런 의미는 없다. 나는 꿈이 없는 시간을 보냈다. 생활의 힘든 문제들을 극복하려는 열정도 줄어들었다. 일은 목표도 의욕도 없는 습관처럼 일상이 되어버렸다. 뚜렷한 이유도 없이 트집을 잡고 화를 낸다. 분노의 원인이 무엇인지 몰라서 방황의 시간을 보냈다. 지금 현실을 인정하고 싶지 않았다. 모든 원인은 나에게 있었다. 내 가슴속에 묻혀 있던 꿈 때문이었다. 나는 꿈을 꾸면서 비로소 내 인생의 주인이 되었다. 다른 사람으로 인해 주어진 인생이 아닌 나를 위한 꿈을 찾았다. 내가 꿈꾸는 대로 살고 싶었다.

현실에는 한계가 있겠지만 상상의 세계는 무한하다는 것을 안다. 꿈이 얼마나 불가능한지, 얼마나 어렵고 힘든 것인지는 생각하지 않았다. 내가 진정으로 원하는 것만 생각했다. 어쩔 수 없이 습관적인 행동을 계속하게 되더라도 바람직하지 않은 생각은 지워버렸다. 더는 불평을 하거나 절망하면서 시간을 보낼 수 없었다. 일상적인 것이나 습관적으로 생각해 온 것에 집중하지 않았다. 꿈과 목표로 방향을 바꾸고 꿈과 생각을 일치시켰다. 나는 생각을 통해 나에게 필요한 것들을 끌어당김으로써 상상한 것을 얻게 되었다. 내가 살아온 과정을 풍요를 향한 무한한 잠재력을 실현하기 위해 반드시 필요한 단계였다고 생각한다. 부정적인 상태에 있다면 아무 일도 일어나지 않을 것이다. 좋든 싫든 내가 생각하는 대로 얻는다는 것이다.

힘들고 어려운 상황에서도 빛나는 별을 바라볼 권리는 있는 것이다. 명확한 목표를 갖고 열망하는 것을 이루기 위해 생각만 바꾸면 모든 것을 얻을 수 있다는 생각이 들었다. 나는 무의식으로 허공에 떠오르는 말들에게 나만의 대화를 한다. "나는 신이 나를 창조한 것이고 신은 나를 풍요롭고 행복하게 살기를 원한다."라고 말하면 힘이 생긴다. 힘이 나는 말을 하면 힘이 생기게 된다. 얻을 수 있다고 믿으면 얻게 된다고 믿었다. 나는 원하는 것을 구체적으로 상상했다. 내가 얻을 수 있다고 믿었기 때문에 상상은 더욱더 생생하게 나타났다.

무엇을 선택하든 그것은 자신의 선택이다. 나는 매일 꿈을 이루는 생각에 집중한다. 매일 꿈의 방향을 점검한다. 내 안에 무한한 창조력이 잠자고 있다는 것을 믿는다. 나는 풍요로운 소망을 상상하고 풍요로운 세상을 느끼고 그런 소망과 조화를 이루는 생각과 말을 일치시키는 것에 집중한다. 내 안의 무한한 창조력이 풍요로운 소망을 현실로 만드는 상상의 힘을 깨운다.

나폴레옹은 "성공하기 위해서는 먼저 성공을 상상해야 한다."라고 말했다.

나는 사람들에게 성공은 학벌, 돈, 능력 같은 물질적인 것이 아니라 꿈을 꿀 수 있는 능력이라고 말한다. 현실을 창조하는 것은 상상력에서 시작된다. 인간의 상상력이 지금 우리가 살고 있는 세상이다. 인생에서 무언가를 변화시키고 싶다면 상상이라는 힘을 이용해야 한다는 것이다. 상상의 동력을 기반으로 원하는 결과를 느낄 수 있어야 한다. 그 결과가 이미 일어난 것처럼 일체화하면 된다. 네빌 고다드의 가르침에 의하면 우리의 외부 세계는 단지 내면 세계를 투영한 것에 지나지 않는다. 내면을 바꾸면 외부 세계도 바뀐다는 것이다. 내 현실을 바꾸고 싶다면 스스로의 내면에서 바꿀 수 있는 상상의 힘을 발현시키면 된다.

나는 사람들과 상담을 할 때 원하는 것을 얻기 위한 상상의 법칙을 알려준다. 갖고 싶은 자동차를 바라보는 것과 자동차를 갖게 되었을 때의 기분을 그대로 상상하는 것은 전혀 다른 것이다. 원하지 않는 일을 상상하고 느낄수록 더욱 현실이 될 가능성이 높아진다. 일어나지 않았으면 하는 일을 끌어당기게 될지도 모르는 것이다. 내게 일어났으면 하는 일을 종이에 적는 것이다. 그 일이 이미 일어난 것처럼 써야 한다. 내가 원하는 꿈이 실현된 날 잠자리에서 일기를 쓰듯이 적는다. 기쁜 마음과 편안함을 상상하는 것이다.

나는 내가 원하는 것들로 둘러싸여서 산다. 이미 풍요로운 것들이 함께함을 느낀다. 원하는 것을 창조하기 위해서 현재의 상상력을 사용하면 된다. 단지 상상에서 그치지 말고 감정까지 느낄 수 있어야 한다는 것이다. 많은 사람들이 상상만 할 뿐 그 상상력에 감정을 느끼는 것을 잊고 있다. 느낌이 생생해야 끌어당김의 법칙은 더 힘을 얻게 된다.

"인간이 무엇인가를 생생하게 꿈꾸면 그 에너지가 양자들에게 영향을 미치기 시작하고 양자들은 서서히 물질의 형태로 변화하기 시작한다. 인간이 포기하지 않고 끝없이 꿈꾸면 마침내 양자들은 완벽한 형태의 물질로 전환되어 인간 앞에 나타난다." 이것이 현대물리학의 최고인 양자물리학자들이 발견한 진실이다. 양자론과 더불어 현대물리학의 양대 산맥을 형성하고 있는 상대성이론 역시 같은 말을 하고 있다.

"에너지가 곧 물질이고 물질이 곧 에너지다." 우리가 지금 꿈꾸고 있는 것은 곧 미래의 현실이고, 지금 우리가 처한 현실은 곧 우리가 과거에 꿈꾸었던 것이다. 부자가 되고 싶다면 부자를 끊임없이 상상하면 된다. 생각에는 에너지가 있기 때문이다. 원하는 것에 집중할 때 에너지가 동력을 만든다. 많은 사람들은 자신감이 모든 성공한 사람들에게 중요한 자질이라고 한다.

나에게 상담을 하러 오는 사람 중에 어떤 사람은 자신감이 넘쳐나는데 어떤 사람은 자신을 과소평가하고 소극적인 사람도 있다. 문제는 자신감과 성공은 밀접한 관계가 있다는 것이다. 자신감은 성공에서 나오는 것이고, 자신감은 성공을 불러온다. 성공은 더 많은 자신감을 생기게 만든다. 내가 네트워크마케팅 비즈니스에 처음 입문했을 때 사람들의 강의를 듣고 느낀 공통점이 있다. 그들은 작은 성공을 끊임없이 반복해서 이야기한다는 것이다. 한 번의 작은 성공으로 얻어진 자신감이 더 큰 성공의 열정을 불러일으킨다. 더 큰 성공의 기회를 더 많이 불러오는 것이다. 자신감을 갖고자 한다면 당신이 예전에 이루었던 작은 성공들을 떠올려보기를 권한다. 그때의 이미지와 감정을 가슴속에 키우고 부풀려서 잘 간직하면 된다.

어떠한 실패나 패배는 잊어라. 실패에서 얻은 것만 기억하고 실패했다는 기억은 없애라. 성공했을 때 느낄 수 있는 기쁨과 만족감, 행복을 마음속에 키워나가면 된다. 성공의 감정들이 쌓여서 자신감이 되고 더 큰 성공으로 이어진다. 꿈을 이룬 모습을 기대하면서 과거의 성공들을 떠올리는 것이 필요하다. 지금 긍정의 씨앗을 마음 속에 심는 것이 미래에 긍정의 열매를 수확하는 최고의 길이다. 인간은 노력만으로는 절대 부자가 될 수 없다. 인간은 항상 현실보다 발전된 꿈을 꾼다. 인간이 꿈을 꾸기에 다른 동물과는 구분된다는 말도 있다. 그래서 모든 현실은 과거의 인간이 꿈꿔온 결과일지도 모른다. 이런 측면에서 작은 꿈일지라도 현실화될 것에 대한 최소한의 책임이 있다. 꿈을 꾸기만 하고 실현하지 않는다면 책임도 질 필요가 없다. 꿈이 실현되었을 때의 그 행복은 꿈을 꾸기만 할 때와는 전혀 다른 행복감을 준다.

나는 물을 마실 때마다 원하는 것을 떠올린다. 원하는 것에 이미지를 상상하고, 모든 감각을 느끼면서 떠올린다. 꿈을 이룬 미래의 내 모습을 지금 먼저 만나서 대화하는 것이다. '어떻게 원하는 것을 얻게 되었니?'라고 미래의 나에게 현재의 나는 질문을 한다. 물을 마실 때마다 좋은 기분과 좋은 감정으로 상상의 힘을 사용한다. 원하는 차를 시운전하고 원하는 집에 가보고 원하는 것이 무엇이든 그것을 가졌을 때의 감정을 느끼는 연습을 자주 하면 할수록 기분이 좋아진다.

마음이 어떤 곳에 가 있으면 당신 몸도 그곳으로 간다. 마음속에서 영상을 만들 때 절대적으로 항상 당신이 원하는 최종 결과만 생각하면 된다. 결국에는 '다 잘될 거야.'라는 믿음이 좋은 결과를 낳는다. 매사에 부정적이고 우울해하면 아무 이유 없이 일이 잘 풀리지 않는다. 생각을 시각화하면 실체가 되는 것이다. 꿈을 현실로 만드는 힘의 원천은 상상력이다. 원하는 것이 무엇이든 이룰 수 있는 능력은 바로 우리가 가진 상상력에서 시작한다. 유인력을 만드는 건 단순한 생각이 아니라 느낌과 감정이다. 여러분의 생각을 실천해서 현실로 만들고 행복한 인생으로 만들어라. 꿈을 현실로 만드는 상상의 힘을 사용해보라. 여러분이 무엇을 상상하든 그 이상을 성취하는 삶을 응원한다.

3장

나는 하루하루 모든 면에서 점점 더 좋아지고 있다

나는 하루하루 모든 면에서 점점 더 좋아지고 있다

01

나는 하루하루 모든 면에서 점점 더 좋아지고 있다

프랑스의 약사이자 심리치료사 에밀 쿠에는 "나는 날마다 모든 면에서 점점 더 좋아지고 있다."라는 말을 하루에 스무 번 씩 되풀이하면 목표를 이루고, 바라던 성공이 이루어질 수 있다고 말한다. 평생을 '자기암시'에 대해서 연구하고 환자를 치료하면서 자신의 자기암시 요법의 핵심을 함축해놓은 말이다.

인간의 능력 중에 가장 중요한 것은 의지가 아니라 상상이다. 의지를 훈련해야 한다고 주장하는 것은 큰 실수를 범하는 것이다. 의지가 아니라 상상을 다루는 법을 배워야 한다. 의식적인 노력이나 의지를 통해서 생각을 바꾸려 하지 말고 아예 무의식을 길들여 자신이 원하는 바를 성취하라는 것이다. 의식적으로 생각하지 않아도 무의식으로 '자연스럽게 변화되고 있다, 강해지고 있다, 성공한다.'라고 생각하고 스스로에게 명령하게 만들면 되는 것이다. 언제나 무의식이 의식을 이기기 때문이다. 의지와 상상이 싸우면 상상이 이기게 되어 있다.

자기암시가 무의식에 각인이 되어서 뇌에 명령을 내리게 되고 뇌는 그 명령에 따라 삶의 모든 것을 움직인다는 것이다. 의지를 가지고 긍정적이 되려고 노력하는 것이 오히려 무의식의 힘을 약화시킨다는 것이다. 무한한 상상을 방해하고 무의식이 발휘하는 힘은 무력화된다. 결국 원했던 것과는 정반대의 결과를 얻게 한다는 것이다. 상상이 힘을 발휘하려면 의지를 가지고 노력하지 않으면 안 된다. 의지를 가지고 상상을 하려고 노력하면 무의식은 또 다른 나를 내세워 그 상상의 터무니없다는 것을 보여준다. 의지적 노력에 대한 강한 의심을 불러일으키면서 그와는 정반대의 결과를 더욱 선명하게 부각시킨다.

우리의 마음은 처음에 의욕적이었던 상상의 힘을 잃고 그 무의식이 불러일으키는 두려움과 의심을 따라가게 된다. 마음의 힘은 결국 우리가 의지적 상상으로 그렸던 것과는 전혀 다른 결과를 나타내게 된다. 의지가 실패를 반복하면 무의식은 자신을 아주 나약한 존재로 인식하게 된다. 스스로를 의지박약으로 평가하게 된다. 의식적으로 노력하지 말고 상상하라는 것은 물리적으로 아무런 노력을 하지 말라는 뜻이 아니다. 물 흐르듯이 자연스럽게 무의식에 주입하라는 것이다. '나는 날마다 모든 면에서 점점 더 좋아지고 있다.'라는 말을 반복하고 그다음의 모든 일은 무의식에 맡기면 되는 것이다.

'나는 성공할 수 있다.'라는 긍정적인 마음을 갖고 머릿속으로 상상하기 시작했다. 성공한 모습을 상상력으로 이미지도 그려보았다. 이성과 논리적으로 따지지 않고 그냥 '나는 날마다 모든 면에서 점점 더 좋아지고 있다.'라고 믿고 반복해서 말을 했다. 성공한 나의 모습을 시각화해서 이미지로 수십 번 떠올리면서 상상했다. 그때마다 기분이 좋아지는 것을 느꼈다. 마음이 편안해지고 여유로워졌다. 매일 모든 면에서 점점 좋아지고 있다고 생각하니까 내 자신의 모습이 더욱 괜찮은 사람으로 느껴졌다.

최고의 효과를 얻기 위해서 매일, 매 순간 반복을 했다. 잠자리에 들기 전과 아침에 바로 눈을 뜰 때 두 눈을 감고 차분한 목소리로 반복적으로 말했다. 잠재의식이 새로운 정보를 가장 쉽게 받아들이는 상태에서 한 것이다. 구체적인 어떤 것을 생각하지 않고 모든 전반적인 것이 좋아진다고 생각하고 말했다. 내가 원하는 것을 반드시 이룰 수 있다는 믿음과 확신을 가지고 반복적으로 되뇌었다. 자기 확신의 황금률을 높이기 위해 반복적으로 상상을 했다. 잠재의식을 깨워주는 주문을 반복하면서 내 안에 잠든 거인을 깨웠다.

말을 통해서 나의 의식과 무의식을 긍정적인 방향으로 이끌어갔다. 자기암시를 통해 무의식적으로 성공한 사람의 습관을 길들였다. 믿음이 강하게 느낄수록 내가 원하는 결과가 확실하고 빠르게 나타나기 시작했다. 무의식이 원래 가지고 있는 무한한 힘을 발휘해서 온 몸과 의식을 원하는 방향으로 이끌어주고 있었다. 의지가 아니라 상상으로 '나는 날마다 모든 면에서 점점 더 좋아지고 있다'는 말을 반복하면서 에너지가 좋아지는 것을 느꼈다.

"인간이 할 수 있는 일이라면 무엇이나 할 수 있다는 마음만 갖는다면 설사 어떤 고난에 처한다 해도 언젠가는 반드시 목표를 달성할 수 있다. 이것과 반대로 아주 단순한 일일지라도 자기에게는 무리라고 생각한다면 기껏 두더지가 쌓아 올린 흙더미에 지나지 않는 일도 태산처럼 보인다."라고 에밀 쿠에는 말하고 있다.

'나는 성공한다.'라는 확신의 중요성을 일깨워준다. 성공한다는 확신을 가지면 그 꿈을 실현하기 위해 할 수 있는 일을 하게 된다. 성공할 것이라는 확신이 생기면 기회가 생기고 그 기회를 좋은 방향으로 이끌어갈 수 있는 힘을 얻기 때문이다. 자신의 성공을 믿지 못하는 사람은 아무리 좋은 기회가 찾아와도 제대로 잡을 수가 없다. 성공할 것이라는 확신이 없는 노력은 모두 허사다. 실패의 원인은 바로 자기 자신에게 있다. 마음속에 성공에 대한 확신을 가진 사람은 무의식에 영향을 주어 자기암시를 통한 성공을 거두는 것이다.

사람들이 일반적으로 알고 있는 것과는 달리 인간에게 가장 큰 힘을 발휘하는 것은 의지가 아니라 상상이라는 것이다. 내가 진정으로 원하는 것이 무엇인지 어떻게 알 수 있을까? 원하는 것을 자주 말하면 된다. '나는 자신감을 갖게 될 것이다 기억력이 점점 좋아지고 있다. 나는 완전히 내 자신을 통제할 수 있다.'라고 말하면. 어느새 그런 사람이 되어 있다. 같은 말을 반복하면 그 말을 깊이 생각하게 된다. 그 말이 사실이 되고 현실로 나타난다.

사소한 일에 흥분하거나 작은 실수에 당황하거나 별것도 아닌 일에 소란을 피운다는 것은 그만큼 약하다는 증거다. 진심으로 강한 자는 마음이 굳건하여 세상일에 온화한 자세를 갖게 된다. 성공한 사람들은 대부분 동요하지 않는 마음을 가진 사람들이다. 그들의 끈기 있는 정신적인 싸움이 자유를 쟁취한 것이다. 성공한 사람들은 스스로가 정의롭지만 힘겨운 싸움을 하고 있다는 것을 알고 있다. 하지만 정의는 반드시 이긴다는 것을 굳게 믿고 있다. 자신의 중요한 신념을 붙들고 자신의 길을 개척한 것이다.

모든 마음은 지금 당신이 생각하는 방향으로 움직이게 되어 있다. 어떤 예기치 않는 상황에 부딪혔을 경우 그 상황을 긍정적으로 보든지 부정적으로 보든지는 자유다. 왜 하필이면 내가 이런 일을 당해야 하는 거야? 하고 포기하지 않는 것이다. 하필이면 나에게 이런 일이 생긴 것은 반드시 이유가 있는 것이다. 나는 이 일로 인해서 내가 얻을 수 있는 유익한 것은 무엇인지를 먼저 생각한다. 내가 이 상황에서 배울 수 있는 것은 무엇인지 긍정적인 관점으로 사고를 바꾼다. 어려운 상황을 정면으로 마주보아야만 해답을 찾을 수 있게 된다. '나는 날마다 모든 면에서 점점 더 유익한 것을 얻고 있다'고 습관적으로 생각한다. 모든 원인이 내 생각에서 나온 결과이다. 지금 나의 현실은 나의 생각이 가져다 준 결과라는 것을 알게 되었다.

나는 성공을 부르는 말을 좋아한다. 나는 해야 하는 일은 늘 쉽다는 생각을 먼저 한다. 그러면 불필요한 힘이 들지 않는다. 어렵다고 생각하면 10배, 20배의 힘이 더 든다. 오로지 '할 수 있다'는 생각부터 한다. 나는 '무엇이든 할 수 있다.'라고 끊임없이 말한다. 신이 나에게 주신 모든 것은 할 수 있는 것만 주신다고 생각한다. 무슨 일을 할 때 실패에 대한 생각을 먼저 하지 않는다. 적극적으로 하겠다는 생각부터 한다. 그럼에도 불구하고 실패하면 '더 좋은 것이 오고 있다'고 생각한다. 내게 실패는 더 좋은 성공을 만들기 위한 경험일 뿐이다.

성공한 나의 모습을 상상하면서 더욱 확실하게 성공으로 가고 있다고 확신한다. 인간이라면 누구나 두려움을 가지고 있다. 특히 새로운 일을 시작할 때 갖게 되는 두려움은 극히 자연스러운 것이다. 두려움이 너무 크면 기회를 잡지도 못하게 된다. 일을 신중하게 만드는 것이라고 대수롭지 않게 생각하면 된다. 두려움은 당연한 것이다. 나는 두려움에 귀를 기울이지 않는다. 평소에 두려움이 많으면 더욱 강하게 두려움은 작용한다. 편안하게 원하는 꿈과 명확한 목표를 생각하고 각오를 굳건하게 할수록 두려움은 용기로 바뀔 수 있다.

우리 마음속에서 일어나는 생각은 현실이 될 수 있다. 사실인지 아닌지에 상관없이 실제로 일어날 수 있다는 것이다. 왜냐하면 똑같은 사건을 두고 열 사람이면 열 사람 모두 다른 관점으로 보기 때문이다. 예를 들어 어떤 사건이 생기면 그것을 바라보는 사람들의 생각은 자신의 관점에 따라 다르다. 어떤 사람은 좋다고 생각하고 어떤 사람은 나쁘다고 볼 수도 있다. 우리 마음속에 모든 생각들은 가능성만 있다면 모두 현실로 일어날 수 있다는 것이다. '일어날 수 있는 가능성'이란 조건이 붙는 것은 전혀 불가능한 일들이다. 이를테면 이미 잃어버린 다리나 팔이 몸에 다시 생기기를 바라는 것과 같은 일을 말한다. 현실에서 충분히 가능한 것은 현실로 나타난다는 것이다.

우리가 실현 가능성 안에서 하는 모든 생각은 현실이 된다. 이것을 믿는 것이 가장 중요하다. 사람들이 일반적으로 알고 있는 것과는 다르게 인간에게 가장 큰 힘을 발휘하는 것은 의지가 아니고 상상이라는 것이다. 우리는 의지가 있으면 무엇이든 할 수 있다고 생각한다. 우리의 생각과는 다르게 모든 것을 가능하게 하는 것은 의지가 아니라 상상이다. 상상이 의지를 이긴다는 것이다. 마음속의 의지와 머릿속에 상상이 부딪힐 때마다 의도했던 일은 무산되고 오히려 정반대의 결과가 나오곤 한다.

'나는 날마다 모든 면에서 점점 좋아지고 있다'는 말을 무의식적으로 하면서 진짜 날마다 모든 면에서 점점 좋아지는 것을 떠올리고 상상을 하게 되었다. 무의식으로 긍정적인 말을 하니까 좋은 생각이 떠올랐다. 의도하지 않고 편안하게 이 말만 했을 뿐인데 마음은 벌써 풍요로움을 느낄 수 있었다. 날마다 모든 면에서 점점 좋아지는 나 자신을 상상하게 해주는 신기한 말이다.

성공한 나의 이미지를 떠올리면서 잠자리에 들 때 아침에 일어날 때 무의식적으로 이 말을 반복한다. 어떤 일을 할 수 있다고 믿고 그 일이 아무리 어려운 일이라도 해낼 수 있다. 똑같은 상황에 처해 있어도 어떤 사람은 행복하다고 느끼고 어떤 사람은 불행하다고 느끼는 것이다. 긍정적인 자신의 이미지를 떠올리면 자신감과 용기가 생기게 된다. 날마다 점점 좋아지는 나 자신을 상상하는 것만으로도 꾸준하게 할 수 있는 끈기를 갖게 된다. 자신에 대한 긍정적인 이미지는 지속할 수 있는 힘을 준다.

02

익숙한 것들과 결별하다

자신을 변화시키는 것은 고통과 아픔이 따른다. 가죽을 벗기는 아픔을 감수했을 때 그때 비로소 성공이 보인다. 살다 보면 인생에 변화를 주고 싶은 때가 있다. 살을 빼든, 담배를 끊든, 술을 끊든 말이다. "변화가 필요해!"라는 말을 하는 것만으로는 변할 수 없다. 사람은 누구나 낡은 습관이나 과거의 방식으로 돌아가려는 습성이 있다.

결단과 성공을 위한 추진력을 갖고 자신을 바꾸기 위해 스스로 동기부여를 꾸준하게 하면 된다. 변화하기로 결심했다면 실패할 수도 있다는 점을 염두에 두고 어떤 상황에서든 꼭 이기는 지혜를 가지면 된다.

어린아이가 처음 걸음마를 배우던 때를 기억해보자. 어린아이의 첫걸음은 언제나 서투르다. 넘어지기도 많이 넘어진다. 그때마다 우리는 다시 일어나는 것을 배운다. 그렇게 걷는 법을 배운다. 달리는 법도 배운다. 그렇게 성인이 된다. 참 기특할 따름이다. 걷기를 배웠던 것처럼 우리는 사는 것도 배운다. 도전해보는 것이다. 걷다가 휘청거리다가 또 넘어지더라도 다시 일어나면 그만이다. 그것이 진정한 인생의 비결이다. 다시 일어나는 한 낭떠러지로 떨어지는 인생은 되지 않는다. 누구나 변화할 수 있는 능력이 있다는 것이다. 변화를 일으킬 수 있는 힘이 있다는 것을 아는 것만으로도 희망을 가질 수 있다.

나는 네트워크마케팅 사업을 통해서 나도 성공하고 싶다는 생각이 들었다. 네트워크마케팅 사업의 비전을 들을수록 '나도 부자가 될 수 있겠다.'는 희망을 가지게 되었다. 성공하기 위해서는 내 안에 잠든 거인을 깨우는 변화를 하면 된다. 인생을 바꾸고 싶다면 현실적으로 터무니없는 일을 적극적으로 받아들여야 한다는 것이다. 새로운 일을 시작한다는 것에 대한 막연한 불안감은 당연하게 생긴다. 이미 이 분야에 성공한 사람들이 존재한다는 것에 희망을 가졌다. 막연한 두려움은 시스템 속에서 배우는 시간을 통해 지식이 쌓여가면서 자신감으로 변했다.

사업을 하기 전 평소에는 편한 복장 차림이었다. 사업을 시작하면서 비즈니스 복장으로 바꾸는 것이 단번에 되지는 않았다. 매일 사람을 만난다는 준비가 되어 있지 않았다. 정장차림으로 출근하는 것이 어색해서 차에 정장을 싣고 다녔다. 시간이 자유로운 일이다 보니 출근에 대한 직업의식이 부족했다. 사업을 시작했다는 결단을 내리기는 했지만 비즈니스 자세는 갖추지 못했던 것이다. 성공을 하고 싶다는 생각으로 시작은 했지만 사업을 하는 기본적인 자세는 준비가 되어 있지 않았다. 기회라는 것을 알았지만 비즈니스를 해본 경험이 없어서 준비하는 시간이 필요했다.

새로운 일을 하려면 노력이 필요하다. 지금까지 나에게 익숙한 습관과 결별을 해야만 한다. 아침에 일찍 일어나기 위해 맞춰 놓은 알람을 끄고 조금 더 이불속에서 달콤한 잠을 자는 습관을 버렸다. 명확하게 원하는 꿈이 생겼다는 것을 무의식에게 상기시켰다. 나는 꿈이 있는 사람이라고 인식시켰다. 목표가 없는 나에게 명확한 목표를 심어주었다. 네트워커로서 스스로 준비를 해야 한다고 다짐시켰다. 차츰 몸과 마음이 습관이 되어가고 있었다. 하루라도 빼먹지 않고 행동이 자연스러워질 때까지 습관화하면서 나도 '할 수 있다'는 것을 스스로 보여주었다. 하지 못하는 핑계를 대지 않고 내 삶을 어떻게 변화시킬지를 떠올렸다.

예전에 하던 그대로를 하면서 성공은 이루어지지 않는다는 것을 안다.

내 자유의지를 박탈하고 미래의 시간적, 경제적으로 자유로운 나를 만드는 것이다. 100% 내 책임을 인정하고 주도적인 삶을 살 수 있게 변하는 것이 성공이다. 나는 시스템 속에서 사업자의 마인드로 성장할 수 있었다. 네트워크사업은 경험이 없는 사람에게 시스템 속에서 모든 정보를 알려준다. 많은 사람들은 시스템 속에서 정보를 받지만 변화는 스스로의 선택에 의해서 한다. 비즈니스 마인드를 갖추는 시간이 즐거웠다. 나에게 있는 평범한 습관을 특별한 습관으로 만드는 것이 즐거웠다. 성공은 변화의 연속이라는 것을 알게 되었다.

성공하는 사람들은 집중력이 뛰어나다. 집중력은 주위 상황이 어떻든지, 기분이 어떻든지 항상 나의 목표한 바를 명확하게 알고 집중하는 것이다. 자신이 할 수 있는 모든 에너지를 가장 중요한 일에 열정적으로 쏟아 부을 수 있는 힘이다. 항상 바쁘게 살아가는데 생산적이지 못하는 데는 이유가 있다. 에너지를 분산시키면 평범한 결과를 얻게 된다. 돈을 벌지 못하게 가장 방해하는 것은 시간과 집중력을 분산시키는 것이다. 부정적인 생각으로 한눈을 팔다가 시간을 낭비하게 된다.

나는 일을 효율적으로 하는 방법을 좋아한다. 목표달성을 최우선순위에 두고 초점을 맞추어 일에 집중하면서 효율적으로 하게 되었다. 나는 내가 내린 결정 하나에만 전념하기로 했다. 시간과 집중력을 내가 내린 결정 하나에만 전념하는 습관을 길들이는 것이다. 네트워크사업을 내 인생에 마지막 신이 주신 선물이라고 생각했다. 내 인생의 끝은 이미 성공으로 정해놓았다. 성공하기 위해서 계속 해야 하는 일이 무엇인가를 생각하면서 집중했다. 원하는 방향에 속도를 내기 위해서 새롭게 해야 되는 것을 종이에 구체적으로 적었다. 나의 성공에 방해가 되는 부정적인 것들을 떨쳐버렸다. 나의 에너지를 성공하는 데만 집중을 했다.

나는 성과의 약 80%가 우리 노력의 20%에서 나온다는 파레토의 법칙을 자주 생각한다. 내가 하는 어떤 20%가 결과의 80%에 영향을 미칠까? 생각했다. 내가 좋아하고 편한 일만 계속하는 것은 쉬운 일이다. 편하고 익숙한 것들을 계속하다 보면 어느새 현실에 결과가 못마땅해지기 때문이다. 지금 충분하게 하고 있지 않은 일들을 더 집중해서 노력한다. 가망고객과 사업자 발굴하는 전화를 내가 성장하고 싶은 만큼 횟수를 더 늘리는 데 집중을 했다. 효과적인 일들을 계속하고 성과를 얼마나 더 올리고 싶은가에 맞추어서 팀원들과 지속적인 미팅을 했다. 네트워크사업에서 시간은 돈이다. 집중력이 약해지는 순간마다 돈을 조금씩 잃게 되는 것이다. 누구나 변명할 수도 있고 성공할 수도 있다. 나는 어떤 변명 대신 꿈을 달성하는 방향에 집중해서 노력을 한다.

우리는 학창시절과 사회생활 가운데 노동을 하면서 돈을 버는 방법만 배웠다. 노동으로 돈을 버는 사람들은 당장 버는 소득이 중요하다. 그것을 포기하거나 줄이기는 무척 힘들다. 자신의 수익이 물가상승률을 따라잡지 못하면 생활수준은 갈수록 떨어지게 된다. 노동으로 평생 시간과 경제적인 자유인이 되기는 쉽지 않다. 평생 건강이 유지되는 것도 세계경제의 영향을 받지 않을 수도 없는 것이다. 자산으로 돈을 버는 사람들은 노동하는 시간보다 자산 구축이 훨씬 더 중요하다는 것을 안다.

버크 해저스의 파이프라인 우화 중에 이런 이야기가 있다. 이탈리아 중부의 작은 마을에 사촌지간이 파블로와 브루노라는 두 젊은이가 살고 있었다. 둘은 둘도 없는 친구 사이이고 성공을 꿈꾸며 기회를 찾고 있었다. 그러던 어느 날 마을에 물이 모자라 산꼭대기에서 샘물을 길어 마을로 가지고 와서 팔면 돈을 벌 수 있는 기회가 찾아왔다. 파블로와 브루노는 모처럼 가지게 된 기회에 열정적으로 일을 했다. 하루 종일 물통을 들고 산꼭대기의 샘물에서 마을까지 하루해가 저물 때까지 물통을 날라 물탱크를 가득 채웠고 꽤 많은 소득을 올렸다. 브루노는 그에게 주어진 일과 수입에 만족했다. 그리고 꿈을 이룰 수 있다고 믿었다. 그는 더 빨리 돈을 모으기 위해 더 큰 양동이를 사용해야겠다고 생각했다. 반면, 파블로는 달랐다. 온몸은 쑤셨고 손에는 물집이 잡혔으며 무거운 양동이를 지고 다니는 것이 싫었고 힘들었다. 그리고 이렇게 힘든 일을 하지 않아도 되는 상상을 했다.

파이프라인을 건설하면 쉽게 돈을 벌 수 있다고 생각했다. 파블로는 브루노에게 찾아가 파이프라인을 함께 만들자고 제안했다. 브루노는 이렇게 돈도 많이 벌고 있는데 무슨 소리냐며 거절한다. 오히려 더 큰 양동이로 더 많은 물통을 날라야 한다고 우겼다. 어쩔 수 없이 파블로는 혼자 파이프라인을 만들기 시작했다. 현재의 수입에서 쪼개서 투자도 해야 하고 시간도 쪼개서 투자했다. 더 열심히 양동이로 물을 길어 나른 브루노의 수입은 늘어났고 그가 원하던 집과 소도 사게 되었다. 그리고 여유로운 삶을 즐기며 밤마다 술을 마신다. 브루노는 부자가 되었다. 그렇게 시간이 흘러 브루노는 노동으로 인해 등이 굽고 걸음은 갈수록 느려졌다. 또한 품삯도 줄어들어 불평과 불만을 늘어놓으며 더 이상 체력이 고갈되고 더 이상은 물을 나르지 못해 결국 일을 못 하게 되었다. 반면 파블로의 파이프라인 건설은 점점 가속도가 붙어 결국 파이프라인을 건설하게 된다. 수도꼭지를 트는 순간 물이 철철 쏟아져 나왔다. 파블로는 더 이상 힘겹게 일할 필요가 없게 되었다.

사람들은 물을 양동이로 날라서 매일매일 물 값을 받는 사람은 수도관을 만들기 위해 대가 없이 땅을 파는 사람을 잘 이해하지 못한다. 수도관을 완성하면 더 이상 노동을 반복할 필요 없이 안정적인 소득과 자유로운 시간을 누릴 수 있다는 것을 믿지 않는다. 우리의 생각습관은 네트워크사업을 시작한다고 한 번에 바뀌지 않는다. 팀이라는 자산을 만드는 것보다 당장의 이익과 매출을 우선시하기 쉽다. 팀의 이해관계보다 내 이해관계에 더 욕심을 부리는 경우도 많다.

많은 사람들이 네트워크 사업의 비전을 제대로 안다면 양팔 걷어붙이고 시작할 것이다. 다행히 사람들이 부정하고 있다는 것은 기회가 있다는 증거이다. 네트워크사업의 가치를 부여해야 한다. 하는 일에 가치를 부여하지 않으면 세상은 나의 가치를 낮게 본다. 내가 측정하는 것보다 가치를 더 낮게 보게 된다. 자신의 가치를 높이 측정해야 한다. 나 자신을 원하는 모습으로 바라보고 희망을 느끼는 것이 변화의 시작이다. 지금까지의 생각습관은 현재까지의 현실이다. 보이지 않는 것을 믿고 실천하는 이상주의자가 되는 것이다. 현실주의자는 결국 이상주의자 밑에서 하수인이 되어서 일하게 된다. 이 세상을 바꾼 위대한 사람들 애플, 스티브잡스 이상주의자다. 가치 있는 노력이란 힘들고 시간이 걸리고 전혀 즐겁지 않는다는 것을 이해하면 희망을 갖게 된다.

03

인생은 연습이다

인생은 연습이다. 내가 인생은 연습이라고 생각하는 것은 마음에 여유를 가져야 한다는 뜻이다. 어떤 일을 할 때 연습이라고 생각하면 마음이 가벼워져서 실수를 덜 할 수 있다. 연습을 할 때는 실수를 해도 괜찮다. 인생은 그야말로 연습의 연속이다. 연습이 나에게 주는 폭넓은 여유와 기다림을 즐기면 된다. 연습은 미래에 대한 나의 과거이다. 수영을 잘하려면 수영을 직접 해보면 된다. 수영을 잘하고 싶은 사람이 '물이 차가워서 못 하겠다'고 생각한다면 시도조차 못할 것이다. 물을 두려워하는 사람이라도 반복적이고 지속적인 연습을 하면 두려움보다는 서서히 용기가 생긴다. 두려움 그 자체를 인정하고 지속적으로 행동했을 때 반복의 위력이 나타난다. 물이 차가워도 연습을 꾸준하게 하면 실력이 쌓인다.

연습은 잘하기 위해서 한다. 무엇을 못하는지 중요한 것들을 연습을 통해서 반복적으로 하면 된다. 두려움을 극복할 수 있는 유일할 길은 두려움을 피하는 것이 아니고 행동하는 것이다. 매일 부지런하게 연습하는 사소한 습관이 중요하다. 실패한 사람은 변명이 많다. 성공에는 이유도 없고 변명도 없다. 안전지대를 극복하기 위해서는 남들이 하기 싫은 것을 하는 것이다. 연습의 무한 반복의 결과가 성공이다. 연습을 많이 하면 실전에서 실패할 확률이 적다. 연습으로 될 때까지 잘 할 때까지 하는 것이다. 연습으로 내가 원하는 것을 얻을 때까지 절대 포기하지 마라.

경주마는 우승만을 위해 달린다. 수많은 연습으로 우승을 하게 된다. 우승하는 사연에도 여러 가지 경우의 수가 생긴다. 경주마의 신체일부가 먼저 결승선에 도달하더라도 다른 말의 코가 결승선에 먼저 닿았다면 우승은 코가 먼저 통과한 말에게 돌아간다. 경주마가 결승선을 통과하는 찰나의 차이가 경주마의 코이다. 경주마가 달렸을 때 1등과 2등은 간발의 차이로 우승을 하는 것처럼 된다.

연습은 위대한 성공의 결과로 이어진다. 인생은 한 발 앞서면 된다. 인생은 마라톤이다. 인생은 연습과 연습으로 더 강해지고 실력이 되어 우뚝 선다. 연습은 두려움을 없애고 성공을 향해 믿음으로 걸어가게 한다. 성공한 사람들은 기존의 틀을 부수고 새로운 가치를 만들어 낸다. 세상에서 당연하다고 믿는 사실을 완전히 뒤엎는 가치관으로 상품이나 서비스를 제공해내고 성공한다. 객관적으로 보기에는 천재적인 것이다. 평범한 사람은 거의 흉내조차 내기 힘든 일처럼 보인다. 그러나 실제로 뚜껑을 열어보면 다르다. 뭔가를 시도했을 때 성공하는 경우도 많지만 그보다 몇 배 더 실패한 경우가 많다. 기존의 규칙을 깨부수는 천재적인 번뜩임이 타고난 재능일 거라 생각하지만 시행착오를 무수히 반복하면서 얻어낸 결과다. 성공한 사람들에게 공통으로 나타나는 특징은 순간순간 번뜩이는 천재적인 아이디어보다는 해결책을 발견할 때까지 시행착오를 멈추지 않는 열정이다. 결단을 내린 일은 끈질기게 매달리며 포기할 줄을 모른다.

(주)아프로존 김봉준 회장님 역시 그런 분이시다. 바르고 문지르는 화장의 문화를 독창적인 에어브러시를 통해 뿌리는 문화로 바꾸고 계신다. 줄기세포전문기업의 선두주자로 앞장서고 계신다. 홈케어 에어브러시의 진화는 아무도 흉내조차 내지 못할 만큼 우수하다. 기존의 바르고 문지르는 화장을 뿌리는 창의적인 방법은 수많은 여성에게 새로운 패러다임을 가져다준다. 모든 사람이 차별 없는 아름다움을 누리는 고객을 사랑하는 마음에서 출발했다. 새로운 가치창조를 위한 끊임없는 변화로 최고

의 품질을 자랑하는 제품과 고객만족을 위한 서비스 향상을 이루어내셨다.

나는 '루비셀' 제품으로 피부가 어려지고 좋아진다는 것은 예측했지만 백만장자가 될 거라는 것은 생각지도 못했다. 성공하기 위해 시작한 일이었지만 앞만 보고 달렸고 정신을 차려보니 성공이 눈앞에 있었다. 설명하기가 어려웠다. 어느 정도 노하우를 보여줄 수는 있지만 100% 기억하기는 어렵다. 성공을 온전히 나 혼자 한 일이 아니기 때문이다.

'루비셀' 앰플을 얼굴에 뿌려주면 사람들은 대부분 특별한 기계에 놀란다. 병원에 가서 시술하지 않고 얼굴이 젊어진다는 말에 모두 기뻐했다. 만나는 사람에게 뿌려주면서 '루비셀' 앰플의 기적을 보여주었다. 앰플을 뿌려주기 전에 사진을 찍어놓지 않아서 앰플을 뿌리고 무엇이 좋아졌는지를 비교해줄 수가 없었다. 몇 번의 시행착오로 앰플을 뿌리기 전 사진을 찍는 것이 왜 필요한지를 알게 되었다. 늘 새로운 시행착오를 거듭할수록 실력은 더 쌓여갔다.

나는 '루비셀'을 사용하고 좋아진 얼굴을 보여주면서 사업이 엄청나게 성장했다. 단순한 제품력 하나로 기적이 일어났다. 매일 반복되는 연습 속에 자신감이 쌓이게 되었다. 수많은 시행착오를 겪으면서 '아프로존'

회사에서 현금 10억의 수입을 받게 되었다. 성공이 겉으로 보이는 결과가 될 때까지는 실패와 성공이 반복으로 나타난다. 반복적인 연습이 전문가를 만들고 신념은 기적을 만들게 된다.

말로 모간은 이렇게 말한다. "바꿀 수 없는 것은 평화롭게 받아들이는 마음과 바꿀 수 있는 것은 과감하게 바꿀 수 있는 용기와 그것들을 구별할 수 있는 지혜를 주소서!"

현실을 그대로 인정하고 받아들여야 앞으로 나아갈 힘이 생긴다. 자신을 변화시킬 수 있는 힘은 연습에서 온다. 돈을 벌기 위해 하고 싶지 않은 일을 할 수도 있고, 하고 싶은 일을 하면서도 돈 문제로 늘 시달릴 수도 있다. 이 때문에 불평을 하면서 시간을 보내면서 생활을 할 수도 있다. 불평과 불안에 싸여 있기보다는 상황을 개선해야 한다. 더 행복하고 더 성공적인 삶을 원한다면 알아야 할 것이 있다. 스스로 변화시킬 수 있는 것과 변화시킬 수 없는 것을 냉정하게 받아들이는 법을 배워야 한다. 변화시킬 수 없는 것에 매달리는 것은 어리석은 것이다. 변화시킬 수 있는 일을 시작하면 된다. 할 수 없는 일에 매달리지 않고 변화시킬 수 있는 것을 변화시키기 위해서 시간을 투자하면 된다.

자기가 갖고 있지 않는 재능을 아쉬워할 필요는 없다. 자기가 가진 재능을 발견하는 것이 더 중요하다. 자신의 가치는 자신이 만드는 틀에 의해 결정된다. 많은 사람들이 실패하는 것은 자신의 능력을 제대로 보지 못하기 때문이다. 능력 자체가 중요한 것이 아니라 자신의 능력을 정확히 아는 것이 필요하다. 자신의 능력을 제대로 알고 연습으로 갈고닦으면 된다.

내가 네트워크 사업을 시작했을 때 평범한 사람이 꿈을 이룰 수 있다는 것이 엄청난 희망이었다. 지인들에게 네트워크 사업의 비전을 열정적으로 전달했다. 사람들은 자신의 꿈을 잊고 평범한 일상에 만족하면서 살아가고 있었다. 경제적인 안정을 간절하게 원하는 사람들을 찾아서 정보를 전달했다. 인생을 바꾸어서 행복하게 살아가기를 원하는 사람들을 만나게 되었다. 자신의 생활에 안주하지 않고 새로운 도전을 두려워하지 않는 열정적인 사람들을 만나게 되었다.

우리 주변에는 아무 노력이나 대가 없이 희생을 하지 않으려는 사람들이 있다. 다른 사람을 비판하면서 자신이 원하는 것을 얻지 못하는 것을 남 탓으로 돌리는 사람들도 있다. 다른 사람이나 상황을 비난한다고 해서 달라지는 것은 아무것도 없다. 인생을 주도적으로 살지 않고 변화를 두려워하는 사람들이다. 꿈을 향해 명확한 목표를 가지고 도전할 때 부정적이거나 비판적인 사람들을 멀리해야 한다. 성공을 하기 위해서 냉철하게 생각하고 강해지면 된다. 자신 스스로 변화를 해야 한다는 결단과 각오로 행동하는 사람들을 만났다. 준비된 사람들을 만나야 더 가치 있는 꿈을 이룰 수 있기 때문이다. 수많은 시행착오로 시간의 소중함을 알게 되고 연습만이 나에게 보상을 해준다는 것을 알게 되었다.

'나'를 소개하는 작자 미상의 글이 있다. "나는 모든 위대한 사람들의 하인이고 또한 모든 실패한 사람들의 하인입니다. 위대한 사람들은 사실 내가 위대하게 만들어준 것이지요. 실패한 사람들도 사실 내가 실패하게 만들어버렸고요. 나를 택해주세요. 나를 길들여주세요. 엄격하게 대해주세요. 그러면 세계를 재패하게 해드리겠습니다. 나를 너무 쉽게 대하면, 당신을 파괴할지도 모릅니다."

여기서 말하는 '나'는 누구일까요? 알고 있듯이 '습관'이다. 습관은 엄청난 위력이 있다. "세 살 버릇 여든까지 간다"는 말도 있다. 이런 말들은 그냥 나온 말이 아니다. 습관은 매일 매 순간 우리의 삶에서 드러나고 있다. 성공과 실패에 영향을 끼치고 있다. 습관은 반복에 의해 생기게 된다. 습관은 짧은 시간에 형성되는 것이 아니다. 우리 몸속 깊이 물든 습관은 그것이 좋은 습관이든 나쁜 습관이든 고치기 어렵다. 한 번 들인 습관은 바꾸기가 어렵다. 좋은 습관을 길들이려면 꾸준하게 연습을 하면 된다.

우리의 무의식은 변화를 매우 싫어한다. 긍정적이든 부정적이든 변화는 쉽지 않다. 과거에 살던 대로 유지하고 싶은 '관성의 법칙'은 성공을 향해 앞으로 나아가는 길을 막는다. 많은 사람들은 과거에 실수했던 것을 또다시 반복한다. 꿈을 향해 도전을 하더라도 자신의 능력을 제대로 발휘하지 못한 채 살아간다. 늘 부정적인 불만과 불평으로 에너지를 빼앗아간다. 과거의 실수를 근거로 미래를 긍정적으로 생각하지 못한다.

나는 좋은 습관을 반복적으로 연습해서 습관으로 만든다. 사소한 습관부터 반복한다. 잠자리에 누워서 시각화한 것을 보면서 꿈을 이룬 모습을 상상하는 것을 습관적으로 한다. 꿈을 이룬 상태가 온전히 믿어질 때까지 구체적으로 상상하다 보면 기분이 좋아지고 행복한 꿈을 꿀 수 있다. 인생은 수많은 연습으로 가는 여정을 매일 반복하게 된다. 좋은 습관을 만드는 방법은 매일 작은 습관을 몸에 배게 하는 것이다. 성공에 힘들지 않게 도달하려면 긍정적인 생각습관이 중요하다. 바꿀 수 없는 것에 시간을 낭비하지 말고 변화시킬 수 있는 자신의 재능을 찾아서 빠른 성공을 하는 것이다. 좋은 습관을 만들어서 자신의 마음을 완벽하게 지배하면 내 운명의 주인공이 된다.

04

타고난 재능보다 중요한 것

성공한 사람에게는 다른 사람에게서 보기 드문 재능이 있고 당연히 타고났을 거라는 인식이 있다. 나도 그렇게 생각했다. 그러나 성공한 사람들의 살아온 과정을 들어보니 꼭 그렇지는 않았다. 오히려 후천적으로 습득한 능력으로 성공하는 사람들이 더 많았다. 운동을 잘하려면 타고난 체력이나 운동신경, 환경도 중요하다. 음악을 잘하려면 타고난 음감이나 감각들이 필요하다. 하지만 우리가 하는 일 대부분은 선천적 재능을 요구하는 것은 아니다. 성공한 사람들 대부분은 갈고닦은 능력으로 최고의 자리에 우뚝 선 사람들이다. 실제로 성공한 사람은 학벌이나 성장과정이 다르고, 가정환경도 천차만별이다. 경력만 놓고 본다면 순조롭기 그지없다.

어떤 이유로 현재 직업을 선택했는지 사회에 나오기 전에는 어떤 사람이었는지, 생각지도 못한 평범한 뜻밖의 내용을 듣게 된다. '지인에게 보증을 잘못 서준 일로 한겨울 집에 가스가 끊어져서 온 가족이 추위를 이기기 위해 껴안고 잤었다, 집에 빨간 딱지가 붙었다, 과거에 신용불량자 고통을 겪었다.'와 같이 엄청나게 충격적인 사건을 겪은 후 많은 깨달음을 통해 긍정적인 생각 습관을 갖게 되었고 일에 필요한 능력을 갖춘 것이다. 잘나가는 사람은 태어나면서 줄곧 잘나가는 사람이었던 것은 아니라는 말이다.

젊은 시절에 자기중심적일 때도 있었고, 경험 부족으로 실패도 했으며 여러 경험을 거치면서 점점 능력이나 인간성을 성장시켜온 것이다. 성공한 사람은 사회가 늘 유기체처럼 변화하고 움직인다는 것을 잘 알고 있다. 새로운 문물을 열정적으로 배우면서 시대에 적응해간다. 평범하게 인생을 사는 사람들은 타고난 재능도 키우지 않고 운을 기다리고 있는지도 모른다. 재능도 갈고닦지 않으면 쓸모가 없다. 성공한 사람이 자신의 능력을 키우는 일에 집중하는 것은 세상은 변한다는 것을 알기 때문이다. 세상이 어떻게 변할지는 모르지만 늘 자신의 자리에서 최선을 다해서 갈고닦다 보면 언젠가 기회가 보이고 그것을 잡게 된다.

내가 아프로존의 '루비셀'을 만난 것도 과거에 네트워크마케팅 사업을

10년 이상 진행하면서 수많은 경험을 통해서 아이템을 보는 안목이 생긴 것이다. 꿈을 이루는 과정에는 반드시 경험이 필요하고 실패의 경험 속에 지혜가 생기게 된다. 어떤 일이든 필요한 지식이나 기술을 익히는 시간이 필요하다. 시행착오를 통해 많은 노하우가 생기게 되는 것이다. 많은 실패경험이 재산이 되고 자신감으로 이어진다. 그 일에 전문가가 되지 않고 성공하는 사람은 없다. 특별한 재능은 없지만 그 일에 대한 많은 경험과 지혜로 전문가가 되면 성공한다. 천재가 되어야 성공하는 것은 아니다. 자신이 하는 일을 꾸준하게 반복해서 익숙해지면 된다. 어느 정도 개인의 차이는 있겠지만 누구나 갈고닦으면 가능한 것이다. 잡은 기회를 절대 놓치지 않으면 된다.

'많은 사람들은 성공하지 못하는 이유는 기회가 문을 두드릴 때 네잎클로버를 찾기 때문이다.'라는 말이 있다. 눈앞의 기회를 놓친 후에 그것이 기회였음을 안다면 이미 때는 늦었다는 것이다. 성공한 사람들은 인생의 모든 면에서 기회를 잡는다. 원래 운이 좋아서가 아니라 늘 기회를 노리고 있다. 기회를 기회로 인식하든 아니든 기회를 잡아서 성공시킨다. 성공하는 사람들은 막연한 목표를 설정한다. 분명하게 목표는 갖추지 않았지만 '언젠가 성공할거야.'라는 이상적인 사고를 갖고 있다. 결국 나의 미래에 원하는 것이 있고, 이렇게 살고 싶다는 것이 있다. 그렇게 함으로써 어쩌다 일이 생겼을 때 문득 '이것이 나에게 기회일지 모른다'는 생각이 불현듯 떠오른다.

부자는 항상 기회에 집중한다. 기회를 가만히 앉아서 기다리기만 하는 것이 아니라 스스로 행동한다. 남에게 무언가 받기를 기다리지 않고 주체적으로 움직이는 것이다. 단순하지만 행동하는 숫자를 늘림으로써 기회를 잡을 확률을 높이는 것이다. 성공한 사람들은 결정적인 순간에는 행동하고 기회를 잡는다. 일반적으로 기회라고 하면 '지금까지 어디에도 없던 상품의 서비스, 유명한 사람들과 인맥을 맺었다, 몇 억 되는 상품 계약이 성사될 것 같다'와 같은 성과를 상상할지도 모르지만 기회란 긍정적인 일만 말하는 것은 아니다. 사업상 큰 실패, 병이나 상처, 부정적 사건도 기회로 전환될 수 있다.

기회란 자신의 존재 가치를 바꾸는 계기가 되기도 한다. 성공한 사람은 그런 부정적 사건에서도 전환점을 만들어 낸다. 힘들었던 실패한 경험을 기회로 생각하느냐, 실패로 생각하느냐, 성공한 사람의 이야기를 들어보면 그 과정을 극복함으로써 좀 더 긍정적인 기회를 만나고 다음 단계로 올라설 수 있었다는 사람이 대단히 많다. 성공한 사람들은 좋은 일에서도 나쁜 일에서도 기회를 발견하기 때문에 기회를 놓치지 않는다. 생각을 끊임없이 미래에 두고 행동을 실천한다. 부자들은 늘 희망을 가진다.

나는 내가 하는 일에 늘 희망을 가진다. 내 삶의 결과에 책임을 지고 '나는 잘될 거야, 내가 잘되게 만들 수 있어.'라는 희망적인 생각을 한다. 어떤 문제가 생기면 성공하는 과정에서 방법을 찾는 중이라고 생각한다. 꿈을 이룰 수 있는 기회로 보기 때문에 어떠한 위험도 감수한다. 위험을 감수하겠다는 것은 실패를 감당하겠다는 말이 아니다. 과거 실패 경험 속에서 전문가로서 안목이 생긴 것이다. 나만의 확실한 근거가 있는 믿음을 가지고 뛰어드는 것이다.

'루비셀' 이라는 인체줄기 세포배양액이 처음 탄생했을 때 아무도 기회가 될 것이라는 것을 알지 못했다. 세상에 성공의 기회를 기다리면서 준비를 하고 있던 안목 있는 사람들이 '루비셀'을 알아보게 된 것이다. 성공한 사람들은 기회가 오기 전에 준비를 하고 있다. 언젠가 나에게 빛이 온다는 희망으로 실력을 갈고닦는다. 과거에 실패를 통해 아이템을 알아보는 안목이 생긴 것이다.

평범한 사람들은 기회가 와도 핑계를 댄다. '바빠서 시간이 없다, 내가 잘 할 수 있을까, 주변에서 어떻게 생각할지 모르겠다, 천천히 알아보겠다.'라는 수많은 핑계와 이유가 있다. 덤벼들기가 무서워서 망설이기도 한다. 며칠, 몇 주, 몇 달 동안 미루다가 기억에서 없어진다. 기회를 놓치고 나서 다른 사람이 성공했다는 이야기를 듣고 '그때 나도 시작할 걸, 그 사람은 할 줄 알았다, 지금 하면 늦었다.'라는 생각으로 합리화시킨다. 평범한 사람들이 두려워서 시간을 보낼 때 성공하는 사람들은 행동한다. 두렵지 않아서가 아니라 위험을 감수해낼 자신만의 가능성과 믿음으로 뛰어든다.

나만의 경험과 노하우로 제품효과에 대한 검증을 했다. 확실한 정보와 사실로 결정한 것이다. 세상에 완벽한 것은 없다. 평범한 사람은 눈앞에 보이는 완벽한 조건이 나타날 때까지 행동은 생각도 않는다. 아무리 완벽하다고 말해도 스스로 불안해한다. 지금까지 바르고 문지르는 화장의 문화를 '간편하게 뿌리는 문화로 바꾸겠다.'라는 각오로 '전 세계 화장의 문화를 바꾸어가고 있다.' 경제적으로 성공하려면 절대로 기회를 놓치지 않겠다는 각오를 해야 한다.

사업을 하다보면 일을 처음 시작하는 사람들의 공통점이 있다. 이 사업을 통해서 성공한 사람들의 성공 스토리를 듣게 된다. 그에 대한 반응은 다양하다. 어떤 사람은 '저 사람은 특별하니까, 저 사람은 먼저 했으니까.' 하며 성공은 별나라의 이야기처럼 말하는 사람도 있다. 좀 더 긍정적인 사람들은 '나보다 어려운 상황에서도 했다고?' 누구나 가능하다는 말에 용기와 희망을 갖게 된다. 어떤 상황을 어떤 시각으로 바라보느냐가 인생에 큰 차이가 생기게 한다. 평범한 사람들은 성공의 과정을 무시하는 경향이 있다. 눈에 보이는 화려한 모습만을 보고 동경한다.

성공하는 사람의 숫자가 적은 이유는 어렵기 때문이다. 도전하지 못하는 사람도 어렵다고 생각하고 성공하는 사람도 어렵다고 생각하는 것은 똑같다. 성공하는 사람들은 어려운 것이 당연하다고 여긴다는 것이다. 그렇지만 모든 일은 반복이 성공으로 가는 과정이라는 것을 안다. 공부를 잘하기 위해서는 지속적으로 공부를 하면 된다. 운동을 잘하려면 반복적으로 연습을 꾸준하게 하면 된다, 가수로 성공하기 위해서 수 년 동안 춤과 노래 연습을 하는 연예인 지망생도 있다. 누구보다 열심히 공부했는데 고액 과외를 받은 친구가 성적을 더 잘 받고, 가수 지망생이 몇 년의 힘든 연습생 생활을 해왔는데 1년 만에 데뷔하고 화제의 스타가 되기도 한다. 세상은 반복만 한다고 성공할 수 있는 것도 아니다.

많은 사람들이 네트워크 마케팅을 기회로 보고 있는 이유는 반복과 축적의 원리 때문이다. 학벌이나 재산, 나이, 인맥에 관계없이 반복과 축적의 원리로 성공할 수 있기 때문이다. 평범한 사람들은 자신의 능력을 과소평가한다. 자기 자신의 능력을 믿지 못한다. 어떤 기회가 찾아왔을 때 모든 것이 완벽하게 느껴져야 행동한다. 미리 다 알기 전에는 아무 행동도 하지 못한다. 미래에 어떤 일이 일어날지는 아무도 모른다. 언젠가 일어날 수도 있고 일어나지 않을 수도 있는 것이다. 어떤 상황에도 실수 없이 완벽을 기대한다. 어떤 상황에도 절대 잘못되는 일이 없을 거라고 믿는 사람은 심각한 망상에 빠진 사람이다. 세상에 어떤 것도 실패 없이 이루어지는 것은 없다. 실패의 경험을 갈고닦아야 실력이 된다. 타고난 재능보다 실패의 반복 속에 전문가가 되는 실력이 필요하다. 지금 내가 가진 나만의 것을 가지고 꾸준하게 반복하면 실력이 된다. 결국, 성공하는 사람들은 원하는 목표를 향해 자신을 믿고 긍정적인 자세로 꾸준하게 반복적으로 실력을 쌓아서 결과를 만들었다.

05

대접받고 싶은 대로 대접하라

링컨이 즐겨 인용한 격언 중에 "남을 비판하지 말라. 그러면 너희도 비판받지 않을 것이다."라는 말이 있다.

루스벨트는 대통령직에 있을 때 난관에 부딪치면 언제나 거실 벽에 걸려 있는 링컨의 초상화를 쳐다보며, '링컨이라면 이 문제를 어떻게 처리할까?' 하고 생각을 가다듬었다고 한다. 남을 비판하거나 충고하고 싶어질 때는 루스벨트 대통령처럼 '링컨이라면 이런 경우 어떻게 할까?'라는 생각을 해보는 것도 좋은 방법이다. 우리는 타인의 결점을 바로잡고 개선하려는 마음을 갖고 있다. 그런데 왜 자기 자신에게는 그렇게 하지 않는 것인가. 섣불리 타인을 타이르기보다는 자신을 바로잡는 것이 유익하다. 죽을 때까지 타인으로부터 미움을 받고 싶은 사람은 없을 것이다. 그 비평이 정확하고 타당하더라도 그 효과는 엄청 크다.

타인을 비판하는 것은 어떤 바보라도 할 수 있다. 그리고 바보일수록 그렇게 하고 싶어 한다. 사람은 감정의 동물이다. 타인을 대할 때 편견과 자존심과 허영심에 의해 행동한다는 사실을 명심해야 한다. 성품이 좋은 사람은 타인을 이해와 관용으로 대한다. 우리는 뛰어난 성품과 극기심을 갖추어야 한다. 타인을 비난하는 대신 이해하도록 노력하면 된다. 어떤 이유로 그러한 행위를 하게 되었을지 생각해 보면 된다. 그렇게 하는 것이 인간관계에 유익한 결과를 가져온다.

"모든 것을 알면 모든 것을 용서하게 된다. 하나님도 사람을 심판하려면 그 사람이 죽을 때까지 기다린다."라고 영국의 위대한 문학가 존슨은 말했다. 그런데 인간인 우리가 그때까지 기다리지 못할 이유는 없다.

인생은 문제의 연속이다. 수많은 사람이 문제로 고민하고 해결하기 위해 고심한다. 나는 문제가 생기면 '성공한 사람들은 이 문제를 어떻게 해결했을까?'를 먼저 생각한다. 문제보다 내가 더 크다고 생각한다. 성공한다는 것은 한가롭게 공원을 산책하는 것이 아니다. 여기저기 얽히고설키고 때로는 아주 멀리 돌아가야 할 때도 있다. 성공으로 가는 길은 함정과 장애물이 늘어서 있는 것은 당연하다. 대부분의 사람이 목표까지 도달하지 못하는 이유다.

나는 모든 결과를 내가 유익한 상황으로 해석하는 습관이 있다. '내게 좋은 일이 생기려고 이런 일이 생긴 것이다.'라고 생각한다. 그렇게 상황을 이해하면 상대에게 사랑과 관용이 생긴다. 나는 상대의 입장에서 생각해본다. 그 사람이 자기 자신은 결코 그렇지 않다고 생각한다면 나는 그를 인정한다. 비난하기보다는 이해하는 마음을 먼저 가진다. 상대방이 자기 방식대로 생각하고 행동하는 데는 그럴 만한 이유가 있을 것이다. 나는 먼저 보이지 않는 이유를 생각한다. 이유를 알게 되면 그 사람의 행동과 그 사람의 인간성까지도 이해할 수 있게 된다.

나는 평소에 '만약에 내가 저 사람이라면 이 경우에 어떻게 느끼고 어떻게 행동할 것인가?'를 자주 반문한다. 이 질문을 하다 보면 다른 사람 때문에 화를 내는 일에 시간을 낭비하지 않게 된다. 상대를 비판하거나 비난하는 일도 없다. 다른 사람의 입장에서 생각하는 것이 습관이 되니까 문제가 된 원인에 관심을 가지게 되었다. 그 관심이 다른 사람을 사랑하는 계기를 만들어주기도 한다. 서로 이야기를 하면서 상대방의 생각이나 감정을 알게 되고 인간관계가 더욱 쉬워졌다.

사람들은 섣불리 깊은 생각 없이 남을 대하려 하고, 상대방의 처지나 상황을 판단한다. 자신의 이해관계를 중심으로 세상을 살아가고 있는 것이다. 내가 조금이라도 힘들고 어려운 경우는 참을 수 없고 다른 사람들이 나를 도와주기를 기대하는 심리가 앞서는 경우가 많다. 비난하는 사람은 자아존중감이 낮다 보니 자신의 열등감을 극복하기 위해 타인보다 자신이 더 우월하다는 우월감을 느끼고 싶어 한다. 인정받고자 하는 욕구가 강하기 때문에 상대를 비난하기도 한다.

나는 내 생각이 전부라는 생각을 지워버렸다. 먼저 듣는 입장으로 다른 사람의 입장에서 생각한다. 서로 존중해야 함께 비즈니스를 할 수 있고 서로 이해하려는 자세를 먼저 갖추어야 하기 때문이다. 내가 사업을 하면서 중요하게 생각하는 것은 서로 인격을 존중하고 서로 다르다는 것을 인정하고 공감이 잘되는 팀을 만들어가는 것이다. 서로 돕고 힘을 합치면 성공은 더욱 쉽고 빨라지기 때문이다.

인간 행위에 관한 중요한 법칙이 있다. 인간관계에서 비롯되는 분쟁을 피할 수 있게 해준다. 많은 친구들과 함께 행복한 삶을 누릴 수 있게 해준다. 이 법칙은 '언제나 타인으로 하여금 자신이 중요하다는 생각을 갖게 하는 것'이다. 스스로 중요한 존재가 되고자 하는 소망은 인간의 근본 욕구이다. 가장 근원적인 인간성은 타인에게 인정받고자 하는 욕구이다.

이 욕구가 인간과 동물을 구별하는 기준이 된다. 인류의 문명도 이 욕구에 의해서 발전되어 왔다고 해도 과언이 아닐 것이다.

많은 철학자들이 수천 년에 걸쳐 인간관계의 법칙에 관해 연구해왔다. 그 결과 우리 인류에게는 귀한 교훈이 전해진다. 이 세상에서 가장 중요한 법칙이기도 하다. '타인에게 대접받고 싶으면 나부터 먼저 베풀라.'는 것이다. 사람들은 누구나 주위 사람들로부터 인정받기를 원한다. 빤히 들여다보이는 아첨이 아니다. 진심에서 우러나오는 칭찬에 굶주려 있다. 우리 모두는 주변 사람들로부터 진심으로 칭찬받고 아낌없는 찬사를 받고 싶은 것이다. 우리는 타인이 원하는 것을 해주면서 관계의 친밀도가 생긴다. 언제 어디서 어떻게 해야 할까를 염려할 필요는 없다. 마음만 있으면 어느 때 어느 곳이나 누구에게든 베풀 수 있다.

대부분의 사람들은 자신을 중요하게 생각한다. 나는 상대방에게 소중하다는 감사함을 갖는다. 상대방이 성공하기를 기대하는 마음으로 칭찬을 한다. 칭찬하는 데는 비용이 거의 들지 않는다. 그러나 그 효과는 대단하다. 사업을 오래 같이하다 보면 서로에게 무감각해지는 경우가 있다. 인간은 에너지가 떨어지면 효율성도 같이 떨어진다. 매일 만나는 사람, 매일 느끼는 감정이 고정관념으로 바뀌게 된다. 심지어 선입견 속에 더 이상 관계의 발전이 없기도 한다.

나는 매일 만나는 사람들을 처음 만나는 것처럼 마음을 가진다. 어제 생긴 문제로 그 사람을 판단하지 않는 것이다. 다만, 내가 성장하는 데 필요한 날개 없는 천사라고 생각한다. 상대방을 통해서 나의 어떤 생각을 바꾸는 계기를 만든다. 매일 새로운 감정으로 선입견이나 고정관념을 지운다. 의도적으로 습관적으로 하다 보면 어느새 내 감정이 좋아지는 것을 느낀다. 대부분의 상담은 인정받고 사랑받고 싶은 감정이 내재된 것이다. 누구나 존중받아야 할 권리가 있는 것처럼 상대를 대할 때 기본적인 예의라고 생각한다. 서로 지켜야 하는 당연한 것들을 소홀히 했을 때 관계가 어려워진다. 상담을 할 때 상대의 문제점을 이야기하는 것도 내가 더 인정받고 싶은 부분이 채워지지 않은 형태로 나타난다. 시기나 질투의 감정을 덮고 상대방의 단점으로 지적하기도 한다. 이런 과정으로 스트레스를 푸는 경우도 있다. 이 모든 것은 상대를 어떤 마음으로 내가 보느냐에 따라 달라진다.

사랑하면 모든 것이 좋아 보인다. 사랑하면 장점만 보이고, 단점이 보여도 특별하게 느껴진다. 나 자신을 사랑하는 사람은 남에게도 관대하다. 나는 우선 나의 마음을 잘 들여다본다. 나의 어떤 마음이 상대를 그렇게 바라보게 했는지 생각해본다. 그러면 평정심을 갖게 되고 상대를 있는 그대로 바라보게 된다. 상대를 내 생각대로 보는 것이 아니라 상대방을 판단하지 않고 있는 그대로 받아들이는 것이다. 상담할 때 나에게 유익한 것들이 많다. 더 많이 깨달을 수 있고 더 많이 성장하는 계기가 된다.

함께 사업을 하는 사람들과 서로의 장점을 살피고 칭찬하는 것이 즐겁다. 매일 사소한 것들을 칭찬한다. 누구나 칭찬의 말이 자신의 인생에 대전환을 가져온 기억이 있을 것이다. 나는 사업파트너들에게 '당신은 성공할거야!', '넌 반드시 이루어낼 거야!'라는 확신을 준다. 아무 대가를 바라지 않고 작은 기쁨들을 나눈다. 우리의 삶을 활기차게 만드는 방법이다. 다른 사람을 기쁘게 하거나 칭찬을 하고 그 대가를 바라는 인색한 사람들은 후회하게 된다. 누군가를 기쁘게 하고 어떠한 부담도 주지 않았다는 만족스러운 마음이 관계를 편하게 한다. 작은 것을 베풀면 언제까지나 즐거운 추억이 된다. 이보다 더한 대가가 어디 있겠는가? 사람의 관계에서 모든 생각과 감정을 존중하고 인정한다. 내 앞에 일어나는 모든 일을 감사하게 받아들인다.

사람들은 누구나 대접받고 싶고 인정받고 싶어 한다. 자신이 좋아하는 사람에게는 더욱 욕구가 강해지기도 한다. 오래 관계를 지속해온 사람들과의 관계에서 불만이 더 생기는 것도 같은 이유다. 가깝게 오래 지낸 관계일수록 무관심으로 서로에게 감정을 잘 드러내지 않는 경우가 있다. 자주 만나는 사이일수록 존중과 인정이 필요하다. 자신에 대한 칭찬과 인정이 부족할 때 상대를 미워하거나 원망하는 감정으로 돌변한다. 상대방과 관계를 유지하고 싶다면 존중하고 인정하는 칭찬을 자주하면 된다. 인간 삶의 조건에서 인간관계만큼 중요한 것은 없다.

대부분의 사람들은 좌절과 실패를 거듭한 끝에 가까스로 이를 터득하게 되고 인생을 새롭게 살아간다. 성공하는 사람들의 성공의 노하우는 평범해 보이는 특별한 인간관계에 있다. 타고난 인간관계의 달인도 있지만, 많은 실패 속에서 배우고 익혀서 인간관계의 달인이 된다. 사회가 발전하고 다양해지면서 인간관계는 더욱 복잡해진다. 성공적인 삶을 살려면 인간관계는 절대적이다. 뜻밖에도 많은 사람들은 평생 그 비결을 터득하지 못한 채 어렵게 살고 있다. '대접받고 싶은 대로 남에게 대접하라.' 인간의 성공적인 삶을 살기 위한 인간관계의 기본예절이다. 모든 원인이 나의 마음에서 이루어지는 것이다. 내가 어떤 마음으로 상대를 바라보느냐에 따라 대하는 것도 달라진다. 측은지심을 갖고 상대를 사랑하는 마음으로 본다면 인간관계의 달인이 된다. 내가 원하는 것을 상대도 원하기 때문이다. 생각을 더 크게 갖고 내 앞에 있는 사람을 크게 사랑하면 된다. 상대의 입장을 생각하는 마음을 가지고 관용을 베푸는 마음을 가지면 훌륭한 인간관계를 갖게 된다.

06

매일 긍정적인 자기암시를 반복하라

유대인의 지혜서 『탈무드』에 이런 이야기가 있다. 어떤 왕이 광대 2명을 불러 한 사람에게는 이 세상에서 '가장 악한 것'을 찾아오라 하고, 또 한 사람에게는 이 세상에서 '가장 선한 것'을 찾아오라고 명령했다. 얼마의 시간이 흐른 후 두 광대는 답을 찾아왔다. 그런데 두 광대의 답은 같았다. 그들은 모두 '혀'라고 답했다.

혀는 어떻게 사용하느냐에 따라 약이 될 수도 있고 독이 될 수도 있다. 말로 사람을 한방에 죽이기도 한다. 남을 비방하고 헐뜯는 부정적인 언어를 사용하면 혀는 세상에서 가장 악한 것이 된다. 사람들을 칭찬하고 격려하는 말로 사용하면 혀는 세상에서 가장 선한 것이 될 수 있다. 혀를 어떻게 사용하느냐에 따라 나의 인생이 달라진다.

성공한 사람들은 말을 잘하는 사람인 경우가 많다. 사람들은 자존감이 높을수록 자신과 주위사람들을 긍정적으로 표현한다. 사람들이 평소에 말하는 습관은 다 다르다. 말에는 씨가 있다는 말이 있다. 말이 '씨'가 된다는 뜻이다. 말은 그대로 씨가 되어 열매를 맺는다. 그 사람의 말씨를 보고 그 사람의 미래를 어느 정도 알 수 있다. 말에는 힘이 있다. 우리가 별 생각 없이 툭툭 내뱉는 말에도 힘이 있다. 어떤 말을 하느냐가 중요하다. 이왕이면 긍정적인 말을 입술에 배게 해야 한다. 무심코 내뱉은 말은 살아서 날아간다. 누군가의 가슴에 박혀서 씨가 되어 발현된다. 누군가에게 말을 들으면 계속 생각이 난다. 좋은 쪽이든 나쁜 쪽이든 계속 영향을 미친다. 우리가 하는 말은 우리의 의식 속에 깊이 각인된다. 우리가 무엇을 할 수 있다거나 못한다고 말하면 우리의 의식은 그 말을 현실화하기 시작한다. 그래서 말을 조심해야 한다.

나는 상담을 자주한다. 사람들은 일어난 상황을 무의식적으로 부정적으로 해석하는 경우가 있다. 많은 다양한 사람들은 사고와 입장이 다르다. 누구의 입장이냐에 따라 다 다른 것이다. 무슨 고민을 이야기 하든 그 사람 입장에서 모두 옳은 이야기다. 그 사람 입장에서 모두 옳은 말을 하는 것이다. 사람들은 무심코 하는 말이 자기 자신에게 어떤 영향을 주는지 미처 깨닫지 못한다. 자신을 긍정적으로 생각하는 사람들은 상황을 긍정적으로 생각하는 경향이 있다. 자신의 이미지를 어떻게 바라보느냐에 따라 상황을 다르게 바라본다. 자신의 미래를 긍정적으로 보는 사람은 상황을 긍정적인 방향으로 해석한다.

지금 당장 눈앞의 거절을 거절로 판단하지 않는다. 실패하더라도 계속 시도해서 결과를 만들 거라는 각오를 한다. 성공에 대한 스스로의 강한 확신에 차 있다. 앞으로 더 잘 될 거라는 기대를 상대에게 심어준다. 이 기대는 상대로 하여금 더욱 응원하는 마음을 갖게 해준다. 나는 긍정적인 이야기는 받아들이지만 그 말을 모두 믿지는 않는다. 부정적인 이야기는 결과를 지켜보고 그냥 침묵한다. 다른 사람에 대해 이야기를 할 때는 그들이 나와 같이 있는 것처럼 가정하고 말을 한다. 그러면 할 말과 하지 말아야 할 말에 대해 혜안이 생기게 된다.

오프라 윈프리는 이렇게 말했다.

"당신이 바라거나 믿는 바를 말할 때마다 그것을 가장 먼저 듣는 사람은 당신이다. 그것은 당신이 가능하다고 믿는 것에 대해 당신과 다른 사람 모두를 향한 메시지다. 스스로에 한계를 두지 마라."

자신이 말한 것을 가장 먼저 듣는 사람은 자신이다. 가장 깊이 있게 듣는 사람도 바로 자신이다. 결국 내가 자주 하는 말이 내 인생을 결정한다. 마음은 밤낮을 가리지 않고 깨어 있거나 잠들어 있을 때도 평생 쉬지 않고 일을 한다. 생각을 멈추는 것은 생을 마쳤을 때나 가능해진다. 어떤 생각은 기쁘게 하지만 또 어떤 생각은 기분을 나쁘게 한다. 어떤 생각은 유익하지만, 어떤 생각을 그렇지 않다. 어떤 생각은 긍정적인 행동을 하게하고 어떤 생각은 부정적인 행동을 유발한다. 모든 생각을 그대로 선택할 필요는 없다. 수없이 내 귓가에 재잘거리는 모든 생각에 귀 기울일 필요는 없다. 나에게 이로운 생각을 선택해야 긍정적인 말이 나오는 것이다. 긍정적인 말을 '반복'하면 인생이 달라진다.

네트워크사업을 통해 '하면 된다'는 긍정적인 사고방식을 배웠다. 예전에는 내가 알고 있는 지식으로 세상을 판단하던 습관이 있었다. 이전에 부정적인 자신이 지금은 긍정적인 사람으로 변했다. 긍정적인 방향이 나에게 기분을 좋게 하고 활력을 불어넣어주기 때문이다. 부정적인 생각과 말을 하면 하루 종일 기분도 좋지 않고 힘도 없어진다. 내가 내뱉는 말은 타인을 향하기 전에 나에게 먼저 온다. 얼마나 신중을 기해야 할 것인지를 생각하면서 말하게 된다.

나는 매일 아침, 저녁에 거울을 보면서 '내가 살아가는 끝없는 삶의 한 가운데서 모든 것은 완벽하고 온전하며 완전하다.'라고 잠재의식에 말을 한다. 반복적으로 계속하면 내 안에 강한 자신감이 느껴진다. 오늘 하루도 활기차게 새롭게 시작하는 것이다. 나와 함께하는 사람들은 의도적으로 멋진 말을 한다. 반복적으로 좋은 말을 잠재의식에 인식시키는 연습을 한다. 나는 '대박, 운이 참 좋은 사람입니다.' 라는 말을 소리 내어 자주 말한다. 처음에는 낯설게 들리지만 어느새 다른 사람들도 '대박', '나는 운이 참 좋은 사람입니다.'를 따라 하면서 웃음을 보낸다. 나의 곁에 있는 사람이 나를 통해 변화된다는 것이 기쁘다.

나는 사람이 해서는 안 되는 것은 세상에 없다고 생각한다. '안 된다'고 생각하지 말고 '된다'고 생각해야 되는 쪽으로 방향이 바뀐다. 내적 환경은 외부를 어떻게 생각하느냐에 달려있다. '세상은 마음대로 되지 않는다'는 믿음을 가지면 믿는 대로 보게 된다. '세상은 마음대로 되지 않고 위험하다. 이제부터 가만히 있어야 해.'라고 생각하게 된다. 반면에 '세상은 마음대로 되지 않아서 즐겁고 재미있다.'라고 믿으면 어떤 일이 일어나도 '재미있고 즐거운 일이 생긴다.'라는 사고방식으로 이어진다. 나의 믿음에 반응해서 감정이 생기고 기분이 좋아진다는 것을 느낀다.

무엇이든 내가 원하는 상태를 말로 표현해야 내가 원하는 것을 얻을 수 있다. 거대한 아우라가 풍기는 사람들이 있다. 아우라는 '흘러넘치는 에너지'라고 할 수 있다. 에너지는 자동차를 달리게 하는 연료이다. 에너지가 작은 사람에게는 아우라를 느낄 수 없다. 에너지가 몸에서 넘쳐흐르면 큰 아우라를 느낄 수 있다. 기분이 가라앉는다거나 자신감이 없을 때는 에너지가 바닥에 가까워져 있다는 것을 느낄 수 있다. 이럴 때는 '내 주제에 무슨!'이라던가, '나는 원래 안 돼!' 하면서 자신을 비하하는 말을 한다.

가장 빠르게 바닥난 에너지 올리는 방법은 '칭찬'이다. 기분이 좋지 않을 때 누군가 "오늘 너무 예쁘다."라고 칭찬을 하면 갑자기 기분이 좋아진다. 칭찬은 에너지를 불어넣는 힘이 강하다. 다른 사람이 나를 언제 칭찬해 줄지는 모른다. 하루 종일 에너지를 못 받고 시체놀이를 해야 할 수도 있다. 자칫 잘못하면 평생 기다리기만 하다가 인생이 저물어갈 수도 있다. 누군가 칭찬해주기를 기다리는 것보다는 스스로 칭찬하는 것이 효율적이다. 나의 기분은 내가 제일 잘 알기 때문에 기다릴 필요가 없다. 스스로 칭찬하고 칭찬하면 에너지가 강력해진다.

나는 나에게 사소한 칭찬을 자주 한다. "아침에 일찍 일어나다니 역시 대단해, 아프로존을 선택하는 안목이 있다니 역시 대단해, 전 세계 화장의 문화를 바꾸는 위대한 일을 하다니 역시 대단해."라고 칭찬을 계속한다. 스스로 칭찬으로 시작하면 하루가 기분이 좋아진다. 기분이 좋아지면 아침에 출근도 일찍 하게 된다. 일을 할 때도 다른 사람들에게 열정과 에너지를 주게 된다. 칭찬은 내가 나를 믿어주는 말이다. 내가 나를 신뢰하게 되면 자신감이 생긴다. 자신감이 충만해지면 에너지가 넘치고 활력이 생기게 된다. 활력으로 에너지가 흘러넘치면 열정적인 사람을 끌어당기게 되고 일이 쉬워진다.

할 수 있다고 믿으면 무엇이든지 할 수 있다. 대수롭지 않은 말처럼 들리겠지만, 사람이 사는 동안 이루어내는 모든 일의 근원이다. 우리가 할 수 있다고 믿는 순간 우리는 정말로 할 수 있게 된다. 미리부터 걱정을 하면서 할 수 없다고 믿으면 정말 아무것도 할 수 없다. 더 행복한 미래를 살고 싶다면 '나는 무엇이든 할 수 있고 나는 그럴 만한 자격이 있고, 무엇이든 마음만 먹으면 이룰 수 있다'는 믿음을 가져야 한다. 그 믿음이 생기고 확신이 들기 전에는 과거에서 벗어날 수 없다. 과거의 모습 그대로를 원하지는 않을 것이다. 자신을 믿기 시작하면 원하는 것을 이루게 될 것이다.

평소에 아무 생각 없이 쓰는 말이 당신의 인생을 좌우한다. 그 사람이 매일 어떤 생각을 하는지를 직접적으로 드러내기 때문이다. 그 사람의 사고방식을 보여주는 것이 말이다. 세상사는 말 한마디로 인해 인간관계로 이어져 성공으로 가게 된다. 사소한 말이 천국으로 느끼게 해주기도

하고 지옥으로 느끼게도 한다. 매일 아침 나에게 긍정적인 자기 암시를 지속적으로 해야 한다. 휴대폰도 건전지를 매일 충전해줘야 하듯이 스스로에게 칭찬으로 에너지를 늘 충만하게 해야 한다.

'나도 일등이 될 수 있다'고 진정으로 믿는다. 하루를 시작할 때 거울을 보면서 "나는 오늘 모든 일에 최고의 노력을 한다."라고 외치면 그렇게 실천하게 된다. 그리고 하루가 끝나고 다시 거울을 들여다보면서 "나는 오늘 모든 일에 최고의 노력을 다했다."라고 말한다. 성공과 행복을 원한다면 자신에게 긍정적인 기대를 하면 된다. 자신에 능력을 최대한 발휘하기 위해서 자신이 가진 무한한 가능성을 깨우면 된다. 자신에게 긍정적인 자기암시를 반복하면 무한한 잠재능력을 깨울 수 있다. 자신이 가지고 있는 능력을 사용하면 할수록 더 많은 능력과 자신감이 생기게 된다.

07

좋은 생각을 하면 좋은 일이 생긴다

조셉 머피는 "좋은 일을 생각하면 좋은 일이 생긴다. 나쁜 일을 생각하면 나쁜 일이 생긴다. 당신은 당신이 하루 종일 생각하고 있는 바로 그것이다."라고 말했다.

당신이 무엇을 생각하든 그것이 그대로 이루어진다는 말이 있다. 지금 생각하고 있는 것이 잠재의식에 작용해서 그것을 현실로 나타나게 해준다면 당신은 지금 어떤 생각을 하겠는가? '나는 할 수 없다, 이것은 할 수 없어, 난 운이 없어'라고 생각할 것인가. 아니면 '나는 할 수 있다, 내가 해서는 안 되는 일은 없어, 난 운이 참 좋아'라는 생각을 할 것인가? 무엇을 생각하느냐가 모든 것의 출발점이다.

성공은 습관이다. 성공한 사람과 실패한 사람의 유일한 차이는 습관이다. 습관은 타고나는 것이 아니라 길들여지는 것이다. 어떤 습관을 길들이는가에 따라서 운명이 달라진다. 사람들은 현재보다 더 큰 성공을 원한다. 대부분의 사람은 지금까지 자신의 몸에 밴 습관을 가지고 더 큰 성공을 원한다. 지금까지의 나의 생각의 결과가 지금의 현실이다. 자신의 습관이 자신의 미래를 창조한다는 것을 인식하고 더 큰 성공을 원한다면 과거의 자신의 습관을 과감하게 버려야 한다. 시스템을 바꿔서 생산적이고 효율적인 시스템으로 자신을 변화시켜야 한다.

모든 분야에서 유난히 높은 성과를 거두고 성공적이고 행복한 인생을 살고 있는 사람은 삶의 모든 영역에서 전진하도록 이끄는 습관으로 자신을 훈련하는 데 아낌없이 시간과 노력을 쏟은 사람들이다. 당신이 원하는 것과 무관하게 당신이 하는 행동의 95%는 습관에 의한 것이다.

성공을 원한다면 계속해서 당신이 되고자 하는 사람과 갖고자 하는 것에 걸맞는 습관을 길러내는 것이다. 나쁜 습관은 한번 들이기는 쉽지만 인생을 어렵게 만든다. 좋은 습관은 한번 들이기는 어렵지만 그것이 인생을 더욱 행복하게 만들어준다.

미국의 철학자이며 심리학자인 윌리엄 제임스는 "생각이 바뀌면 행동이 바뀌고, 행동이 바뀌면 습관이 바뀌고, 습관이 바뀌면 인격이 바뀌고, 인격이 바뀌면 운명까지도 바뀐다."라고 말했다.

나는 어린 시절 3대가 같이 사는 대가족이었다. 오빠 3명에 딸은 나 혼자였다. 아버지가 운명하시고는 할머니의 비난을 한몸에 받았다. 나는 어린 나이에 나를 보호해줄 아버지가 안 계셔서 스스로 눈치를 보게 되었다. 떼를 쓰거나 울어서도 안 된다. 더 미움을 받기 때문이다. 어린 나이에 눈치를 본다는 게 쉬운 일은 아니었다. 할머니의 불만을 어머니와 나는 말없이 받아야만 했다. 그런 어머니에게 안타까운 마음이 느껴졌다.

내가 성인이 되어서 직장에 다닐 때의 일이다. 가족들 간에 일어나는 사소한 일로 어머니의 심기를 불편하게 했던 것 같다. 그렇게 직장에 출근을 해서 업무를 시작하려고 하면 문득 어머니의 불편한 얼굴이 떠올랐다. 하루 종일 불편한 마음으로 계실 어머니가 떠올랐다. 나는 집에 전화를 해서 무조건 일어난 일에 잘못했다고 말했다. 그러고 나면 내 마음이 가벼워졌다. 다른 사람이 불편한 마음에 내가 더 마음이 힘들어서 내가 먼저 사과하고 내가 먼저 화해를 청하는 성격이 되었다. 그런 작은 습관이 나에게 좋은 습관으로 바뀌었다. 나는 웃을 일이 없더라도 스스로 웃으면서 분위기를 바꾼다. 나를 보고 기분이 좋아지면 좋겠다는 마음이다. 나는 기분 좋았던 일을 떠올리고 상상한다. 내가 성공한 나의 미래의 이미지를 떠올리며 행복한 상상을 한다. '착한 마음을 먹으면 잘된다'고 어른들이 말씀하셨다. 내가 성공하는 데 도움이 된 많은 습관들은 내가 어릴 때부터 몸에 밴 것들이다. 세 살 버릇 여든까지 간다는 말이 맞는 것 같다.

내가 원하는 것을 반복적으로 생각하고 꿈을 이룬 모습을 상상하는 것으로 하루를 시작하면 웃음이 절로 나온다. 행복한 나의 미래를 상상하는 것만으로도 하루가 즐거워진다. 나에게는 항상 좋은 일만 생긴다고 믿는다. 좋은 일을 생각하면 좋은 일이 생긴다고 믿는다. 나는 그 믿음대로 좋은 일만 생기고 있다. 앞으로 더 좋은 일이 나에게 오고 있다고 믿는다.

사람들에게는 여러 가지 습관이 있다. 어떤 것은 자발적으로 만드는 반면에 어떤 것은 자기도 모르는 사이에 생기는 것도 있다. 무의식중에 생기는 습관은 공포, 의심, 불안, 걱정, 질투, 미신, 탐욕, 증오로 인해 만들어진다. 자제력은 생각하는 습관을 조절함으로써 얻는다. 자신을 다스린다는 것은 마음속에서 일어나는 것이다. 자제력은 오로지 생각하는 능력과 관계가 있다. 평소의 사고 습관 때문에 오늘 당신의 위치에 있게 되는 것이다.

사고 습관은 자신의 지배를 받고 있다. 사고 습관은 사람이 완벽하게 통제할 수 있는 유일한 대상이다. 자제력은 자기 뜻대로 사고 패턴을 목표에 맞춰갈 수 있도록 부여한 능력이다. 자제력은 사고 습관이 '습관의 힘' 법칙에 따라 조절할 수 있는 유일한 수단이다. 자제력은 정신적, 육체적인 운명을 결정한다. 사람은 사고 습관과 자신의 능력으로 바라는 목표를 달성할 수 있다. 반대로 통제 불가능한 상황에 직면했을 때 포기하는 사고 습관은 실패 쪽으로 흘러가게 된다. 간절한 열망을 향해 마음을 길들임으로써 그 열망을 반드시 성취해낼 수 있다.

바라지 않는 결과만 생각하면 틀림없이 그렇게 되고 만다. 마음가짐이 긍정, 부정 어느 쪽이든지 바로 그곳에서 사고 습관은 자란다. 애타게 갈망하는 인생의 꿈을 향해 당신의 마음을 일깨우고 의욕을 불어 넣으면 된다. 자제력을 발휘하면 자신이 마음을 완벽하게 통제할 수 있다. 마음은 소망을 달성하도록 시중을 드는 역할을 한다. 자제력을 발휘할 때 자신의 마음을 완벽하게 소유할 수 있게 된다.

습관은 특별히 바꾸겠다고 마음먹지 않는다면 그전에 가려는 방향으로 계속 가려는 경향이 있다. 95%의 일이 습관적으로 행해진다. 일상생활에서 일어나는 일의 대략 95%를 습관적이고 무의식적으로 처리한다. 좋은 습관을 형성해서 그 습관이 스스로를 통제하게 하면 된다. 심리학 연구에 따르면, 어떤 일을 12일 동안 반복하면 습관이 되고 90일 동안 반복하면 무의식에 뿌리를 내려 평생습관으로 자리 잡는다고 한다.

나는 작은 습관을 반복해서 매일 습관화한다. 어제보다 1% 더 성장한 나 자신을 만들어간다. 아침에 출근해서 만나는 사람들에게 먼저 인사하는 것부터 시작한다. 밝은 얼굴로 한 사람, 한 사람마다 긍정적인 칭찬을 한다. 사무실에 좋은 생각과 말로 좋은 에너지를 채운다. 아침을 긍정확언으로 시작한다. 편안하고 여유롭고 건강하고 긍정적인 자세로 '나는 지금 성공적으로 사업을 성장시키고 있다"고 확신에 찬 말을 한다. 나는 긍정을 끌어당기는 생각을 반복적으로 한다. 상담을 마치고 마음속으로 '이 사람에게 온갖 좋은 일들이 눈사태처럼 일어난다'고 말하고 좋은 일이 일어날 거라는 상상을 한다. 긍정적인 생각과 말을 의식적으로 행동한다.

나는 원하는 꿈과 목표를 명확하게 적어놓은 비전노트를 자주 본다. 내가 가고자 하는 방향을 잠재의식에 새롭게 이미지화하는 것이다. 좋은 습관을 반복적으로 내 몸에 익히는 것이다. 내가 반복적으로 하면 모든 것은 자연스럽게 습관이 된다. 습관이 반복될수록 나 자신에 대한 믿음은 더 커진다. 믿음을 가지고 반복적으로 했을 때 습관이 내 삶을 성공으로 인도해준다. 내가 원하는 것을 이룰 수 있다고 믿는 마음이 나를 부자로 만들어주기 때문이다.

디오도어 루빈은 이렇게 말한다.

"만일 의식적으로 좋은 습관을 형성하려고 노력하지 않으면 자신도 모르는 사이에 좋지 못한 습관을 지니게 된다."

좋은 습관을 만들어서 원하는 미래를 창조하는 멋진 인생의 주인공이 되는 것이다. 더 행복한 인생을 살기 원한다면 좋은 습관을 길들이는 방법을 통해서 지금보다 훨씬 행복하고 부유한 삶을 살 수 있다. 항상 좋은 생각으로 긍정적인 마음을 가지고 생활을 한다면 우리의 인생도 행복해진다.

내 주위에는 낙관주의자들이 모여 있다. 최고의 낙관주의자는 성공을 추구한다. 성공할 것이라는 확신을 갖고 꾸준하게 목표를 향해 간다. 정상에서 맛보게 될 최상의 결과를 상상한다. 낙관주의자는 더 즐겁고 더 행복하며 더 희망적이고 더 성공적이다. 낙관적 삶의 태도로 현실적으로 가능한 선에서 높은 목표에 도달할 수 있다.

성공을 향한 믿음의 크기가 단단하기 때문이다. 낙관주의는 당신에게 충만감을 선사할 것이다. 모든 것이 완벽하게 돌아가지 않을 때도 삶을 긍정적으로 바라볼 수 있게 도와주기 때문이다.

낙관주의자들은 당장 바뀌지 않는 현실에는 거의 신경을 쓰지 않는다. 그들은 현실적으로 바꿀 수 있는 것, 성공이 보장되는 것에 집중한다. 그 목표에 도달하기 위해 작은 계단을 아주 많이 올라야 한다는 사실은 아무 문제가 되지 않는다. 현실화 되려면 오래 기다려야 하는 미래에 대해서도 긍정적이고 성공적으로 생각하는 능력을 지녔다. 낙관적인 삶의 태도를 가지고 꿈과 목표를 향해 앞으로 전진한다. 그들은 상황이 어려울 때조차 긍정적 시각을 유지한다. 난관에 부딪치면 주저앉는 대신 '자, 이제 본격적으로 해볼까?'라고 팔을 걷어붙인다.

당신은 매사에 투덜거리는 사람과 일하고 싶은가? 아니면 당신의 일상에 활기를 불어넣고, 좋은 기회를 만나 그것을 실현하기 위해 모든 노력을 다하는 낙관주의자와 함께 일하고 싶은가? 실력이 같은 경우라면 거의 누구나 낙관주의자를 선호한다. 낙천적인 성격의 사람들은 좋은 일을 생각하면 좋은 결과가 나온다는 것을 믿는다. 아직 현실화되지 않은 일을 좋은 방향으로 생각하는 능력이 있고 그것을 즐긴다. 긍정적인 생각은 어떠한 걸림돌도 문제가 되지 않는다. 위기에 더 강해지고 비판받을 일을 더 잘해내고자 한다. 최고의 긍정적인 낙관주의자로 내가 원하는 것을 이룰 수 있다고 믿으면 부자가 된다. 스스로 자신을 믿고 긍정적인 기운을 불러일으키면 성공과 행복이 항상 곁에 머물 수 있다.

08

나의 행복지수를 높여라

우리에게 일어나는 일에는 행복한 일도 있고 불행한 일도 있다. 그 모든 일에 대해 100% 내 책임이라고 생각하다면 자신의 인생을 100% 컨트롤할 수 있다. 우리는 사람과의 관계 속에 일상의 사소한 일들이 발생한다. 여러 사람들이 일을 하다 보면 견해차이나 미숙한 일처리로 업무상 착오가 생기기도 한다. 모든 원인이 나에게 있다고 생각하면 문제를 해결하는 일에 집중할 수 있다. 다른 사람 탓이라고 원망한다면 문제 해결도 늦어지고 감정낭비가 심해진다.

모든 것이 '100% 내 책임이다'라는 생각을 염두에 두면 논쟁이나 언쟁이 줄어든다. 만일 50%는 내가 잘못했지만 상대도 50% 잘못했다고 생각하면 상대방이 나의 인생의 50%를 지배하게 된다. 상대방이 100% 잘못했다고 여긴다면 상대방이 나의 인생의 100%를 장악하게 되는 것이다. 나는 100% 모두 내 책임으로 삼기 때문에 내 인생에 자유가 100%가 되는 것이다. 나는 온전한 내 인생의 100% 주도권을 잡고 인생을 살아가고 있다.

사람들은 나쁜 일이 생기면 기분이 상하고 '운이 없다'고 생각한다. 우리에게 일어나는 일을 미리 예상할 수 는 없기 때문에 나쁜 일에 이런 식으로 반응하면 우리의 행복은 마구 흔들린다. 우리는 살아가면서 남을 변화시킬 수도 없다. 일어나는 일 자체를 전부 바꾸는 것 역시 불가능하다. 변할 수 있는 것은 나 자신뿐이다. 내가 무언가를 해서 실패하더라도 경험한 것만으로 이득이다. 나중에 그 경험을 밑바탕으로 성공하면 된다. 행복한 사람도 무심코 불평할 때가 있다. 그런 불평까지 다 포함해서 행복하다고 생각하면 된다. 무슨 일이든 하나하나 트집 잡아 불평하는 사람은 그 버릇을 버리지 않는 한 행복해질 수 없다. 행복은 내가 만드는 것이다.

나는 행복하다는 관점으로 사물을 보는 연습을 자주한다. 식당에 가서 음식을 먹을 때 엄청난 시간과 노력이 들어간다는 사실만 떠올려도 충분히 행복한 느낌을 느낄 수 있다. 수도꼭지를 틀면 따뜻한 물이 나오는 것 역시 행복이다. 옛날에는 공동 펌프에 가서 물을 길어와야 했다. 행복이란 행복하다고 느낄 수 있는 감각이 발달되어 있느냐 아니냐에 달려 있다. 나는 행복과 감사를 느낄 수 있는 것을 자주 갖는다. 스스로가 찾지 않으면 행복한 기분을 느낄 수 있는 기회가 줄어들기 때문이다. 맛집에 가서 식사를 같이 하는 즐거움도 매일 좋은 글을 공유하는 것도 사소한 일상 속에서 행복을 나눈다.

사소한 일상에도 자신에게 "불행하다, 불행해."라고 말하는 사람이 있다. 행복한 사람이든 불행한 사람이든 일어나는 일에는 큰 차이가 없다. 행복하다고 생각하는 사람 곁에는 행복이 마치 자석처럼 저절로 찾아온다. 신도 행복을 그냥 주지는 않는다. 단지 모두에게 공평하게 행복의 씨앗을 준다. 주인이 씨앗을 심고 어떤 마음으로 가꾸느냐는 다르다. 상대에게 '이런 점이 좋아진다면, 저런 부분을 고친다면.'이라고 말하기 시작하면 한도 끝도 없다. 너무 완벽한 행복을 바라면 절대로 행복해질 수 없다.

사람은 누구나 엄청난 가능성을 갖고 있다. 그 무한한 가능성에 한계만 짓지 않으면 인생이 잘 풀린다. "이래서 안 돼."라든지 "저러니까 안 돼."라고 말하고 나면 자기 자신이 점점 주눅이 든다. 좀 더 크고 대범하게 세상을 바라보면 된다. 행복은 마음속 감성과 반응으로 결정된다. 행복은 무슨 일이 생겨도 '100% 나의 책임이고, 나는 행복하다.'라고 생각할 수 있는 내 사고의 문제다. 좋은 일이든, 싫은 일이든 '모두가 행복이다.'라고 생각하는 사람은 행복이 끌려온다. 운이 좋은 사람에게도 나쁜 일이 생길 수 있다는 말이다. 나쁜 일이 일어나도 그 일과 인생에 행복과 바꾸지 않는다는 말이다. 인생의 동전의 양면처럼 행복과 불행이 세트로 되어 있다. 좋은 일이 있으면 '행복하다', 나쁜 일이 생겨도 '이 또한 행복이다.' 이렇게 생각하면 인생이 행복해진다는 것이다.

행복해지려면 이미 행복한 듯이 행복해 한다면 뇌는 현실인지 가상인지 구분을 못하고 지금 행복하다고 느낀다고 한다. 나는 항상 기분이 좋은 상태를 유지하려고 한다. 인생은 가치 있게 살아가는 것이 더 행복한 것이다. 내가 어떤 마음을 가지느냐에 따라 행복은 더 크게 다가온다.

행복은 내가 행복하기로 마음먹은 만큼 나에게 행복을 가져다준다. 항상 좋은 일만 생길 수는 없다. 나쁜 일이 생기더라도 '더 좋은 것이 오고 있는 신호이고 이 또한 행복이다.'라고 생각하는 것이 중요하다.

에이브러햄 링컨이 한 말처럼 '행복은 마음먹은 만큼만 찾아온다'는 것이다.

행복을 잘 찾는 사람은 사업에서도 성공하는 방법을 잘 찾는다. 인생이 잘 풀리지 않는 사람은 행복도 성공도 찾는 법을 잘 모른다. 하늘에서 저절로 떨어지는 것이 아니다. 기회 역시 오는 것이라고 생각하면서 찾는 것으로 여기지 않는다. 평소에 찾는 습관이 결여되어 있다. '밥을 먹을 수 있어서 행복하다.'라든가 '일을 할 수 있어서 행복하다.'라는 말처럼 일상에서 행복을 찾는 습관이 몸에 배어 있느냐 아니냐가 중요하다. 자신에게 조금 좋지 않은 일이 일어나기만 하면 "되는 일이 없네."라고 말하는 인생과 "오늘도 아침에 눈을 뜰 수 있어서 행복하다."라고 말하는 인생은 다르다.

행복의 씨앗을 찾을 수 있는 사람은 사업 아이템도 잘 찾는다. 행복한 사람은 좋은 것을 찾는 데 능숙하기 때문이다. 그런 사람은 '잘나가는 가게, 인기 있는 카페'에 가면 그 가게의 장점을 빨리 찾는다. 그 가운데서 자신과 연관을 지어서 응용한다. 반대로 불행한 사람은 단점을 찾는다. '잘나가는 가게, 인기 있는 카페'에 가서도 "저게 문제야, 이런 건 안 돼"라고 말하며 사소한 것 하나하나를 문제 삼아 까다롭게 따진다.

사업을 하다보면 고객을 초대하는 일이 자주 생긴다. 행복한 사람은 초대한 사람의 좋은 점을 발견하고 그 부분을 칭찬해서 이야기해준다. 그러나 잘 풀리지 않는 사람은 좋지 않은 점을 찾아서 고치려고 한다. 기쁘게 일을 하고 결과에 만족하고 기뻐하는 사람이 행복한 사람이다. 사소한 것에서 기쁨을 발견하고 행복을 느끼는 것이 최고의 행복이다. 행복이 미래에 있다고 다운되지 않는다. 항상 지금 행복해지겠다고 선택을 하고 감사함을 찾는다.

웃으면 복이 오고 정말로 웃으면 행복해진다. 항상 웃고 있으면 운이 좋아진다는 것은 과학적으로도 증명되었다. 일의 성공과 행복은 결국 일맥상통한다. 행복하면 더 부자가 된다.

우리는 누구나 행복을 원한다. 행복은 우리가 가진 것과 우리 자신에 대해 기뻐하고 감사하는 마음의 상태를 암시하는 것이다. 우리가 가지고 있는 행복을 지키고 유지하는 것은 쉽지 않다. 사람들은 지금 행복하냐고 물으면 순간적으로 대답을 하지 못한다. 우리는 행복이 어떤 기분인지 생각도 안하고 바쁘게 살아간다. 행복의 기준은 사람마다 다르다. 각자 살아온 환경이나 경험이 다르고 기준이 다르다. 인생의 주목적은 행복에 다다르는 것이다. 행복과 같은 긍정적 감정에 이르지 못하게 막는 것은 부정적 감정이다.

성공을 위해서 해야 할 일은 모든 종류의 부정적 감정을 없애는 것이다. 행복은 바꿀 수 없는 것에 화를 내거나 슬퍼하지 않는 것이라고 생각한다. 내가 했거나 하지 않아서 상황이 부정적으로 흐르게 된 일에 대해 나의 책임을 인정하는 것이다. 우리는 항상 좋은 일을 생각하고 행복을 느끼는 사람인지 아니면 나쁜 일을 생각하고 불행을 느끼는 사람인지 어느 쪽이든 스스로 선택할 수 있다. 자신이 원하는 모습을 스스로 선택할 수 있다. 좋은 일이 일어나기를 바라고 기다리는 마음에는 좋은 일을 끌어당기는 자석과 같은 힘이 작용한다.

이 세상에 일어나는 모든 일에는 원인이 있다. 나에게 일어난 모든 일에도 반드시 원인이 있는 것이다. 그 원인은 100% 나에게 책임이 있다. '뿌린 대로 거둔다.'라는 말이 있다. 내가 뿌린 씨앗은 내가 거두어야 한다는 것이다. 누군가에게 베푼 친절이 나에게 따뜻한 감동으로 돌아온다. 내가 한 말 한마디가 어느 순간 거대한 폭풍의 모습으로 되돌아올 수도 있다. 자연의 법칙이다. 봄에 씨를 뿌리고 잡초를 뽑고 비료를 주고 가꾸어야 열매를 맺는다.

나는 평소에 업무적인 실수에 유연하게 대처하는 편이다. 업무적인 실수에 부드럽게 말하려고 노력한다. 나는 제대로 일을 가르쳐주지 못한 '나의 책임'이라는 생각을 먼저 한다. '내가 가르치는 방법이 나빴나 보다, 다음에는 더 좋은 방법으로 알려줘야겠다'는 생각을 먼저 한다. 이렇게 하다보면 다른 사람들에게 가르치는 방법도 좋아진다. 컵을 깼을 때

비싼 컵을 어쩌다 깨트렸냐고 질타하는 것이 아니라 '어디 다치지는 않았니?'라고 묻는 것은 인간으로서는 당연한 도리다. 상대방을 한 단계 높게 보는 '알고 계시지요.'라는 말로 자존감을 세워준다. 사람들은 말투에 따라 오해를 하는 경우도 있기 때문이다. 화가 났을 때 화를 내는 것은 너무 쉽다. 화를 내면 분노의 씨앗을 뿌리게 되는 것이다. 화를 내면 속이 후련할지는 모르지만 그 분노는 돌고 돌아서 반드시 돌아온다.

우리는 아주 쉽게 이 세상의 행복수치를 증가시킬 수 있다. 사소한 친절이나 사소한 사랑의 말이 모든 사람을 행복하게 만든다. 외롭거나 용기를 잃은 누군가에게 진심으로 존중하는 몇 마디의 말을 건네는 것이다, 그것으로 충분하다. 오늘 누군가에게 무심코 건넨 친절한 말을 당신은 내일이면 잊어버릴지도 모른다. 하지만 그 말을 들은 사람은 일생 그것을 소중하게 기억할 것이다. 자신이 내뱉은 말이든, 타인으로부터 듣는 말이든 언제나 서로에게 영향을 끼친다. 행복이 미래에 있다고 다운되지 말고 지금 행복해지겠다고 선택하면 된다. 웃으면 복이 오고 정말로 웃으면 행복해진다. 항상 웃고 있으면 운이 좋아진다는 것은 과학적으로도 증명되었다. 행복은 스스로 행복한 사람이라고 선택했을 때 찾아온다. 나는 이제부터 인생에서 좋은 일이 벌어지도록 허용할 것이다. 온갖 좋은 일들을 거리낌 없이 받아들일 것이다. 누구나 마음에 행복의 씨앗을 심고, 어떻게 가꾸느냐에 따라 행복의 정원을 풍성하게 만들 수 있다.

09

시간은 미래에서 현재로 흐른다

우리는 시간이 과거, 현재, 미래로 흘러간다고 생각한다.

'제2의 스티븐 호킹'이라 불리는 양자 중력 이론의 선구자이자 세계적인 물리학자 카를로 로벨리는 "시간에 어떤 순서나 질서가 있는 것처럼 보이는 것은 우리가 살고 있는 거시 세계에서 바라본 우주의 특수한 양상일 뿐, 보편적인 본질은 아니다."라고 시간에 대해 관념을 깨뜨리는 말을 했다.

99%의 사람은 현재에서 미래를 상상하기 때문에 대부분 성공하지 못

한다. 1%의 성공하는 사람은 미래에서 현재를 상상한다. 99%의 사람들은 1%의 사람을 이해하지 못한다. 원하는 것이 이루어졌을 때 느낌 자체를 지금 느끼는 것 그것이 미래에서 현재를 상상하는 것이다. 어떤 미래를 선택하느냐에 따라 현재의 행동이 바뀔 수 있다. 오늘이 힘들면 미래에서 오늘을 생각해보자. 오늘의 고난이 아름다운 추억이 된다. 생각을 조금만 바꾸면 행복은 눈앞에 있다. 현재를 힘들게 생각하면 미래가 절망에 빠진다. 가장 중요한 것은 지금 이 순간 도저히 행복하지 않고 너무 힘들면 미래에서 보는 오늘이라는 과거의 추억을 아름답게 만들어 간다고 생각하면 행복해진다.

나는 행복하고 풍요로운 부자로 살기로 했다. 부와 성공을 향해 도전하는 사업자들과 보물지도를 만들고 꿈을 발표하는 시간을 자주 갖는다. 소망하는 이미지를 붙이고, 미래의 행복하고 풍요로운 부자의 모습을 상상한다. 소망이 이루어지기까지 자신이 겪은 과정들을 사람들 앞에서 발표도 한다. 발표를 하고 나면 "축하합니다, 대단하십니다, 감동입니다." 라는 축하 인사와 박수를 보낸다. 사람들은 박수를 받으면 나도 모르게 '드디어 해냈다.'라는 성취감을 느끼게 된다. 각자 꿈을 실현한 미래의 장면을 상상하면서 글로 적는다. 미래일기를 쓰는 것이다. 보물지도에 이미지를 보고 간단하게 10자 이내로 적었다. 문장을 미래형이 아닌 현재형으로 적는 것이 중요하다. '3년 전에 소망한 꿈이 오늘 드디어 실현되었다. 도와주신 많은 귀인들께 정말 감사드린다.'라고 적었다. 그때의 감동스런 장면을 떠올리며 행복한 상상을 한다.

미래에 되고 싶은 모습을 상상하고 글로 적고 말하면 더욱 생생하게 기억이 난다. 가능한 자주 눈에 띄는 곳에 붙여 두었다. 보물지도의 이미지와 말과 글이 합쳐져서 풍요로움을 만끽할 수 있다. 자기 전에 소원이 이루어진 미래에 기억을 생생하게 상상한다. '모든 일이 다 잘 이루어졌습니다. 감사합니다.' 하면서 잠재의식에 깊이 각인시킨다. 잠재의식에서는 '상상'이 곧 창조다. 잠재의식은 상상과 현실을 구별하지 못한다. 미래일기는 잠재의식에 깊이 새겨진다. 그리고 미래의 행복하고 풍요로운 부자의 모습을 시나리오대로 멋지게 연기하게 된다.

소망하는 것이 이루어진 미래의 관점에서 생각하면 된다. 더 넓은 시야로 세상을 바라봐야 한다. 무엇을 믿느냐는 그 사람의 자유다. 눈에 보이는 것만 믿고 사는 사람은 그만큼 세상을 좁게 바라본다는 것이다. 현재를 기준으로 자신의 미래를 측정해서는 안 된다. 무한 가능성을 가지고 자신의 미래에 대한 꿈을 꾸면 된다. 미래의 부자로서 마인드가 중요하다. 미래의 시각에서 현재를 보면 부의 시스템을 갖추는 것이 중요하다. 우리는 잠자고 있어도, 놀고 있어도, 쉬고 있어도 돈이 들어오는 시스템이 중요하다. 기업을 운영해서 직원이 일하는 구조를 만들든지, 부동산 임대수익을 만들든지, 투자로 돈이 움직이게 하든지 시스템을 만들어야 한다. 부의 시스템을 만들기 위해서 부자의 마인드를 가져야 한다. 부의 그릇을 키우는 것이다. 생각을 키우면 끌어당김의 법칙이 작동한다. 부의 시스템은 행동이다. 아무리 많이 알아도 행동하지 않으면 아무 소용없다. 내가 원하는 목표를 이룬 사람을 모델링하고 그의 생각과 행동을 배우고 실천하면 된다.

내가 네트워크사업을 하는 이유는 시스템을 활용한 자산을 만들기 위해서이다. 그 자산에서 나오는 돈으로 경제적, 시간적인 자유를 갖기 위해서다. 사업을 하는 사람 중에 생각과 행동이 자꾸 노동으로 돈을 버는 패턴에서 벗어나지 못하는 경우도 있다. 심지어 그것이 만들어지다가도 잘못된 선택으로 인해 무너지고 만다. 자산을 구축하려면 항상 '확장'을 염두에 두고 내 이익보다 최대한 많은 사람에게 기회를 전한다. 의식적으로 이익을 판단하는 눈을 미래에 두고 확장시킨다. 눈앞의 이익은 대체로 자산 구축과는 상관이 없는 것이기 때문이다. 때로는 내 이익을 포기하거나 장기적인 안목으로 상대방의 타이밍을 기다려준다. 많은 사람이 제품에 만족하고 사업기회를 알아보면 내가 확장을 멈추고 싶어도 멈출 수가 없다. 결국 각자의 자발적인 제품을 사용하고 확장, 사업 검토, 전달이 연쇄적으로 일어나는 것을 상상한다. 미래의 시간적, 경제적 자유인을 꿈꾸며 상상한다.

사람들 대부분은 미래에 대한 생각은 별로 하지 않은 채 현재 순간의 기분과 변덕에 휩쓸리며 살아간다. 미래의 큰 열매를 위해서는 현재의 만족을 뒤로 미루어야 한다. 미래에 시각을 두면 더 강해지고 더 큰 결과를 성취할 수 있고 큰 행복감을 맛볼 수 있다. 살을 빼는 가장 좋은 방법은 '음식을 먹으려는 충동을 누르고 체중을 줄이는 데 집중하는 것'이다. 유혹을 못 이겨 디저트나 살찌는 음식을 먹으면 잠시는 만족감을 얻겠지만 후회는 몇 주, 몇 달, 심지어 몇 년 동안 지속된다는 것을 깨달으면 한결 참기가 쉽다. 충동을 억누르고 먼 미래에 초점을 맞추면 유혹을 견디기가 더 쉬워진다.

미래에 결과를 먼저 상상하면 끈기가 생기게 된다. 끈기도 일종의 습관이다. 끈기나 의지도 연습하면 습관이 된다. 성공하려면 끈기를 길러야 한다. 끈기는 원하는 목표를 지속할 수 있는 힘을 생기게 한다. 성공하기 위해서 어떤 상황에서도 희망을 가지고 꾸준하게 지속해야 한다. 성공하는 사람은 끝까지 포기하지 않는 사람이다. 작은 것을 소홀히 하고 커다란 보상은 기대할 수 없다. 자신을 더 좋은 환경과 더 많은 기회를 잡을 수 있게 연습을 끈기 있게 해야 한다.

보물지도를 만들면 즉각적인 결과를 가져올 때도 있고, 시간이 지나서 그 결과가 올 때도 있다. 시간이 지나서 그 결과가 올 때에는 사회적 영향력이 더 커져서 훨씬 더 풍성하게 올 것이라고 믿고 확신하면 된다. 사회에 선한 영향력을 끼쳐 선한 것만 줄 수 있도록 보물지도에는 진정으로 바라는 것만 그리면 된다. 만나는 사람들에게 좋은 일이 일어나길 바라는 마음을 갖는 것이다. 타인이 잘되도록 하는 것이 자신이 더 잘되는 길이다. 세상에 위대한 업적을 이룬 성공자들은 대부분 자신의 인생과 타인의 인생에서 최고와 최선을 다해 보물지도를 만든다. "나는 인생에서 최고와 최선을 열망한다, 지금 그것을 만들어가고 있다." 미래에 큰 목표를 세우고 보물지도를 이루기 위해 구체적인 계획을 세우면 소망들이 모두 이루어진다. 미래에 사회적으로 영향력을 끼친다는 소망이 강할 때 보물지도 소망들은 우주의 법칙에 의해 자연스럽게 이루어진다.

나는 어떻게 하면 회사에 이득을 줄 수 있을지를 생각한다. 21세기는 이득을 준 사람 쪽으로 돈이 흘러간다. 어떻게 하면 사회에 이득을 줄 수 있을지를 내가 하는 일에서 찾는다. 나는 회사에도 이득을 주고, 고객에게도 이득을 주며 그로 인해 나도 이득을 받는다. 나는 다른 사람들에게 이득을 주는 일이 좋다. 다른 사람들의 이득을 주는 사람이 진정한 승자다.

나는 알고 있는 성공하는 방법들을 사업자들에게 모두 알려준다. 고객에게 친절하고 알아듣기 쉽게 말하는 법을 말해준다. 성공하는 방법을 알려주는 것은 다른 사람들에게 이득이 되는 결과를 만든다. 나는 성공하는 방법은 무엇인지를 자주 생각한다. 책을 읽고, 강의를 듣고, 수많은 성공한 사람들에게 자문을 한다. 나는 네트워크마케팅 사업에서 배운 것을 사업자들과 나누기 위해 노력한다. 자신을 목표를 달성하는 습관을 가진 사람으로 만드는 것이다. 매번 목표를 달성하지는 못할 수도 있다. 결과에 상관없이 미래에 꿈을 이룬다는 흔들리지 않는 믿음으로 성공과정을 즐긴다. 현실에서 엄청난 노력을 할수록 원하는 것을 이루게 된다. 미래에 원하는 목표를 지속적으로 성취할 수 있는 사람이 되는 것이다. 원하는 목표를 성취하기 위해 필요한 것들을 나눔으로써 더 큰 성공을 할 수 있다.

지나간 과거에 사로잡혀 있거나 아직 오지 않은 미래를 걱정하느라 지금 해야 할 일을 하지 않으면서 시간을 보내는 것은 너무나 어리석은 일이다. 미래에 대한 걱정 때문에 불안에 시달리는 사람도 있다. 과거에서 비롯된 분노를 곱씹고 있는 사람도 있다. 현재의 즐거움을 충분히 즐길 수도 없게 된다. 시련에 대처할 수조차 없다. 그런 사람은 현재 역시 분노의 씨앗으로 만들어 미래까지 불행하게 한다. 많은 사람들이 걱정에 시달리느라 정작 지금 해야 할 일에 집중하지 못한다. 걱정하는 것만으로 바꿀 수 있는 것은 아무것도 없다. 현실과 미래를 즐겁고 행복하게 하는 방법은 지금 있는 현실에 집중하고 충실하게 보내는 것이다.

명상지도자인 네크낫 이스워런은 더 나아가 한 번에 한 가지 일에만 집중하라고 말했다.

"한 번에 2가지 이상의 일을 하지 마라. 아무리 사소해 보이고 충분히 가능할 것처럼 보이는 일이라도 한 가지만 하라."

한 가지 일에 몰입할 때 기쁨과 만족감을 느낄 수 있다. 2가지 일을 한꺼번에 하는 것이 효율적으로 보일지 모르지만 그것은 어느 것 한 가지도 제대로 할 수 없다. 일을 억지로 해치운다는 느낌으로 일하기 때문이다. 그 일을 하고 있는 시간 자체는 즐기지 못하게 한다. 아무리 많은 일을 할 수 있다고 해도 즐거움이 없으면 기계처럼 일을 처리하는 것에 불과하다. 그 시간은 아무런 유익도 즐거움도 주지 못한다. 무의미한 과거로 묻힐 뿐이다. 과거는 지나갔고 미래는 영원히 오지 않는다. 우리 자신이 지배할 수 있는 시간은 오로지 현재뿐이다. 현재 해야 할 일에 즐겁게 몰입하는 것이 중요하다. 지금은 물론이고 미래까지도 행복하게 사는 방법이다.

4장

꿈을 현실로 만드는 7가지 기술

꿈을 현실로 만드는
7가지 기술

01

꿈을 시각화하라

꿈은 논리적으로 꾸는 것이 아니다. 꿈은 상상력으로 꾸는 것이다. 상상력은 감성을 관장하는 우뇌가 지니고 있는 가장 중요한 능력이다. 성공한 사람들은 모두 상상력이 뛰어나다.

미국 일리노이대학에서 재미있는 실험을 했다. 대학 농구팀 선수를 A, B, C, 3그룹으로 나누어 A그룹 선수에게는 한 달 동안 슈팅 연습을 시키고, B그룹 선수에게는 한 달 동안 슈팅 연습을 시키지 않았다. C그룹 선수들에게는 매일 30분 동안 마음속에서 자신이 직접 공을 던져 득점하는 장면을 그려보고, 또 기량도 점점 향상되는 자신들의 모습을 상상하는 소위 '이미지 트레이닝'만 시켰다고 한다. 한 달이 지난 후, 놀라운 결과가 나왔다. 전혀 훈련을 하지 않은 B그룹이 아무런 진전이 없었던 것은 예상대로였다. 하지만 매일 체육관에서 실제 연습을 한 A그룹과 시각화로 마음의 훈련을 한 C그룹 선수들이 똑같이 슈팅 득점률에서 25%의 향상을 보였다.

우리의 뇌는 실제로 일어난 일과 머릿속에 그린 이미지를 잘 구별하지 못하기 때문이다. 실제는 없는데도 '상상으로' 뇌가 있다고 느끼면 그 사람한테는 있는 것이 되는 것이다. 따라서 원하는 모습을 머릿속에 강하게 각인할수록 어느새 그 모습은 자신의 것이 된다. 인간의 감각 구조가 그렇게 되어 있기 때문이다. 교육심리학 통계에 따르면, 인간의 학습은 시각이 87%, 청각이 7%, 그리고 미각, 후각, 촉각을 합하여 약 6%로 이루어진다고 한다. 또한 인간의 기억력도 들은 것은 10%, 본 것은 50%로서 듣고 본 것이 80%를 기억한다고 한다. 보는 것이 우뇌의 영역이고, 듣는 것이 좌뇌의 영역이기 때문이다. 빙산이 하나 있다고 생각하면 좌뇌는 수면 위에 떠 있는 빙산의 일부분에 해당하고 우뇌는 수면 밑에 가라앉은 빙산의 대부분에 해당한다. 우뇌의 잠재의식, 무의식이 좌뇌의 의식보다 더 강력한 영향력을 가진다.

나는 네트워크마케팅 사업을 시작하면서 '꿈'이라는 것을 다시 찾게 되었다. 예전에는 잘 살고 싶다는 막연한 생각으로 열심히만 살면 된다고 생각했다. 이제 와서 생각해도 내가 네트워크사업을 만난 것은 정말 행운이다. 보물지도를 만들면서 나의 인생이 새롭게 시작되었다. 나는 원하는 것을 이룰 수 있다고 믿었다. 성공한 사람들이 실천한 것을 나도 따라하면 반드시 성공한다고 믿었다. 보물지도는 나에게 유일한 희망이었다. 과거에는 내 자신이 원하는 것을 표현하면 욕심이라고 생각했다. 갖고 싶고, 가고 싶고, 하고 싶고, 되고 싶은 것을 찾는 것이 그리 쉽지는 않았다. '나는 최고를 누릴 수 있는 자격이 있다, 나는 최고의 것을 받을 자격이 있다.'라는 생각으로 바꾸었다. 나는 한계가 없다는 생각으로 무한한 에너지를 받아들였다.

보물지도는 내가 진심으로 무엇을 원하는지를 알게 해 주었다. 보물지도를 보면서 내가 진심으로 무엇을 원하는지를 계속 생각할 수 있었다. '내가 원하는 것들이 이루어지면 얼마나 좋을까?'라는 생각만 해도 행복했다. 소중한 꿈을 이룰 수 있는 '보물지도'를 만들었다. 어떻게 하면 더 효율적일까? 생각하고 어떻게 하면 습관이 될까? 어떻게 하면 좀 더 즐겁게 할 수 있을까? 생각하게 되었다. 보물지도를 만들면서 원하는 것이 명확해졌다. 막연한 내 생각을 깔끔하게 정리할 수 있게 되었다. 시간 낭비를 하지 않고 집중할 수 있게 되었다. 꿈이 크고 작은 정도에 따라서 실현되는 시간과 속도는 다르지만 분명히 이루어진다는 믿음을 가졌다.

지나가는 사람들이 '당신이 진정으로 바라는 꿈이 무엇이고 미래의 비전이 무엇입니까?'라고 질문했을 때 당신은 바로 3초 안에 대답할 수 있는가? 대답할 수 있는 사람들은 평소 자신에 대한 믿음과 인생의 목적지가 있는 사람이다. 꿈을 이루겠다는 목적과 그에 대한 온전한 믿음은 아주 강한 성취를 이끌어낸다. 이룰 수 있다는 분명한 확신과 믿음을 늘려야 한다. '할 수 있다'고 믿고 실행할 수 있는 것은 오직 나 자신뿐이다. 꿈을 마음속에 품고 목적을 분명히 가진다면 실패와 좌절, 극심한 저항과 장애물, 역경을 이겨낼 수 있다. 끊임없이 주위의 환경과 자신의 몸의 세포를 움직여 기적처럼 꿈을 이루게 할 방법이 나타나게 된다.

나에 대해 제대로 이해하고 진정으로 원하는 것이 무엇인지를 찾기 시작했다. 희망은 늘 주위에 있다. 보물지도를 만드는 순간부터 '할 수 있을 것이다.'라는 믿음이 생기고 그것을 이루어줄 주변의 환경들이 보이기 시작했다. 천재적인 사람들은 무의식적으로 해왔던 일들이다. 몸과 마음의 긴장을 모두 풀고 심호흡을 3번 하고 마음속의 이미지들이 백지상태로 두었다. 심신의 긴장을 풀면 뇌파의 모양이 변하고 속도도 훨씬 느려지는 알파파 상태가 된다. 알파파가 심신의 긴장을 느슨하게 풀어주는 역할을 해준다.

보물지도를 통해서 상상의 날개를 편다. 잠들기 전에 긴장이 느슨하게 풀어진 상태에서 보물지도를 보면서 상상을 한다. 잠을 푹 자고 일어나서 아침에도 똑같이 반복한다. 보물지도를 마음속에 선명하게 그려낸 다음 이미지를 그렸다. 긍정적인 말을 나에게 해주고, 보물지도에 긍정적인 말도 써넣었다. 긍정의 이미지와 긍정의 말을 써넣는 것이 최대한 보물지도의 결과를 끌어당길 수 있다. 간절한 꿈일수록 가까운 시일 내 이루어질 수 있도록 꿈의 기한을 100일 정도로 짧게 잡았다. 내가 성공했을 때를 떠올리면서 오감으로 상상했다. 감정을 느끼고 이룬 것을 상상하는 것에 집중했다. 반복적으로 집중하면 원하는 모든 꿈을 더 빨리 이룰 수 있기 때문이다. 이 느낌을 이미지로 선명하게 기억해놓았다. 그리고 이루었을 때 기분과 감정을 말로 소리 내어 표현을 했다. '나는 편안하고 여유롭게 건강하고 긍정적인 방식으로 모든 사람의 선을 위해 조화롭고 만족스럽게'라고 맨 끝에 적었다.

뇌에 장기기억과 단기기억을 연결해주는 관문인 해마가 정보를 뇌에 저장하는 기간이 약 100일 정도이다. 중요한 정보는 100일 안에 다 사라진다. 해마에게 중요한 정보는 장기기억 장치인 잠재의식에 저장해둔다. 이때 100일 단위로 반복해서 입력해주면 계속해서 찾아오는 단기기억인 현재의식이 잠재의식에게 명령을 내려 중요한 정보로 인식하고 장기기억에 저장해두게 된다. 보물지도는 잠재의식인 장기기억에 저장된다. 이미지로 저장되기 때문에 시간이 지나도 잘 잊히지 않는다. 대뇌피질에 주요하게 저장된 정보는 각인되어 있어서 어떤 간섭이 있어도 필요로 할 때 기억이 잘 난다고 한다. 정말 중요하다고 생각해도 시간이 지나면 중요도가 사라지는 경우가 있다. 중요하다고 생각하는 정보를 자주 보고 각인시키지 않으면 100일마다 사라지게 된다. 그래서 보물지도는 자주 보는 곳에 붙여놓고 매일 인식하면서 뇌에 중요하다고, 꼭 이루어달라고 요청해야 한다. 그러면 뇌는 알아서 보물지도의 꿈과 관련된 중요한 일들을 보내주어 행동하게 만든다. 보물지도에 입력한 이미지는 잠재의식에 각인되어 언제라도 활동한다. 오래전에 품었던 소망이 이루어지는 이유가 잠재의식에서 잊히지 않고 중요하다고 뇌의 장기기억에 저장되었기 때문이다.

클린턴도 보물지도를 만들어 가까운 곳에 두고 자주 보았다고 한다. 인생에서 가장 중요한 목표와 꿈을 적었고, 중요한 순서대로 적어놓고 자신이 이루고 싶은 꿈을 이루었다. 보물지도는 삶의 우선순위를 잘 나타나게 해 준다. 삶의 어느 순간에 반드시 이루어지게 되어 있다.

나는 보물지도를 3개월마다 업데이트하는 습관이 생겼다. 성공했을 때 주위 사람들이 나에게 칭찬의 말과 행복한 모습을 떠올리면서 그들과 보물지도를 만든다. 명확한 꿈을 꾸기 위해서 사업에 동참하는 사람들과 보물지도를 만든다. 보물지도가 있으면 어떤 난관에도 가야 할 방향이 있으므로 흔들리지 않는다. 단호한 의지를 가지고 어떠한 꿈의 기적 지도를 이루는 것을 방해하는 것을 차단할 수 있다. 보물지도를 통해 꿈이 이루어졌을 때의 기분을 소리 내어 말하든 조용히 속으로 읊든 혹은 말을 종이에 글로 쓰거나 타인에게 표현한다. 사람들의 행동을 이끄는 동기는 마감 시간이 있기 때문이다.

보물지도가 소중한 것은 인간에게 무한정 시간이 주어지지 않기 때문이다. '100일'이라는 숫자는 기존의 피와 살이 새로운 피와 살로 바뀌어 치료효과가 나타나는 시간이다. 우리 몸은 자연치유 기능이 있다. 웬만한 상처는 100일이 지나면 다 아물게 되어 있다. 일단 처음 보물지도를 만드는 사람들에게 100일을 마감시간으로 정해보라고 한다. 보물지도에 조건과 기한을 써놓고, 어떤 행동이라도 하면 우주의 법칙에 따라 최상의 행복이 현실에 나타난다. 작은 것부터 하나씩 경험해 나가다 보면 성공한 경험이 쌓여 큰 목표도 쉽게 이루어진다. 처음부터 너무 큰 목표를 잡으면 뇌에서 믿어지지 않아 더디게 이루어질 수 있다. 무엇보다 중요한 사실은 이 강력한 뭔가 알 수 없는 우주의 힘이 우리가 보물지도를 이룰 수 있도록 도와주고 싶어서 안달한다는 것이다. 보물지도를 만들면 이미지가 되어 잘 인식된다. 말이나 이미지로 떠오르는 것들은 전부 내 잠재의식에 각인되고 어느 순간 실현된다는 것도 다시 깨닫게 되었다. 타인을 대할 때 좋은 말을 하고 긍정적인 이미지를 떠올리는 것이 나의 잠재의식에게도 좋다. 오직 자신이 원하는 것이 풍요와 행복과 건강이라면 타인에게 하는 말이나 보물지도의 이미지는 전부 풍요와 행복과 건강에 관한 것이어야 10만 배의 효과가 있기 때문에 기적같이 바라는 것들이 이루어진다. 모든 말은 1인칭으로 한다. 나는 모든 순간에 흔들리지 않고 초점을 맞추기 위해서 보물지도를 갖고 다닌다. 뇌는 명확한 이미지를 떠올리면 그것이 진정한 목표라고 생각하여 바로 실현시켜주기 때문이다. 매일 가지고 다니면 무의식중에 기회가 더 잘 보인다. 그 덕분에 21세기 가장 위대한 아이템 '루비셀'을 만나서 빠르게 성공했다. 경제적인 안정. 멋진 집, 좋아하는 자동차, 동경했던 것들은 그 당시 보물지도에 그렸던 것들이 어느새 현실이 되었다.

꿈을 현실화하는데 가장 유용한 방법은 바로 그것을 이미지로 시각화하는 것이다. 지금 마주하고 있는 현실에서 변화된 현실을 꿈꾼다면 상상의 활동을 바꾸어야 한다. 그 작은 노력의 시작은 보물지도에 의해서 시작되고 또 들고 다니면서 매일 보는 것으로부터 꿈을 이루게 해준다. 성공한 사람들은 원하지 않는 상상에 단 1초도 시간을 허비하지 말라고 말한다. 새로운 관념을 받아들여 그것이 효과가 나기 위해선 처음에는 시간이 필요하지만 나중에는 잠재의식이 알아서 해주는 자동시스템이 될 것이다. 보물지도 덕분에 꿈꾸는 생활을 하고 있다. 꿈을 향해 도전하는 사람들과 좋아하는 일을 하면서 즐겁게 살아가고 있다.

02

상상의 힘은 지렛대다

"삶을 사는 방식에는 오직 2가지가 있다. 하나는 모든 것을 기적이라고 믿는 것, 그리고 다른 하나는 기적이 없다고 믿는 것이다."라고 아인슈타인은 말했다.

우리가 가장 많이 생각하는 것들을 우주는 가져다준다. 이것을 알고 나면 무엇이든 보물지도로 만들 수 있다. 마음으로 보물지도를 한 번 창조한다면 무엇이든 현실로 나타난다. 생각이 현실이 되는 것이다. 꿈의 시각화에 부여하는 감정의 양은 매우 중요하다. 어떤 것을 원하면 우리는 그것에 흥분하고 몰입하여 열정을 갖게 된다. 이렇게 목표가 달성될 것이라고 강하게 믿으면 훨씬 빨리 이루어진다. 꿈을 마음속에 잡아두는 시간이 필요하다. 상상하는 시간이 길수록 실현될 가능성은 커진다. 반복해서 볼수록 실현되는 시간이 빨라진다. 잠재의식에 명령처럼 꿈이 수용되고 우리 자신과 일치되도록 조정된다.

나는 기회가 있을 때마다 시각화한 것을 머릿속에 떠올린다. 나는 무의식에 내가 그린 성공이미지에 맞도록 말과 행동, 감정을 조절하는 능력이 생겼다. 이미 성공한 사람의 모습이 되었다고 생각하니까 행동에 자신감이 생겼다. 밤에 잠자리에 누워서 침대 옆에 붙여 놓은 보물지도를 보는 것으로 잠재의식을 깨운다. 원하는 것이 이미 이루어진 것을 생생하게 상상하는 것이 습관이 될수록 꿈인지 생시인지 착각이 되기도 한다. 잠자기 전에 무의식적으로 상상하는 것이 마음에 안정을 가져다주었다. 잠자기 전에 꿈을 잠재의식에 각인을 시켰다. 원하는 결과가 이미 완성된 것을 상상하는 것이다. 경험하고 싶은 것만을 상상하면서 점점 긍정적으로 변해갔다. 항상 마지막에 "이것 혹은 이것보다 더 좋은 것들이 모든 사람이 선을 위해 조화롭고 만족스럽게 나타난다."라는 말을 덧붙였다.

성공하고야 말겠다는 각오를 한다고 해서 반드시 성공하는 것은 아니다. 또 열심히 일한다고 해서 성공하는 것도 아니다. 성공을 하기 위해서는 특별한 내면의 힘이 필요하다. 가만히 있어도 성공이 저절로 굴러 들어오게 만드는 강력한 마음의 에너지가 필요하다. 우리의 뇌와 마음은 어떤 생각에 강하게 초점을 맞추지 않으면 과거 무의식대로 흘러가게 되어 있다 인식하고, 의식하고, 또 보고, 다시 의지를 다지고 결심하지 않으면 원래의 습관대로 가려는 관성이 있다.

바쁘게 돌아가는 현실에서라도 꿈을 챙기는 것보다 더 중요한 것은 없다. 시각화한 것을 매일 보고 소리 내어 읽고 수시로 바라보는 사람과 아무것도 하지 않는 사람은 결과가 다르다. 만약 지금의 삶과 다른 방향으로 변화를 주고 싶다면 보물지도를 만들어서 가까운 곳에 두고 상상하면 된다. 아주 작은 습관을 조금씩 실천하다 보면 쉽게 인생이 바뀔 수 있다. 보물지도가 이미 이루어졌을 때 느낌을 자세히 느끼는 것이다. 원하는 이미지를 고른 다음, 그것을 먼 미래에 이루어지는 것이 아니라 지금 이루어졌다고 상상할 수 있어야 한다. 상상이 강력하게 느껴지면 더 좋다. 이미 보물지도가 이루어졌다고 느끼면 곧 이루어진다. 이미 성공한 모습을 마음속으로 생생하게 그리는 습관은 목표를 달성하는 가장 강력한 수단이다. 성공을 시각화하면 그 이미지는 반드시 현실이 된다. 이 위대한 원리는 위대한 성공을 거둔 사람이라면 모두 알고 있고 또 실천하고 있는 것이다. 생생하게 꿈꾸면 이루어진다는 시각화의 힘을 실천했다.

나는 고객을 향한 사랑과 감사의 따뜻한 마음을 상상한다. 고객을 진정으로 사랑하며 진심으로 감사한 마음을 갖는다. 나에게는 오래된 고객들이 대부분이다. 인생의 진리는 단순하다. 내가 상상한대로 좋은 일들만 생긴다. 사람들을 희망과 믿음을 가진 마음으로 대한다. 항상 실적이 향상되고 기뻐하는 행복한 상상을 한다. 고객이 거절하는 상황을 걱정하는 것이 아니라 고객을 만나기 전에 온 마음을 다해서 원하는 것을 생생하게 상상한다. 매일 아침 일어나자마자 두 눈을 감고 미팅에 성공한 이미지를 떠올린다.

고객의 마음에 감동을 주는 제품과 서비스를 제공하는 나의 모습을 생생하게 그린다. 나를 만나는 사람들이 진실한 친구가 되는 상황을 그리면 기분이 좋아진다. 마음이 따뜻한 사람들이 열렬한 팬이 되어 지인들에게 입소문을 내는 광경을 자주 그린다. 고객들이 기하급수적으로 늘어나는 장면을 그린다. 연말에 셀 수 없이 많은 고객으로부터 진심 어린 감사 인사를 받는 장면을 그린다. 사업을 함께 하는 셀 수 없는 사람들에게 감사 인사를 하는 장면을 그린다. 사업을 함께하려는 사람들이 폭발적으로 늘어나는 장면도 상상한다. 강당에 앉을 자리가 없어서 서서 들을 정도의 인파가 몰려드는 행복한 상상을 계속 한다. 나의 고객들이 행복해하고 삶의 의미와 가치까지 찾는 감동적인 모습을 상상한다. 출근하면서 갖고 싶은 자동차를 타면서 운전하는 기분 좋은 상상으로 시작한다. 하루 중에도 계속해서 원하는 것을 반복해서 상상한다. 잠들기 전에도 보물지도를 보면서 원하는 것을 이룬 상태를 생생하게 상상한다. 내가 상상한 것들이 점점 현실로 다가오고 있었다. 회사에서 벤츠를 받았고 백만장자 클럽에 입성하게 되었다. 수많은 사람이 엄청난 실적을 만들어준 결과이다.

사람들이 원하는 것을 얻지 못하는 유일한 이유는 생각이 현실을 창조한다는 것을 믿지 않기 때문이다. 원하지 않은 것을 더 많이 생각하고 있기 때문에 현실에서 바라는 것을 끌어당기지 않고 있다. 이제부터는 오직 원하는 것만을 끌어당겨야 한다. 에너지는 비슷한 것을 끌어당기기 때문에 보물지도를 만들기만 하면 반드시 그 이미지와 관련하여 비슷한 사람들을 만나거나 우연히 읽던 책에서 힌트를 얻을 수도 있다.

지금의 처한 상황이 당신에게 만족스럽지 못하다면 상황을 바꾸겠다고 마음만 먹으면 안 될 이유가 하나도 없다. 열정적인 사람이 되어 존경하는 인물의 자질처럼 되고 싶다면 매일 닮고 싶은 사람의 액자를 보면서 그들처럼 되어 있는 모습을 상상하면 된다. 그들이라면 '어떻게 문제를 해결했을까?'를 내면에 질문하면 된다. 존경하는 사람들이 결국 역경을 이겨내고 미소를 지었듯이 이미 그들처럼 되어 승리한 듯이 미소를 짓는 모습을 생생하게 상상하면 되는 것이다.

백만장자 시절의 폴 마이어는 성공비결을 묻는 사람이 찾아오면 그를 벤츠 대리점으로 데리고 갔다. 그리고 벤츠 승용차 옆에 차 주인처럼 서 있을 것을 요구한 뒤 사진을 찍어주었다. 사진이 나오면 폴마이어는 이렇게 단언했다. "사진 속의 이 사람이 진짜 자네라네. 매일 이 사진을 보면서 생생하게 꿈꾸게나. 멋지게 성공해서 벤츠의 주인이 된 자신의 모습을 말이야. 그러면 실제로 그렇게 될 걸세." 폴 마이어의 말을 진지하게 실천한 사람들은 모두 성공했다고 한다.

우리는 우리가 현재 인식한 우리의 모습을 끌어당긴다. 인생을 사는 방법은 원하는 대상을 좇아가는 것이 아니라 소망이 이루어졌다는 느낌을 간직한 채 그것이 우리에게 오도록 하는 것이다. 지금 당장은 내게 없지만 상상을 통해 내가 가졌다는 것을 강하게 인식한다면 그것은 현실이 된다. 당신이 바라는 모든 것은 이미 존재하며 당신의 믿음과 일치되기를 기다리고 있다. 믿음과 일치되는 것이 당신의 소망하는 모든 것에 생명을 부여해 외부의 실체로 만들 수 있는 유일한 조건이다. 믿음과 상태가 일치할 때 찾는 것이 보일 것이고 두드리는 것이 열릴 것이고 구하는 것을 받을 것이다.

나는 함께 사업을 하는 사람들의 온몸에서 특별한 기운이 나와서 접촉하는 모든 사람을 열성 고객으로 변화시키는 장면을 생생하게 상상하자 모든 것이 달라졌다. 사람들을 대할 때 존중하는 마음이 저절로 들기 시작했고, 감사하는 마음이 충만해졌다. 사업을 함께하는 사람들과의 관계가 좋아지고 활력도 넘치게 되었다. 우리는 영업실적표 같은 것은 벽에 붙여놓지 않는다. 그렇게 스트레스를 받게 되면 고객에게 전해지고 오히려 실적이 더 나빠질 뿐이다. 사업을 하는 사람들의 개인 성향을 충분히 존중하려고 노력한다. '잘하고 있다'는 믿음과 기대로 가능성을 일깨워준다.

열정적인 사업자를 만나는 상상으로 아침을 시작한다. 주문이 폭주해서 행복한 비명을 지르는 장면을 생생하게 상상한다. 나의 온몸에서 사랑과 감사의 기운이 나와서 나를 만나는 모든 사람을 나에게 열광하는 팬으로 변화시키는 상상을 한다. 이런 상상을 하면 할수록 기분이 좋아지고 열정이 생긴다. 긍정적인 생각으로 자신감이 충만해진다. 내 주위에는 오래된 마니아들이 많이 있다. 가까이 지내고 싶어 하는 사람들도 무수히 많다. 지인들을 소개해주는 사람도 너무 많이 생겼다. 기분 좋은 상상들이 기분 좋은 현실이 되어준 것이다.

눈을 감고 마음속으로 휴대폰을 한번 떠올려보라. 하루에도 수백 번씩 눈으로 보고 귀에 갖다 대고 손으로 만지지만, 정말 생생하게 떠올리기는 쉽지 않다. 휴대폰을 사진으로 찍어서 휴대폰을 그려보라. 자세하게 그릴 수 있을 것이다. 사진을 보고 꿈을 꾸는 사람은 그냥 생각하는 사람과는 분명히 다르다. 사진으로 이미지를 시각화하는 사람은 그렇지 않은 사람보다 빠르게 목표를 달성할 수 있다. NASN(확인 필요)의 경우가 대표적이다. 사진으로 생생하게 상상했기 때문에 인류 최고의 과학자와 수학자들이 예상한 시간보다 무려 2년이나 일찍 목표를 달성할 수 있었다. 어디를 가든 사진을 갖고 다니면서 생생하게 보면 된다. 시간이 날 때마다 사진을 펼쳐놓고 생생하게 꿈을 꾸는 것이다. 꿈을 현실로 만들기 위한 자신의 모든 에너지를 쏟는 것이다. 열망하는 것들을 사진으로 생생하게 상상하는 것을 열정적으로 계속해서 실천할 수 있다면 어떤 위대한 성공도 이룰 수 있다.

03

보이지 않는 것을 믿는 감사의 힘

'주는 대로 받는다.'라는 진리를 확인하기 위해 피터 톰킨스가 『식물의 신비한 생애』라는 책에서 실험했던 방법이다.

동일한 식물을 세 개의 동일한 화분과 흙에 나눠 심은 후 같은 장소에 나란히 놓는다. 그리고 물고 거름과 햇볕의 양도 동일하게 조절한다. 그러나 한 가지 다른 조건이 있다. 각 화분마다 다른 말을 건네며 기르는 것이다. 첫 번째 화분에는 칭찬만 한다. "넌 어쩌면 이렇게 아름답니! 새로 돋아나는 이 앙증맞은 새잎 좀 봐. 뿌리도 땅속 깊이 튼튼하게 자라고 있구나." 두 번째 화분에는 아무 말도 하지 않는다. 세 번째 화분에는 비난과 불평을 늘어놓는다. "넌 정말 못생기고 볼 품 없구나. 너 같은 꽃은 공들여 가꿀 가치조차 없어." 어느 정도 시간이 흐른 후 비교했을 때 칭찬을 받은 식물은 튼튼하고 싱싱하게 자라며, 아무 말도 하지 않은 식물은 그저 그런 상태를 유지하는 반면, 비난을 받은 식물은 비실거리며 자라지 못했다. 호의는 호의를 끌어들인다는 진리가 확실히 증명된 셈이다.

우리는 '감사'라는 렌즈를 통해 사람이나 사물을 인식하고 해석할 수 있다면 삶에 좋은 일이 자주 발생할 것이다. '문제를 일으키는 마음가짐'에서 '기회를 만드는 마음가짐'으로 바뀌는 것이다. 일단 감사하는 삶을 살겠다고 마음먹으면 감사할 물건과 사람과 상황이 꼬리를 물고 이어진다. 오늘은 어제보다 좋고 내일은 오늘보다 더 많은 기쁨을 누리게 된다. 우울한 사람들이 있는 방에 들어가면 기분이 우울해지는 걸 누구나 경험했을 것이다. 반대로 행복한 사람들과 어울리면 당신도 금방 행복에 물들게 된다. 동조현상 때문이다. 생각과 감정이 온통 분노로 가득하다면 즐거움의 파동이 비집고 들어갈 틈이 없어지고 즐거움은 효과를 발휘하지 못한다. 즐거움의 진동이 흐르지 못하기 때문에 동조현상이 나타날 수 없다. 흔히 사람들이 "그 사람의 기분을 풀어주려고 애써봤는데 소용이 없어."라고 말할 때가 바로 이런 상태인 것이다 그 말은 즉 "그 사람 안에는 기쁨의 파동이 전혀 없어."라는 뜻이다. 이럴 경우에는 아무리 상대방에게 기쁨의 에너지를 듬뿍 보내도 전혀 효과가 없다.

우리는 종종 이런 말로 상대방의 파동을 표현 한다 "제발 날 좀 미치게 만들지 마." 또는 "그녀는 나를 아주 기분 좋게 만든단 말이야." 그러나 대부분의 시간 동안 우리는 중립적인 파동을 지니고 살아간다. 의도적으로 생각이나 기분을 만들어가지 않고 그냥 흐르는 대로 맡기게 된다. 바로 이런 이유 때문에 어떤 사람이나 상황이 당신의 기분을 특정한 방향으로 '끌어들일 수' 있다.

다시 말해 자신의 파동이 강력하지 않으면 다른 사람이나 상황의 파동에 흔들릴 수 있다는 것이다. 그들의 강력한 파동은 당신 안에 내재된 파동에 영향을 미친다. 따라서 그것이 아무리 미미하고 약할지라도 결국 강력한 파동에 반응하여 동조하게 된다. 반면 당신이 강력한 에너지로 파동을 발산할 경우 만일 상대방이 저항하지 않는다면 에너지에 동조될 것이다. 우리가 흔히 아는 '호의는 호의를 부른다, 가는 말이 고와야 오는 말이 곱다.'라는 말들은 이런 과학적인 사실을 반영하는 것이다.

나는 매일 의식적으로 감사함을 표현한다. 내가 경험할 모든 것에 감사하는 마음으로 하루를 시작한다. 밤에 잠을 잘 자게 해준 몸이 너무 감사하다. 숙면을 취할 수 있어서 감사하다. 눈은 잘 볼 수 있고, 귀는 잘

들을 수 있게 해주고, 코는 숨을 잘 쉬게 해주고, 입은 말을 할 수 있고, 음식도 먹을 수 있고, 몸은 모든 것을 움직이며 나를 지켜주셔서 감사하다. 감사함으로 시작하는 하루는 나에게 현재의 소중함을 깨닫게 되었다. 이전까지 당연하게 여겼던 것들을 새로운 관점으로 보면서 내 삶은 변하기 시작했다. 모든 것에 감사하는 마음으로 기분이 좋아지고 활력이 넘치게 바꾸어 주었다. 감사하는 마음은 내 삶을 충만한 기분을 느끼게 했다. 부정적인 면을 긍정적인 시각으로 변하게 해주었다. 감사하는 마음은 과거에 모든 것을 이해하고 오늘의 안정과 미래의 희망까지 선사했다. 감사는 언제나 더 여유로운 삶을 가꾸는 방법의 최고봉이다. 감사의 표현은 우리의 인생을 즉시 바꿀 수 있는 마술의 언어이다.

조금만 신경을 쓰면 된다. 게다가 아무것도 요구하지 않는다. 우리는 진동 에너지로 가득 찬 우주에 살고 있다. 따라서 당신이 어떤 에너지를 발산하느냐에 따라 동일한 에너지가 되돌아온다. 우리가 사람이나 환경에 감사하는 마음으로 반응하면 긍정적인 동조현상을 끌어들여 삶이 더욱 행복해질 수 있다. 마음이 행복해지면 감사가 한결 쉬워진다. 특히 당신에게 행복을 가져다준 것이 감사하는 마음이라는 사실을 깨닫게 되면 더욱 감사가 넘칠 수 있다. 감사는 더 큰 감사를 불러오며 자꾸 감사할 요소를 끌어들이는 것 같다. 감사하면 할수록 더욱 감사하고 싶은 마음이 생기는 걸 느꼈다. 그리고 감사할 기회도 점점 더 많아진다.

에몬스 박사는 다음과 같이 지적했다.

"감사가 많은 사람들은 감사가 부족한 사람들에 비해 긍정적인 감정이나 삶에 대한 만족도가 높다. 우울증이나 근심, 질투심 같은 부정적인 감정이 적다는 것이 증명되었다. 그들은 또 이해심이 많고 용서를 잘하고 협조적이고 도움을 베푸는 사회지향적인 성향을 지니고 있다."

원리 원칙에 엄격하고 고집이 세서 조금도 양보하지 않는 성향이라면 '감사'라는 유익한 것을 실천해 나가기가 매우 힘들다. 이런 성향은 자신이 잘못하지 않은 일에 대해 상대방을 비난하지 않고 진심으로 감사를 표현하려면 대단한 훈련이 필요하기 때문이다. '왜 내가 먼저 감사해야 하지? 잘못한 것은 그 사람이지 내가 아니잖아. 정의는 다 어디 갔어? 먼저 감사해야 하는 건 그 사람이야. 그 사람이 먼저 내게 감사의 뜻을 표한다면 나도 생각해보지.'

세상이 원리 원칙대로 돌아가는 완벽한 곳이라면 상대가 먼저 사과하는 게 당연하다. 그러나 불완전하면서도 요지경 속인 세상에서 고집을 꺾고 자신의 행동에 책임을 느껴 당신에게 사과하길 바란다면 아마 평생을 기다려도 부족할 것이다. '당신이 먼저.'라는 생각은 단지 방해하는 생각이다. 자신의 원칙을 버리는 것이 아니라 한 발 양보하면서 감사한 생각과 감정에 서서히 다가가야 한다. 중요한 것은 누가 옳으냐가 아니라 어떻게 하면 당신이 행복해질 수 있느냐는 것이다. 감사가 당신의 정당함을 증명해 주지는 않겠지만 행복을 듬뿍 안겨줄 수는 있을 것이다.

나는 사람이나 물건들을 의식적으로 소중하게 여기고 감사하는 마음을 '무조건' 갖는다. 무언가를 소중하게 여기기 위해 기분 좋은 일이 일어날 때까지 기다리지도 않는다. 어떤 사람이나 물건이 나의 삶에 유익함을 주기 전에 먼저 그들을 가치 있게 여긴다. 소중하게 여기는 마음을 아무 조건 없이 먼저 갖는다. 나중에 표현하던 감사를 먼저 표현한다. 무조건 미리 감사를 표현할 때 감사할 상황이 더 많이 생겼다. 결과에 감사하던 자세를 '먼저, '무조건' 감사하는 자세로 바꾸었더니 인간관계가 좋아지고 목표달성도 쉽게 이루어졌다. 범사에 감사하라는 말을 지속적으로 실천하면 감사의 유익함을 얻게 된다.

주변 사람들에게 충분하게 감사함을 받고 있다. 함께 사업을 하는 사람들이 내게는 너무나 소중하고 감사하다. 감사한 마음을 갖게 되면 기분이 좋아진다. 나는 감사하는 마음을 잊지 않기 위해서 사방에 메모지를 붙여놓았고 물을 마실 때마다 감사하는 습관을 길렀다. 점점 의욕적으로 변했고 모든 일에 행복한 징후가 나타났다. 사람들이 호의적으로 변했고, 도움의 손길이 늘어났고, 좋은 일들도 연달아 생겼다. 기쁨과 행복감이 밀려오고 열정이 넘치고 마음이 평온해진다. 이런 긍정적인 감정이 행동도 적극적으로 바뀌게 해주었다.

사람들은 뭔가 기분 좋은 일이 생길 때만 고마움을 느끼거나 표현한다. 다른 사람이 나를 도와주었을 때나 삶속에서 좋은 일이 생겼을 때만 감사하게 생각한다. 대부분의 사람은 '감사합니다.'라는 말이 적합할 경우에만 감사하는 마음을 갖는다. 감사가 좀 더 강력한 힘을 발휘하려면 조건에 따라 감사하던 태도에서 벗어나 삶의 근본적인 자세가 '감사'로 바뀌어야 한다. 삶에서 일어나는 모든 사건을 '감사'라는 렌즈를 통해 바라보는 경지에 이르면 감사의 모든 유익함이 당신의 삶을 풍성하게 만들 것이다.

누군가 "오늘 기분이 어떠세요?"라는 질문을 던졌을 때 당신은 어떻게 대답하는가? "그저 그래요. 매일 다람쥐 쳇바퀴처럼 도는 생활이지요." 평소에는 20분이면 갈 약속 장소에 가는데 1시간이나 걸렸지 뭐예요. 지긋지긋한 교통 체증에서 언제나 벗어날지 "더구나 오늘따라 고객이 엄청 짜증나게 굴더라고요. 이걸 보여달라, 저걸 설명해달라, 자기가 무슨 VIP라도 되는 것처럼 유세를 떨지 뭡니까?" 아니면 "네. 덕분에 아주 잘 지내고 있습니다. 오늘은 운이 좋았어요. 교통체증이 심했는데도 약속 시간에 늦지 않고 도착할 수 있었거든요. 아까 만났던 고객은 대단히 까다로운 사람이어서 아주 애를 먹었어요. 사소한 것까지 꼬치꼬치 묻는 통에 기운을 뺐답니다." 두 답변은 교통체증과 바로 전에 만났던 '까다로운' 고객에 대해 전하고 있으나 보는 시각이 크게 다르다. 두 번째 대답은 낙천적이고 긍정적인 자세를 보여주고 있다. 감사하는 마음을 가지고 있으면 현실을 부정하지 않고 긍정적인 태도로 이해하고 해석하려 노력한다.

나는 모든 일어나는 상황을 나에게 점점 좋은 일들이 오고 있다는 긍정적인 생각으로 바꾼다. 교통체증으로 막힌 고속도로를 원망하는 시간에 유익한 오디오북을 들을 수 있는 시간을 주셔서 감사하다고 의미를 바꾼다. 감사하는 생각으로 사고를 바꾸고 나에게 가장 좋은 상황을 만들기 위한 신의 게임이라고 생각하게 되었다. 이제는 매사를 낙천적으로 생각하고 모든 일을 대범하게 받아들이게 되었다. 덕분에 삶은 행복해졌다. 마음이 편해지니까 다른 사람에게도 친절하게 대하게 되고 무엇보다도 내 자신도 사랑하게 되었다.

감사란 소중히 여기는 마음과 고마운 마음이 합쳐진 것이다. 다른 사람에게 감사하는 마음을 가지려면 의식적으로 상대방의 가치를 인정하려는 노력이 필요하다. 상대방을 고맙게 생각하는 구체적인 이유를 찾아내면 된다. 다른 사람을 가치 있게 여기기 위해 다른 사람들의 소중하고 사랑스럽게 생각하면 된다. 다른 사람에게 고마움을 느끼려면 먼저 그들이 세상에 존재하며 당신과 함께 살아가고 있다는 사실부터 감사하면 된다.

낙천주의라면 '삶은 근본적으로 행복한 것이며 살 만한 가치가 있다'고 생각할 것이다. 최상의 가능성을 기대하며 어떤 상황이든 가장 긍정적인 방향으로 눈을 돌릴 것이다. 낙천적인 사람들은 성공할 가능성이 높다. 낙천주의자가 감사하는 사고방식을 갖는다면 엄청난 시너지효과가 생긴다. 감사와 낙천주의자가 만나면 최상의 효과를 발휘할 수 있다. 감사하는 마음가짐은 사람이나 상황을 소중히 여기는 마음을 항상 지속적으로 유지하는 것이다. 부정적이고 교만한 생각은 '감사'와는 거리가 먼 것이다. 오랜 습관을 버리는 건 쉬운 일이 아니다. 감사를 오랫동안 실천해온 사람들도 과거의 습관을 버리는 데 어려움을 느낀다. 감사하는 시간이 늘어나면서 감사를 실천하는 일이 한결 쉬워진다.

04

떠오르는 영감을 메모하라

좋든 나쁘든 자기 몫을 받아들여야 한다는 사실에는 공감을 한다. 광활한 우주가 아무리 선한 의도를 갖고 있더라도 자신에게 주어진 땅을 비옥하게 가꾸지 않는다면 원하는 것을 얻을 수 없다는 사실도 인정한다. 내가 무엇을 할 수 있는지는 아무도 모른다. 스스로가 해보지 않고서는 알 수가 없다. 자신에 대한 신뢰를 갖게 되면 결과나 이해관계에 조금도 구애받지 않는다. 자의식으로 인해 감옥에 갇혀 있는 셈이다. 성공을 거두는 것은 전력을 다하는 것이다. 결과에 집착하지 말고 원하는 모든 결과를 만들어 내는 데 필요한 과정에 집중하는 것이다. 성공은 과정에 전력을 다하면 저절로 나타난다.

인생은 마라톤이다. 42.195km를 최선을 다하고 중단하지 않으면 결승점에 반드시 들어온다. 인간이기에 중간에 나타나는 결과에 감정적으로 매달리게 된다. 지속적인 성과를 내는 사람들은 매일 해야 하는 일을 정해놓고 오랫동안 꾸준하게 행동으로 옮긴다. 기술과 실적이 향상되려면 목표를 달성하기 위해 과정을 수정하고 업그레이드해야 한다. 시간과 노력을 쏟아부어야 한다. 원하는 것을 얻을 때까지 멈추지 않고 나가겠다는 각오를 가지고 수많은 거절과 실망을 견딜 수 있는 체력을 기르는 것이다. 날마다 꾸준하게 끈기 있게 반복적으로 행동을 해야 한다.

믿음을 잃으면 사라지는 것이 노력이다. '어차피 불가능하면 제품을 전달하는 하거나 목표를 달성하는 것이 노력해봤자 무슨 소용이 있나?' 하는 생각으로 이어진다. 지금까지 이루려고 노력했던 목표달성은 막막해진다. 이 시점에서 필요한 것이 엄청난 노력이다. 원래의 목표를 설정할 때의 가졌던 마음과 생각을 떠올려야 한다.

사업을 하다보면 운이 좋은 날도 있고 거절이 일상인 날도 있다. 결과에 집착을 하면 결승점에 가는데 시간만 더 걸릴 뿐이다. 목표만 바라보면 까마득하게 생각될 때도 있다. 목표로 가는 과정은 수없이 많은 과정들이 있다. 산 정상에 오를 때까지는 중간에 서서 산꼭대기를 바라보면 더 멀게만 느껴지는 법이다. 나는 스스로에게 질문한다. 월말에 목표를 이루었다고 생각하면서 무의식과 대화를 한다. 나는 어떻게 목표를 달성했을까? 그 답이 어떤 것이든 신이 내게 주는 영감이라고 생각하고 메모를 한다. 결과에 상관없이 메모한 대로 행동에 최선을 다해서 실천한다.

목표가 이루어진 것을 믿고 상상하며 떠오르는 영감을 끝까지 실천을 한다. 그 결과 목표가 달성되는 기적을 볼 수 있게 되었다. 나는 보통 사람들이 하는 보통의 노력이 아닌 신이 주시는 영감을 끝까지 실천해서 성공했다. 성공은 이루어진다는 믿음과 확신으로 전력을 다하면 반드시 이루어진다. 확실한 믿음을 갖고 노력하면 새로운 영감들이 계속 떠오른다. '어떻게 이루어냈을까?'라는 질문은 창의적인 아이디어를 생기게 하고 강한 확신까지 생기게 해준다.

마음의 이미지와 감정이 합쳐지면 우뇌에서 정보를 처리하는 속도가 1초에 1,000만 비트다. 언어와 논리는 고작 40비트밖에 안 된다. 잠재의식이 들어 있는 우뇌에다 보물지도를 매일 그리면 꿈을 이루는 우연의 일치가 자주 일어난다. 그때마다 그 힌트를 적어두고 행동을 즉각 하면 그 자리에서 바로 이루어진다. 보물지도는 이미지와 말과 감정이 다 섞여 있기 때문에 행동을 만들어 낸다. 강한 행동을 동반하는 보물지도를 만들어 의도적으로 행동을 결심하면 된다. 지금 당장 해야 할 일을 할 수 있다면 바라는 어떤 것도 다 끌어당길 수 있다. 보물지도를 만들고 나서 바라는 것이 있거나 행동하기 위한 영감이 떠오르면 즉시 메모를 해야 한다. 보물지도는 잠재의식에 성공에 대한 믿음으로 미리 예언하는 작업이다. 이미 구하는 것을 생각해보고 받기를 바라는 상황에 따라서 이미 된 것처럼 행동하고 있는지를 점검해야 한다. 행동하는 것이 소망과 상충하면 우연의 일치가 이루어지지 않는다.

보물지도를 만들고 원하는 것을 얻기 위해 최선의 노력을 해나갔다. 처음에는 어떤 생각이나 아이디어가 떠오르는 것을 주의 깊게 생각하지 않았다. 보물지도의 효력으로 사업이 성장을 하고 가속도가 붙으면서 점점 일의 양이 엄청나게 불어났다. 당연히 성과는 빠르게 성장을 했다. 몇 번의 성과를 냈을 때의 과정을 돌이켜보았더니 문득 떠오르는 생각에 집중했고 그것을 바로 실천했던 것이다. 떠오르는 생각을 즉시 실천하고 즉시 행동한 결과가 엄청난 결과로 이어졌다는 것을 알게 되었다. 그 이후로 어떤 생각이나 아이디어가 떠오르면 반드시 메모를 하는 습관이 생겼다. 항상 든든한 계획과 아이디어가 있어서 더욱 든든하고 성공에 대한 믿음이 더 생기게 되었다.

비빌 언덕은 필요 없다. 경험을 통해 내가 얻은 깨달은 것이 있다면 그것은 비빌 언덕 따위는 없어도 된다는 것이다. 비빌 언덕이 있으면 반드시 언덕을 향해 넘어져야 한다. 비빌 언덕을 찾거나 그 언덕에 비빌 시간에 목표를 향해 전력질주를 하는 것이 훨씬 현명하다. 꿈을 실현하고자 한다면, 그것이 무엇이든 여러분을 기꺼이 불태우고, 어떤 일이든 기꺼이 하겠다는 각오가 필요하다.

나도 예전에는 어머니가 나의 비빌 언덕이었던 적이 있었다. 돈 걱정하지 않고 학교를 다니던 시절도 있었다. 사업이 힘들 때 돈이 필요해서 손을 내민 적도 있었다. 사업이 힘들게 되면서 크게 깨달은 것은 내 인생의 주인공은 나이며 성공도 나의 책임이고 실패도 나의 책임이라는 것이다. 모든 원인이 나에게 있다는 것을 정확하게 알고 나서는 내 인생이 달라졌다.

수많은 사람이 우연한 기회를 기대하거나 운명은 자신이 아니라 타인에 의해 정해지는 것이라고 생각한다. 장차 성공하는 사람이 되고 싶다거나 빛나는 미래를 갖고 싶다면 강한 신념을 갖고 과거의 타성에서 벗어나야 한다. 의식하는 마음은 잠재의식에게 부단한 자극을 주게 한다. 잠재의식의 커다란 힘을 발휘해서 타성에서 벗어나야 한다. 우리는 새로운 빛에 의하여 영감을 받고 새로운 힘을 일으키며 자기의 소망을 실현시키고 모든 꿈을 현실화할 수 있다. 자기의 인생을 더 원대하게 더 위대하게 더 풍요롭게 누릴 수 있다. 내면 깊숙이 자리 잡고 있는 잠재의식에는 무한한 힘이 있다. 우리가 필요로 하는 무한한 에너지가 숨어 있다.

그것들은 지금 우리에 의해 위대한 모습으로 표현되기를 기다리고 있다. 마음의 문을 활짝 열고 기다릴 때 잠재의식 속에 숨어 있는 무한한 능력은 원하는 것을 현실로 나타나게 한다.

정신분석학자인 S. 프로이트는 "우리의 마음속에는 어떤 강력한 힘이 있는데 아직까지는 아직 명확하게 밝혀지지 않은 부분이다. 그것은 의식하는 마음과는 별개의 것으로 우리의 사상, 감정, 행동의 원칙이 되고 있으며 끊임없이 활동하고 있다."라는 가설로 세계적인 심리학자들의 주목을 받았다.

이것을 어떤 사람들은 내적인 힘, 잠재의식 등으로 부른다. 우리가 '두뇌'로 알고 있는 것과는 별개다. 과학자도 그것이 인체 내부의 어디에 존재하는지 분명하게 밝혀내지 못하고 있다. 그렇지만 그것은 분명 존재한다. 그 힘의 한계는 아직도 제대로 알려지지 않았다. 잠재의식은 잠을 자는 법이 없다. 고난이나 위험이 닥치면 우리를 구하기 위해 경고를 해준다. 잠재의식은 여러 가지 방식으로 우리를 이끌어준다. 그것을 제대로 이용한다면 기적도 만들어 낸다. 잠재의식은 의식이 명령하고 원하는 대로 움직인다. 잠재의식과 직접 접촉하면 어떤 일이든 해낼 수 있다. 실제로 수많은 사람들이 재산이나 권력, 명성을 얻기 위해 먼 옛날부터 잠재의식을 활용해왔다. 잠재의식이 커다란 역할을 했다는 것은 부인할 수 없는 사실이다.

나는 어떤 일에 대해 판단이 불확실해서 마음의 결정을 내리지 못할 때 잠재의식에 맡긴다. 잠재의식의 위력을 믿는다. 예전에는 옷감을 짜기 시작하면 신이 실을 내려 주신다고 했다. 가능한 잠들기 전에 내가 원하는 것을 잠재의식에게 전달한다. 의식하는 마음이 더 이상 생기지 않도록 잠재의식에 맡긴다. 잠재의식에게 나의 생각을 솔직하게 털어놓고 편안한 마음으로 잠을 청한다. 아침에 비몽사몽 중에 떠오르는 생각을 기억해놓는다. 나는 이런 경험으로 복잡한 문제를 해결한다. 아침까지 잠재의식이 결정을 내리지 못했더라도 가까운 시일 내에 어떤 암시를 받게 된다. 잠자는 동안에 무한한 우주의 힘에 의해 보이지 않는 해결책을 얻는다.

나는 이미 보물지도가 이루어졌다고 생각하고 구체적인 계획을 세운다. 일단 떠오르는 생각대로 진행해가면 자유롭게 다른 것들도 연관되어 떠오른다. 연관된 아이디어가 팝콘처럼 계속 떠오르게 된다. 나는 어떤 것이나 마음에 떠오르면 즉시 메모하고 무엇이 떠올랐든 아무런 판단 없이 그것을 받아들인다. 바라는 것들이 떠올랐을 때에는 형식에 구애받지 않고 메모를 한다. 보이지 않은 것을 보인다고 믿고 이미 이루어진 것처럼 행동하는 것은 현실에 나타나게 하는 힘이 있다.

사람들은 인생에서 성공은 물론이고, 만족스럽고 풍요로운 삶을 원한다. 성공한 사람들은 잠재의식의 힘을 동원한다. 커다란 재난이나 위험이 닥쳤을 때, 어떤 행동을 해야 할 때 잠재의식은 즉각 움직인다. 여러 가지로 복잡한 생각들을 몰아내고 한 곳에 집중하게 되었을 때 잠재의식은 더욱더 활발하게 움직인다. 잠재의식을 활용하는 가장 효과적인 방법은 시각화이다. 상상력을 동원해서 원하는 것을 실제로 얻은 것처럼 완전한 이미지로 그리고 바라보는 것이다. 말과 이미지는 고요하고 보이지 않더라도 우주의 모든 것을 움직여 현실에 배달되게 한다.

사람은 온 마음으로 일에 몰두하고 최선을 다할 때 활력이 생긴다. 마음에 없는 일을 하면 창조도, 희망도 사라진다. 잠재의식과 현재의식이 조화를 이룬다면 인생 최대의 성공을 거둘 수 있다. 모든 인간의 몸 안에는 그 사람을 성공시킬 수 있는 무한한 능력이 잠자고 있다. '내 몸 속에는 무한한 창조력이 있다'는 믿음으로 자신의 무한한 능력을 끌어낼 수 있다. 그 믿음을 강하게 느낄수록 잠재의식은 놀란 만한 영감을 준다. 무한한 우주의 에너지를 믿고 잠재의식에서 보내는 메시지를 메모하고 실천해야 한다. 무엇보다 중요한 사실은 이 강력한 힘이 우리를 도와주고 싶어서 안달한다는 것이다.

원대한 목표에 대한 강한 야망을 이룰 수 있게 잠재의식에서 보내는 신호를 판단 없이 받아들여야 한다. 그 소리는 고요히 홀로 있을 때 잘 들린다. 시끄러운 세상 속에서는 희미해져서 잘 들을 수가 없다. 원하는 것을 이루고 현실로 만들기 위해서는 잠재의식에서 주는 신호를 믿고 실천해야 한다. 원하는 것을 이루어 주는 무한한 상상의 힘이 잠재의식을 통해 현실로 가는 길을 안내해준다. 잠재의식의 힘을 쉽게 받아들이면 꿈이 현실로 더 빨리 나타난다.

05

결국 이득이 되는 2배의 법칙

마하트마 간디는 "사람은 믿는 대로 된다. 만약 어떤 것도 할 수 없다고 믿으면 그 믿음은 아무것도 할 수 없게 만든다. 그러나 내가 할 수 있다고 믿으면 무엇이든 할 수 있는 능력을 얻게 된다."라고 말했다.

'할 수 있다고 믿으면 무엇이든 할 수 있다'는 사실을 좀 더 빨리 알았더라면 얼마나 좋았을까. 대수롭지 않은 말처럼 들리겠지만 이것은 사람이 사는 동안 이루어 내는 모든 성과의 근간이다. 우리가 할 수 있다는 것을 믿는 순간, 우리는 말로 할 수 있다. 해보지도 않고 할 수 없다고 믿으면 정말 아무것도 할 수가 없다. 행복한 인생을 원한다면 '나는 무엇이든 할 수 있고, 나는 그런 자격이 있고, 마음만 먹으면 무엇이든 이룰 수 있다'는 믿음부터 가져야 한다. 당연하게 들리겠지만 그 믿음과 함께 살아가며 자신의 일부분이 되기 전까지는 과거에서 벗어날 수 없다. 과거의 모습 그대로 살기를 원하는 것은 아닐 것이다. 자신을 믿기 시작하면 원하는 목표를 이룰 것이라고 생각했던 때보다 훨씬 더 빠르게 이루어진다. 모든 것은 내 안에서 시작된다. 인생의 모든 것이 마음속에서부터 시작된다. 내가 인식하는 것은 모두 내 생각 안에서 보이는 것이다.

평범한 인생을 사는 사람들과 성공하는 사람들의 대화를 해보면 큰 차이점이 있다. 성공하는 사람들은 자신에 대한 강한 믿음을 가지고 있다. 평범한 사람들은 두려운 감정으로 실패를 떠올리며 '할 수 없다.'라는 생각을 먼저 한다. 사업을 처음 시작해서 1년을 버틴다는 게 쉽지는 않다. 많은 거절과 두려움의 과정을 겪어야 하기 때문이다. 1년이라는 시간을 견디는 사람은 대부분 안정을 찾게 된다. 살아남는 사람들은 자신이 '성공할 수 있다'는 마음을 갖고 있다. 자신에 대한 믿음으로 자신감도 생긴다. 두려움보다 자신감이 더 강해지면 고객을 꾸준하게 만날 수 있게 된다.

초기 사업자들은 사람을 만나는 것을 두려워한다. 믿을 수 있는 근거를 제시해주어도 믿지를 않는 사람이 있다. 나는 성공을 원하는 사람들에게 너무 스스로 완벽하려고 애쓰지 말라고 조언하기도 한다. 자신에 대한 믿음을 가져야만 세상에 맞설 용기가 나기 때문이다. 자신에게 지나친 완벽을 요구하면 인정하지 못하는 불편한 마음들이 생긴다. 나도 예전에는 믿음이라는 것을 굉장히 완벽한 단어로 인식했다. 많은 경험 속에 어떤 판단의 기준은 사람마다 다 다르다는 것을 알게 되었다. 내가 나 자신을 어떻게 인식하느냐에 따라 그냥 믿음을 가지면 된다. 사람마다 기준이 다르기 때문에 내 기준에서 믿음을 갖는 것은 누구나 근거가 있다.

나를 다른 사람과 비교하지 않으면서 나의 무한한 가능성을 믿게 되었다. 어떤 일도 할 수 있다고 믿는 믿음에서 엄청난 기회가 생기게 되었다. 지금 자신이 어떤 상황인가는 중요하지 않다. 자신이 스스로를 어떤 사람으로 믿느냐에 따라 성공과 실패의 길이 달라진다. 나는 간절히 성공을 원하는 사람들에게 특별하게 비밀로 알려주는 말이 있다.

당신이 자신을 어떻게 믿느냐에 따라 성공을 할 수 있다고, 성공을 원한다면 '믿음을 성공할 때까지 가슴에 꼭 품고 간직하라'고 말한다. 이 특별한 비밀은 내가 성공하게 된 뿌리이고 근간이다. 자신이 믿으면 얻는 이익은 적어도 2배 이상이 된다. '될성부른 나무는 떡잎부터 알아본다'는 말처럼 내가 나를 어떻게 믿느냐에 따라 그 믿음대로 이루어진다.

심리학 용어 중에 '바넘 효과'라는 것이 있다. 심리학자 포러 교수는

1948년 대학생들을 대상으로 성격검사를 했다. 대학생들에게 같은 성격검사 결과지를 주고는 자신의 성격과 얼마나 일치하는지 평가를 하게 했다. 성격검사 결과지는 성격 관련 책이나 별자리 등 무분별하게 적용했다. '당신은 다른 사람에게 호감을 얻고 싶어 하지만 스스로에게는 비판적이다. 성격이 나약한 편이지만 어떤 상황에는 해결책을 잘 찾는 편이다. 언뜻 봐서는 자신감에 차 있지만 내면은 불안과 걱정으로 가득 차 있다. 때때로 당신의 외향적이고 사교적이며 낯가림이 없는 동시에 내향적이고 신중하며 말이 없는 편이다. 당신은 때때로 소극적이기도 하고, 때때로 적극적이기도 하다. 당신은 조용한 것을 좋아하기도 하고, 때로는 북적이는 것을 좋아하기도 한다.' 이러한 성격검사 결과지를 받은 80% 이상의 사람들이 자신의 성격과 맞다고 답했다. 그런 다음 결과지를 옆 사람과 바꿔서 보게 했을 때 모두 깜짝 놀랐다. 결과지에 적힌 성격이 다 똑같이 적혀 있었다. 사람들은 보편적인 묘사일 뿐인데 자신의 성격을 잘 말해준다고 생각했다. 이것은 점술가들이 사용하는 '콜드 리딩'이라는 기술과 비슷하다.

상대에 대한 일체의 정보 없이도 신체언어, 음색, 패션, 성별 등을 분석해 속마음을 알아내는 것을 말한다. 이런 기술을 구사하는 점술가들과 대화해보면 그들이 미래의 일까지 맞출 거라는 믿음을 가지기 쉽다. 점술가의 말을 믿는 순간부터 미래의 삶에 실제로 영향을 미친다. 잠재의식에 그대로 투영되기 때문이다. 사실 사람들이 점을 보러 가는 이유는 '내가 듣고 싶은 말'을 듣기 위해서일 때가 많다. "앞으로 사업이 잘될 거다, 이 시기만 지나면 잘 될 거다." 같은 이야기를 듣고 위로나 희망을 품고 싶은 것이다. 운명은 그 사람의 성향에 따라 어떤 선택을 하는가에 달려 있다.

'나는' 이라는 말 뒤에 따라오는 단어가 자신의 모습을 만들어 낸다. 이것은 사람이 많이 모인 공개석상에서 자신의 직업을 소개하는 말을 뜻하는 것이 아니다. 자신의 마음을 개인적인 말을 의미한다. '나는 건강해, 나는 이해심이 많다.'와 같은 말은 현재의 나에 대한 평가가 된다. 이런 말들은 우리를 현재의 우리로 귀결시킨다. 내가 바라는 나의 모습에 대해 공개적으로 선언하면 곧 그 말들은 사실로 나타난다. 좋아하거나 싫어하는 것이 내게로 끌려온다. 내가 좋아하거나 싫어하는 것이 내게로 온다는 뜻이다. 특히 싫어하는 삶의 방식이나 태도가 있을 경우 가는 곳마다 그것들을 만나게 된다. 미움은 강렬한 에너지이기 때문에 같은 에너지를 더욱더 끌어당기게 되어 있다. 마치 자석처럼 말이다. 같은 맥락에서 볼 때, 어떤 것을 진심으로 좋아하면, 그것이 자동차든 행동이든 내 경험의 범위 안으로 더욱 끌어당기게 된다. 그래서 열정의 대상을 신중하게 선택해야 한다. 끌어당김을 통제할 수 있어야 우리 안의 긍정적인 능력을 깨울 수 있게 된다.

나는 항상 현명한 선택을 하는 사람이 되기로 했다. 나는 가는 곳마다 좋은 운이 생긴다고 믿는다. 믿음은 내가 무엇을 믿느냐에 따라 변하기 때문이다. 어떤 상황에서도 나는 운이 좋은 사람이라고 믿는다. 내가 운이 좋다고 말하다 보니 정말 운이 좋아진다. '나는 내 마음을 지배할 거야, 내 삶의 주인이 되어 살아간다.'라는 말을 계속 반복해서 잠재의식에 새긴다.

지식추구는 부와 행복을 얻기 위한 방법 중에 하나다. 일정한 목적 아래 일관성 있게 훈련된 지식 추구에 시간을 투자하는 것은 매우 강력한 행동이다. 그러나 가치 있는 다른 모든 것과 마찬가지로 여기에도 지불해야 할 대가가 있다. 지식 추구는 투자가 필요하다. 돈을 지불해야 한다. 책을 구매하고 세미나에 참석하려면 돈이 들어간다. 자기 계발에 투자하는 것에 인색해서는 안 된다. 매달 수입의 일정 부분을 떼어서 자신의 지식 추구에 투자해야 된다. 내 안에 잠든 거인을 깨우는 데 돈을 써야 한다. 그 투자에는 무한한 잠재력이 있어 2배로 돌아온다. 시간을 지불해야 한다. 이것은 돈을 지불하는 것보다 더 중요하다. 돈은 다시 벌면 되지만 지나간 시간은 되돌릴 수 없다. 시간이 걸리더라도 지식과 소중한 시간을 투자할 수밖에 없다. 노력을 지불해야 한다. 어떤 일이든 대충해서 되는 것은 없다. 많은 노력이 필요하다. 원하는 것을 이루기 위해 집중하고 노력하면 더 빠르게 다가온다.

나는 고객들과 미팅할 때 항상 2배의 법칙을 기억한다. 남다른 삶을 원한다면 남들과는 달라야 한다. 내가 성공한다는 믿음이 내재되어 있어야 한다. 이 세상에는 무언가를 얻기 위해서 무언가를 먼저 지불해야한다. 사람들과 자주 만나다 보면 좋았던 관계 속에서 자신의 이익을 생각하느라 관계가 서운해진다. 관계가 오래 지속하려면 상대보다 내가 2배로 더 지불한다는 마음을 먹으면 좋은 관계를 유지할 수 있다. 내가 먼저 상대에게 마음을 베풀면 관계가 좋아진다. 배려하는 마음도 먼저 베풀고 친절한 마음도 먼저 베풀면 나중에는 이득이 되어 내 마음에 행복감과 더불어 2배로 돌아온다.

성공과 행복의 비결 중에 가장 중요한 것이 믿음이다. 성공하는 사람들은 자신에 대한 강한 믿음으로 기적을 만들었다. 내가 나에게 어떤 믿음을 갖고 있는지가 중요하다. 내가 처한 상황에 따라서 나를 규정짓는 것은 금물이다. 나에 대한 믿음은 그 일을 시작하게 하는 용기를 준다. 나에 대한 믿음은 강한 자석이 되어 원하는 것들을 끌어당긴다. 진정으로 원하는 차를 타고 있는 모습을 시각화 하는 것도 도움이 된다. 더 큰 성공을 이룬 모습을 상상하는 데 시간을 쏟아야 한다. '나는 최고를 누릴 자격이 있다'는 것을 믿는 마음은 더욱더 중요하다.

'어떻게 이룰 것인가?'는 신경 쓰지 말고 원하는 것들을 가질 만한 자격이 나에게 있다는 믿음을 가져야 한다. 내가 부자가 될 자격이 있고, 멋진 미래의 모습을 상상하면 강한 행동력이 생긴다. 나에 대한 믿음이 성공에 대한 확신으로 이어지면 강한 실천력이 생긴다. 강한 자신감은 결과적으로 나에게 성공으로 모든 이익을 가져다준다. 모든 행동은 성공의 밑거름이 되어 기쁨과 행복을 두 배로 가져다준다.

성공은 또 다른 일의 시작을 도와주는 믿음의 씨앗이다. 작은 성공으로 생긴 나에 대한 믿음은 더 큰 성공을 이룰 수 있는 2배의 믿음을 선사한다. 성공한 사람들이 더 큰 성공을 이루는 가장 큰 이유다. 자신의 가치를 믿기 전까지는 성공과 행복을 누릴 가능성은 매우 적다. 당신의 의식이 원하는 삶을 살기 위해 아무리 노력해도 무의식이 방해를 하기 때문이다. 무의식은 당신이 그런 삶을 누릴 가치가 없다고 알고 있다. 무의식은 모든 노력을 수포로 돌리고 실패를 위해 노력하게 된다. 성공한다는 믿음을 갖고 원하는 것을 이룬 모습을 자주 상상한다면 잠재의식은 마음속으로 생각한 것을 그대로 받아들이고 잠자는 시간에도 쉬지 않고 활동한다. 성공한 사람들은 대부분 잠재의식을 활용한다. 원하는 것을 끝까지 생각하다가 해결되지 않으면 잠재의식에 넘겨주면 답을 준다.

06

믿음을 주는 플라시보의 힘

무의식적인 믿음은 우리가 생각하는 것 이상으로 많다. 사람들은 어떤 생각을 표면적으로는 아주 잘 받아들이는 것 같아도 마음속 깊은 곳에서는 그 생각이 진짜로 가능하다고 믿지 않을 수도 있다. 생각을 머리로만 받아들이는 것이다.

플라시보 효과는 의사가 효과가 없는 가짜 약 혹은 꾸며낸 치료법을 환자에게 제안했을 때 환자의 긍정적 믿음으로 인해 병세가 호전되는 현상을 말한다. 플라시보 효과는 자신에 대한 믿음을 진정으로 바꾸어야 생긴다. 믿음을 바꾸는 것은 잠재의식 속의 프로그램을 바꾸는 것이다.

믿음은 잠재의식적인 존재 상태이기 때문이다.

태도는 생각과 감정을 바꿈에 따라 매 순간 달라질 수 있다. 같은 태도를 계속 가지면 그 태도는 자동적인 것이 된다. 특정한 태도를 오랫동안 반복하거나 유지하면 그 태도들이 하나로 묶이는데 여기에서 믿음이 생겨난다. 믿음은 단지 연장된 존재 상태일 뿐이다. 믿음은 뇌 속에 그 믿음을 고정되게 한다. 그에 따라 몸을 감정적으로 바꾸기 전까지는 거듭 반복되는 생각과 느낌에 불과하다. 그 믿음들에 중독되어 있다. 그래서 믿음을 바꾸기가 어렵고 믿음에 반하는 것들에 기분이 나빠지는 것이다. 믿음은 대부분 과거 경험에 기반한다. 과거에 있었던 일을 다시 생각하고 분석하고 같은 생각을 거듭해서 하게 된다. 과거의 느낌을 자꾸 되씹고 그때마다 그 사건이 일어났을 때와 똑같이 느끼게 된다. 우리 몸이 그 감정을 잠재의식에 기억하게 한다.

나는 네트워크사업을 하면서 일반인들의 오류를 종종 본다. 사업의 비전을 볼 수 있는 기회를 주어도 들어 봤다는 이유만으로, 다 안다는 말로 귀를 닫는다. 투자금이 없는데도 피해를 주는 것은 아닌지 걱정한다. 네트워크 사업은 투자금이 필요 없는 사업이기 때문에 애초부터 빚을 질 이유가 없다. 설령 개인이 돈을 투자하려고 해도 돈으로는 조직을 구축할 수 없는 구조로 되어 있다. 누군가 사업을 하다가 빚을 졌다는 소문을 들었다고 하는 사람도 있다. 합법적인 회사인지 잘 알아보고 선택을 해야 한다. 네트워크사업의 비전을 모르고 그냥 부정적인 말로 자신에게 온 기회를 알아보지 못하는 사람들도 있다.

나는 평범한 사람이 경제적, 시간적인 자유를 얻을 수 있고, 평생 돈 걱정 없이 살아 갈 수 있는 일이 있다면 알아봐야 한다고 생각한다. 네트워크사업의 제대로 된 비전을 시스템에서 알게 되었다. 시스템 속에서 성공하는 노하우를 알려주면서 함께 성공을 향해 도전한다. 나는 성공한 사람을 보고 긍정적으로 가능하다고 믿었다. 나는 그 믿음으로 시스템 속에서 수많은 경험을 통해 백만장자가 되었다. 누군가는 믿고 누군가는 믿지 못하는 것이 당연하다. 단순한 것은 내가 무엇을 보고 믿느냐에 따라 그 현실이 된다는 것이다.

우리는 주위 환경으로부터 특정 신호를 받고 특정 믿음을 받아들인다. 그 믿음이 사실이든 아니든 그 믿음을 받아들이는 순간 우리의 행동뿐 아니라 모든 선택이 그 믿음에 의해 영향을 받게 된다. 믿음과 인식은 과거의 경험에서 나온다. 자신에 대해 갖게 된 믿음들도 모두 당신의 과거에서 나온 것이다. 그런데 믿음이 사실인가? 아니면 당신이 만들어낸 것인가? 믿음은 과거 언젠가는 사실일 수도 있었겠지만 그렇다고 지금도 꼭 사실이라는 뜻은 아니다. 우리는 믿음에 중독되어 있기 때문에 그렇게 생각하지 않는다. 과거의 감정에 중독되어 있다. 우리는 우리의 믿음을 바꿀 수 있는 생각이 아니라, 진실로 본다. 무언가에 대해 매우 강한 믿음을 갖고 있다면 그 반대 증거가 바로 눈앞에 있어도 그것을 보지 못할 수 있다. 눈앞의 증거가 말하는 것과 완전히 다른 것을 인식하기 때문이다.

우리는 실제로 꼭 사실이 아닌 많은 것을 믿도록 우리 자신을 통제해 왔다. 그런 믿음들이 우리의 건강과 행복에 부정적인 영향을 끼친다. 순전히 우리가 세상을 해석하는 방식에 따라 우리는 같은 상황에서 긍정적이 될 수도 있고 부정적이 될 수도 있다. 긍정적인 마음과 부정적인 마음은 상황으로부터 주어진 것이 아니다. 내 안에서부터 나오는 것이다.

원치 않는 상황이 발생했을 때 그것을 2가지 방식으로 받아들일 수 있다. 그 상황이 쭉 지속될 거라 믿으면 당신은 자신이 아무것도 할 수 없다고 믿게 된다. 하지만 그 상황이 지속될 수 없으며 곧 바뀐다고 믿게 되면 당신은 무엇이라도 할 수 있는 준비가 되는 것이다. 그 상황 때문에 모든 것이 잘못되어 갈 것이라고 걱정하게 되면 당신은 부정적인 생각에 빠져들기 시작한다. 하지만 그 상황이 내 삶의 다양함 가운데 하나일 뿐이고 다른 좋은 일을 위한 준비라고 생각한다면 긍정적인 생각으로 옮겨가게 된다. 상황이 나빠지는 것이 모두 누군가의 잘못이라고 여기면 곧 원망과 자괴감에 빠지게 될 것이다. 하지만 그 일은 일어날 수밖에 없었다고 여기며 나는 앞으로 어떻게 할 것인가에 집중한다면 당신은 지혜로워지게 된다.

나는 어떤 고난이나 장애물이 생겨도 두려워하지도 슬퍼하지 않는다. 스스로를 희생자로 여기지도 않는다. 긍정적이고 낙관적인 생각에 집중한다. '내 앞에 일어나는 일에 뭔가 배울 것이 있다.'라는 생각에 집중하면 새로운 가능성을 발견하게 된다. 무엇이 가능한지에 관해 긍정적인 생각과 믿음을 갖고 있다는 것은 중요하다. 자신의 인생을 실패로 만드는 최악의 시나리오를 쓰지는 않을 것이다. 다른 사람들이 '할 수 없다'고 하는 생각과 '안 된다는 예측'을 믿지 않았다. 모든 사람이 부여한 부정적인 의미도 부여하지 않았다. '나는 성공자다, 나는 부자다, 우주는 항상 나를 중심으로 돌아간다'는 나에 대한 믿음과 가치를 부여하고 성공할 수밖에 없는 수많은 이유로 내면에 단단한 믿음의 성을 쌓았다.

철학자 쇠렌 키에르케고르는 "바보가 되는 2가지 길이 있다. 하나는 진실이 아닌 것을 믿는 것이며, 다른 하나는 진실인 것을 믿기를 거부하는 것이다."라고 말했다.

실제로 과학적 실험 결과들은 우리가 현실을 있는 그대로 보지 않는다고 말한다. 과거에 대한 기억을 토대로 무의식적으로 우리의 현실을 채워가고 있다. 믿음을 바꾸는 것은 어렵지만 그렇다고 불가능하지도 않다. 그저 무의식적인 믿음들을 타파했을 때 무슨 일이 일어날지만 생각하면 된다. '이 모든 일을 다 하기에는 시간이 절대적으로 부족해.'라고 생각하고 느끼는 대신, '나는 시간에 얽매이지 않아, 난 다 해 낼 거야.'라고 생각하고 느끼면 된다. '우주가 나를 반대하고 있어.'라고 믿지 말고, '우주가 친절하게도 나를 위해 움직이고 있어.' 라고 믿는 것이다.

나는 어린 시절부터 부자의 인생을 꿈꾸었다. 성공해서 어머니께 효도하고 싶다는 강한 열망은 내가 부자가 되는 것이 당연하다고 느껴졌기 때문이다. 나의 내면에 강한 자신감과 믿음은 두려움을 극복하고 해주었다. 오빠들도 항상 나를 믿어주었다 '너는 성공할거야, 슈퍼리치 내 동생.' 하면서 성공한 내 모습을 느끼게 해주었다. 고객들도 '잘되고 있지요?'라는 칭찬과 격려로 용기를 주었다. 주위 사람들도 나의 성공을 지지하고 응원해주었다. 온 우주가 내 꿈이 이루어지기를 안달한다는 믿음이 나를 행복하게 해준다. 우주가 나를 위해 작동한다는 믿음은 "아무리 오래 걸려도 상관없어, 이 일은 꼭 해내고 말 거야!"라는 끈기 있는 생각을 낳는다. 그렇게 말하는 순간 존재 상태가 바뀐다. 몸이 마음을 좌우하지 않고 내가 마음을 좌우하게 된다. 내가 믿음을 바꾼 것이다. 나는 온 세상이 나를 잘되게 하기 위해 일을 꾸미고 있다고 생각한다. 나에게 일어나는 모든 일이 내가 원하는 모습에 이르는 가장 빠른 지름길이라고 믿는다. 나보다 더 현명한 우주가 나를 인도하고 있다고 믿는다. 나의 내면에 부정적인 마음이 자리 잡을 수 없도록 강한 신념으로 무장했다.

믿음을 바꾸고 싶다면 먼저 그것이 가능하다는 사실을 받아들이는 것부터 시작하면 된다. 잠재의식은 옳고 그름을 판단하거나 선택하는 능력이 전혀 없다. 현재의식으로 생각하는 것은 무조건 전부 실현된다. 잠재의식은 좋은 일이든 나쁜 일이든 생각대로 실현시킨다. 뭔가 좋은 일이 일어날 것만 같은 느낌만 선택해서 잠재의식에 넘겨주면 된다. 잠재의식을 움직이는 것은 나의 현재의식이다. 이전에는 그다지 주의를 기울이지 않았던 당신 인생과 당신 자신의 모든 면에 더 많이 집중하면 된다. 깨어나서 더 많은 걸 자각하면 된다. 그동안 의식하지 못했던 것을 의식하면 된다. 하지만 그런 일이 쉬울 리 없다. 아무리 그렇게 하고 싶어도 같은 현실을 거듭해서 경험하게 되면, 그 현재 세계에 대해 생각하고 느끼는 방식이 계속 같은 태도를 만들어 내게 될 것이다. 이것은 다시 같은 믿음을 만들어 낼 것이다. 같은 믿음은 같은 인식으로 더욱 확대되어간다.

믿음과 인식을 바꿔 플라시보 효과를 일으킬 수 있는 유일한 방법은 자신의 존재 상태를 바꾸는 것이다. 자신의 낡고 한계 가득한 믿음들을 태워버리면 된다. 그 이후에 자신에 대한 새로운 믿음이 새로운 미래를 만들도록 도와줄 것이다. 무슨 일이 생겨도 '나는 운이 좋아.'라고 말하는 습관이 중요하다. 똑같은 상황에서도 인생이 하늘과 땅만큼 크게 달라진다. 사고 습관에 의해서 자신의 나쁜 말버릇을 의식하지도 못하고 내뱉기도 한다. 신기하게도 긍정적인 말을 하면 정말 기분이 좋아진다. 행동도 진취적이고 주위 사람들도 긍정적으로 바뀐다. 세상은 긍정적인 기운을 갖고 열정적인 사람에게 더 많은 성공의 기회를 준다.

07

감사일기의 기적

고이케 히로시는 『2억 빚을 진 내게 우주님이 가르쳐준 운이 풀리는 말버릇』 속에서 "'감사합니다'를 5만 번 말하면 인생이 바뀐다."라고 말했다.

'감사'는 생각을 전환하는 데 도움을 준다. 우리는 불만스러운 문제나 곤란한 문제에 쉽게 빠져버리는 경향이 있다. 우리는 좋아하는 모든 것에 감사하는 마음을 먼저 가져야 한다. 항상 어떤 것에 감사하고 그것을 생각하면 감사할 일이 더 생긴다. 말로만이 아닌 정말로 고맙다는 감정을 느끼는 것이 중요하다. 느끼는 감정이 비밀이다. 감정 상태가 좋은 주파수, 기분 좋은 상태에 있으면 내면의 진동이 오직 좋은 것만을 가져다 준다. 감정을 절대 상황이나 환경에 휘둘리지 않게 모두 기분 좋은 주파수에 맞추는 것이 중요하다.

어떤 것도 "괜찮아. 운이 좋아. 풍족해, 행복해."로 기분 좋게 넘기면 사업은 항상 잘된다. 기분 좋은 감정 주위에는 오직 기분 좋은 일들만 일어난다. 불안한 기분이 들어오면 "불안은 오래 지속되지 않아, 이 불안한 기분이 곧 지나가면 좋은 일이 생길 거야."라고 자신에게 말하면 더 이상 나쁜 일은 끊어져버린다. "나는 항상 운이 좋은 사람이야."라고 잠재의식에 새기면 어떤 일이 있어도 운이 좋게 잘되는 쪽으로 해결된다. 감정을 기분 좋게 하는 것이 중요하다. 감정의 주파수 중에서 가장 높은 진동을 내는 것이 '감사'이기 때문이다.

"감사하기는 삶을 더 풍요롭고 건강하게 해주는 확실한 방법이다."라고 마시 시모프는 말했다.

보물지도에 감사를 적으면 이루는 속도도 빠르게 된다. 긍정 에너지를 불어넣으면 좋은 기운이 가득하게 된다. 성공한 사람들이 항상 하는 말 "꿈에 대해서 생생하게 시각화를 하고 매일 감사하라."라고 하는 것에는 과학적 이유가 있다. 감사를 하면 긍정 기운이 가득하기에 감사할 일들을 더 많이 끌어와 결국에는 내가 원하는 꿈에 빠르게 다가갈 수 있기 때문이다.

나에게는 소중한 '모래시계'와 '감사일기장'이 있다. 모래시계는 책상 위, 창가 진열대에도 있고, 거실에도 놓여 있다. 모래시계가가 눈에 보일 때마다 '감사한 일을 떠올린다.' 잠시 눈을 감고 지금껏 살면서 가장 먼저 생각나는 감사한 일을 떠올린다. 좋은 일들이 생겼을 때에도 감사하고 설사 지금 당장에 안 좋은 일이라고 생각되는 것도 감사한다. 감사하는 마음으로 바꾸면 모든 것이 다 감사하게 느껴진다. 나는 잠자리에 들기 전에 하루 동안 모래시계를 보면서 생각했던 것들을 떠올리면서 감사일기장에 적는다.

오늘 만난 사람들과 일어난 사소한 것들을 적고 감사한 마음을 정리한다. 회사에 대한 감사함을 적는 것은 하루도 빠지지 않는다. 경제적으로 안정된 삶을 살 수 있는 것도 회사 덕분이다. 네트워크사업을 할 수 있어서 너무 감사하고, 사업을 함께 하는 스폰서님, 파트너님에 대한 사랑과 감사는 나의 뿌리까지 적혀 있다. 고객이 제품이 필요하다고 전화해주셔서 감사한 일, 제품을 사용하고 소개해주셔서 또 감사한 일들을 적는다. 고객에게 유익한 설명을 해준 것에 대해 나에게 '정말 잘한 일이다.'라고 칭찬과 감사를 일기장에 적는다.

감사일기장은 매일 일어나는 일에 대해 고마움과 감사함으로 나를 겸손하게 만들어주었다. 다른 사람들을 존중하는 마음을 갖게 해주었다. 감사일기는 나 자신에 대한 편견을 없애주고 더 좋은 생각을 할 수 있는 기회를 주었다. 감사일기를 적고 나면 마음이 한결 후련해지고 정리가 된다. 가슴 깊이 느껴지는 감사한 기분에 마음이 편안해진다. 감사한 생각을 떠올리는 것만 해도 기분이 좋아지고 마음이 맑아진다. 감사일기를 적고 잠자리에 들면 모든 것이 백지처럼 가벼운 마음이 되어 편하게 잠을 잔다.

감사하는 관점으로 바라보면 모든 것이 감사한 일뿐이다. 감사하는 마음은 축복을 가져다주는 우주의 근원과 연결되는 가장 높은 주파수와 연결되어 있다. 세상에 바르게 살아가는 사람 중에 힘겹게 사는 것은 감사함을 느끼지 않아서이다. 그들은 알 수 없는 가난에 허덕인다.

부자가 되는 과학적 방법은 오직 감사함을 느끼는 것이다. 이미 가지고 있는 것에 고마워하지 않으면 더 좋은 일을 끌어당기는 데 시간이 걸린다. 불평이든 원망이든 불만이든 '부족하다'는 느낌은 원하지 않은 것을 가져다준다. 감사는 반드시 순수한 마음에서 우러나와야만 힘을 발휘한다. 감사의 파동은 억지로 만들 수 없다. 만일 진심으로 감사한 생각이나 감정을 갖지 않는다면 당신은 그 특유의 파동을 발산할 수 없게 된다.

마사루 에모토 박사는 생각이나 느낌이 물의 결정체에 미치는 영향을 고성능 현미경으로 촬영을 해서 『물은 답을 알고 있다』라는 책을 통해 소개했다.

에모토 박사는 물을 얼려서 튜브에 담아서 앞에 놓고 '사랑'과 '감사'라는 말을 하고 다른 하나는 아무 말도 하지 않고 물의 결정체를 비교한 결과는 놀라웠다. 아무 말도 하지 않은 물의 결정체는 흐리고 불투명한 모습이었고, '사랑'과 '감사'를 말한 물의 반응은 결정체가 규칙적이고 선명하고 아름다운 모양을 선보였다고 한다.

몇 마디의 말이 물의 결정체에 엄청나게 영향을 미친다는 것을 알 수 있다. 강력한 말은 우리의 인생에 얼마나 큰 영향을 미칠지 상상할 수 있다.

과학자들은 감사하는 생각으로 인간의 뇌의 회로를 바꿀 수 있다고 한다. '신경가소성'이라고 하는 감사의 생각은 어떤 것들도 결국 좋은 쪽으로 바뀌게 하는 힘이 있다. 감사는 건강에 기적을 일으키기도 한다. 뇌신경을 구성하는 뉴런이 새로운 뇌의 회로를 만들어 감사하는 감정을 몸속에 들어가면 어떠한 기적도 생기게 된다. 생각이 감사로 가득하면 뇌는 끊임없이 신경 경로를 조정해서 감사함의 방향으로 행동을 바꾸게 된다.

감사하는 마음을 가지면 심장 박동은 규칙적이고 균형 잡힌 파장을 나타낸다. 편안하고 일정한 심장 박동은 심장 혈관의 건강에 도움이 되고, 면역기능을 향상시키게 된다. 감사의 힘이 몸에 엄청난 영향을 미치는 것은 분명하다.

칠드리 박사와 마틴 박사는 「심장공식의 해법」이라는 논문을 통해서도 알 수 있다. 진심으로 감사하는 마음을 갖게 되면 심장 박동은 규칙적이고 주기적이며 균형 잡힌 파장을 가지게 된다는 것이다. 감사하는 마음을 가지게 되면 몸과 마음은 웰빙 상태를 만들게 된다는 것이다. 정신적, 감정적으로도 에너지가 상승된다는 것이다. 감사는 부정적인 정서를 낮추어주고 우울 증상도 줄여준다고 말한다.

감사의 수준이 높은 사람은 긍정적인 사고방식을 지니고 있고 삶의 만족도가 높다. 감사하는 사람은 삶의 긍정적 경험들에 집중하고, 감사를 표현하므로 자기 가치와 자존감을 높인다. 감사하는 사람은 나눔과 도움을 주고받으면서 비교하지 않고, 마음속에 부정적인 생각을 버린다. 감사는 행복의 원료이다. 감사는 더 큰 행운을 끌어오는 자석과 같다. 어떤 연구에 의하면 감사하는 사람들은 평균수명이 9년까지 늘어나며, 감사하며 학창시절을 보낸 대학생들을 추적 연구한 결과 16년 뒤 연평균 수입이 2만 5천 달러가 높았다고 한다.

나는 일어나는 모든 일을 좋은 쪽으로 생각하는 낙천적인 생각으로 하루를 보낸다. 매 순간 밝고 행복하고 긍정적인 생각을 한다. 꿈을 향해 가는 과정에서 여러 가지 어려움은 늘 생긴다. 길을 가다가 넘어질 수도 있고 문지방에 발가락을 찍힐 수도 있다. 나는 그런 모든 일들이 나에게 도움이 되는 것이라고 생각한다.

인간은 망각의 동물이다. 처음에는 기쁨을 주던 것들을 시간이 지날수록 당연하게 여기기 때문이다. 감사하는 마음과 비판적인 생각을 동시에 가지는 것은 불가능하다. 감사하는 마음을 막는 가장 큰 장애물은 무의식에 깔려 있는 불만과 걱정, '만일~ 라면' 같은 부정적인 생각이다. 아무 생각도 하지 않을 때 은연중에 머릿속에 계속 떠오른다. 무언가 일에 집중하지 않으면 그런 감정에 사로잡히게 된다. 이런 생각이 머리를 스쳐 지나간다는 사실조차 깨닫지 못한다, 그럼에도 생각은 계속 흐른다. 결국 밤이 되어 곯아떨어질 때까지 머릿속에는 여러 생각이 꼬리를 물고 이어진다. 잠자리에 든 후에도 걱정거리들은 꿈으로 나타나거나 잠을 설치기도 한다.

나는 부정적인 생각들을 감사하는 생각으로 바꾸려고 메모를 하고 감사일기를 적는다. 감사한 마음을 갖기 위해서 의식적으로 메모를 한다. 모래시계를 보면서 일어난 사건이나 만난 사람에게서 유익한 점을 찾아내며 감사하는 마음을 메모한다. 메모하는 습관은 내 생각과 감정을 감사하는 마음으로 잘 극복하게 해준다. 다른 사람에게 화를 내거나, 슬퍼하거나, 실망하는 일이 생기더라도 메모를 하다보면 감사하는 마음을 갖게 된다. 불평을 토로하는 사람의 이야기를 듣거나, 나쁜 생각에 사로잡힐 때나, 어떤 상황에 처하든지 가치 있고 감사한 면을 보게 된다.

모든 상황에는 긍정적인 면과 부정적인 면이 있다는 사실을 알고 긍정적인 면으로 바라보는 습관을 갖게 된다. 잠자리에 들기 전에 메모한 것을 소리 내어 읽으면서 감사 일기를 적는다. 감사일기 덕분에 내 주변에는 좋은 사람들과 행복한 사업을 하게 되었다. 주변 사람들과 오랜 좋은 관계를 갖게 해준 것은 감사일기 덕분이다. 하루를 감사한 마음을 일기처럼 적는 것이 현재 주어진 일에 감사하고, 행복을 느끼는 일을 더 많이 느끼게 해준다. 감사 일기는 방향을 잃을 수 있는 나의 마음에 큰 등불이다.

감사란 반드시 '감사합니다.' 또는 '대단히 고맙습니다.'라는 말을 사용해야만 하는 것이 아니다. '감사하는 삶'을 살아가기 위해서는 고맙다는 말을 많이 하는 것보다 '감사'에 마음을 집중하는 것이 더 중요하다. 어떤 상황에 처했을 때 가치 있는 점이나 감사할 요소를 찾는 자세를 갖추고 있다면 그 사람은 굳이 말로 표현하지 않더라도 감사를 실천하고 있는 셈이다. 어떤 상황에서든 감사할 요소를 찾으면 된다. 어디를 가든지, 무엇을 하든지. 감사할 일은 반드시 있다. 만나는 사람을 감사한 마음으로 대하면 오직 좋았던 점들과 긍정적인 감정만 느낄 수 있다. 상대가 어떤 반응을 하든지 진심으로 감사한 마음을 갖다 보면 상대도 언젠가는 기쁘게 받아들인다.

이 세상에 사랑으로 태어난 우리의 존재는 모든 것을 할 수 있는 무한 지성이라는 힘을 갖고 있다. 다른 사람에게 감사를 표현하면 유대감이 돈독해지고 협력하게 된다. 사업을 함께하는 사람들과 공동의 목표를 위해 각자가 기여하는 바를 서로 인정하고 고맙게 여긴다. 감사하는 마음으로 함께 성장할 수 있다. 모든 사람이 승자이므로 각자의 자부심과 서로에 대한 존경심이 높아지는 결과를 얻게 된다. 감사하면 감사한 만큼 인생은 더 행복해진다. 감사일기는 행복을 배달해주는 유일한 도구임을 인식하고 어떤 상황이 와도 실천하면 된다. 이루고자 하는 꿈을 절대 마음속에서 놓지 않을 수 있다면 감사는 반드시 꿈의 방향으로 데리고 가는 기적이 나타날 것이다. 나에게 감사 일기는 행복을 느끼면서 꿈을 이루어가는 과정을 즐기며 한 걸음씩 나아가는 일이다.

5장

상상하라, 이루어질 때까지!

상상하라,
이루어질 때까지!

01

과감하게 도전하라

꿈꾸는 과정에서 잡념들이 머릿속에 떠오르기는 쉽다. '꿈을 가진 사람들은 나와는 근본적으로 다른 특별한 사람들이다, 꿈을 꾸면 뭐해, 어차피 안 이루어질 게 뻔한데.' 같은 잡념들. 한마디로 부정적인 생각이다. 꿈꾸는 것을 가로막는 가장 큰 걸림돌이다. 도전을 두려워하는 무의식이 불러들인 부정정인 소리들이다. 세상에 생각만으로 이루어진 것은 없다. 생각이 더 큰 힘을 발휘하여 희망적인 상상으로 에너지가 커졌을 때 긍정적인 생각을 가지게 된다. 긍정적인 생각이 떠오르면 성공가능성에 초점을 맞추게 된다. 성공하는 사람들은 바늘구멍만 한 가능성을 찾아내서 과감하게 도전하는 사람들이다.

개구리를 작은 통에 넣어두고, 그 통을 유리판으로 덮어두는 것이다. 개구리는 바깥으로 탈출하려고 무수히 시도하지만 유리판에 부딪혀 뜻을 이루지 못하다가 포기하고 만다. 어느 정도 시간이 지나서 유리판을 제거하면 이제 개구리가 원한다면 통에서 벗어날 수 있다. 그러나 개구리는 탈출을 시도하지 않고 결국 말라 죽고 만다.

힘이 세고 지능도 좋은 코끼리에 관한 이야기다. 대개 서커스단에서 코끼리를 사육하려면 넓고 튼튼한 사육장이 필요할 것이라 생각한다. 그런데 유랑하는 서커스단이 사육장을 곳곳에 건설하는 것은 불가능하다. 놀랍게도 서커스단은 말뚝과 밧줄 하나로 코끼리를 통제한다고 한다. 그 비법은 갓 태어난 아기 코끼리의 목에 밧줄을 매달고 말뚝에 묶어놓는 것이다. 아기 코끼리는 다른 곳으로 가려 해도 말뚝에 묶인 밧줄 때문에 뜻을 이루지 못한다. 말뚝을 뽑기 위해 애써봐도 뽑을 수가 없다. 결국 밧줄 내에서의 생활에 적응하고 이를 당연하게 받아들이게 된다. 아기 코끼리가 어른 코끼리가 되면 힘이 세져서 말뚝 하나쯤은 거뜬히 뽑을 수 있다. 하지만 어른이 된 코끼리는 말뚝을 뽑겠다는 생각 자체를 하지 못한다. 어렸을 때 뽑지 못했다는 기억 때문이다. 움직이다가 목의 밧줄이 팽팽하게 당겨지면 코끼리는 힘을 빼고 밧줄의 범위 안으로 들어가 버린다. 이렇게 길들여진 코끼리에게는 밧줄도 필요 없다. 밧줄이 없어도 코끼리가 도망가는 일은 없다. 코끼리는 멀리에 음식이 보여도 그쪽으로 갈 수 없다고 생각하기 때문에 갈 생각을 안 한다. 새로운 곳에 가려는 의지도 없다. 서커스단을 따라다니는 것이 가장 편안하다고 생각해 버린다. 코끼리는 실패를 경험하고 고통과 좌절을 겪었다. 과거에 못 했기 때문에 지금도 할 수 없으며 앞으로도 할 수 없다고 생각하여 도전을 감히 상상하지 못한다. 코끼리가 충분한 힘을 갖게 되어도 '나는 할 수 없어.'라고 생각한다. 그렇기 때문에 굶어 죽고 말뚝에 매인 채로 평생을 살아간다.

사람들은 누구나 성공을 꿈꾸고 잘 살고 싶은 소망이 있다. 많은 사람들에게 네트워크사업을 안내하면 '나 같은 사람은 할 수 없어.'라는 말을 한다. '나 같은 사람' 즉, '나는 과거에 못했기 때문에 지금도 할 수 없어.'라고 무의식에 각인을 시켜 버린다. 나이와 경험이 쌓여갈수록 고착화되고 더 굳어진다. 시간이 흐를수록 할 수 있는 일들만을 골라서 살아가게 된다. 이런 생각에 갇혀 있는 한, 아무리 환경과 여건이 변해도 꿈은 남의 이야기다. 꿈을 가지기 위해서는 생각의 틀을 깨는 것이 중요하다.

네트워크마케팅 사업으로 성공한 사람들도 처음부터 대단했던 것은 아니다. 꿈을 가지고 노력하다 보니 그에 맞은 습관을 갖추게 되고 성장하게 된 것이다. '머리가 비상하지도 않고, 돈이 많지도 않고, 특별한 재능이 없어서.'라고 낮은 자존감을 표현하는 사람들도 있다. 나에게는 꿈이 어울리지 않는다고 말하는 사람들도 있다. 과거에 원하는 것을 이루지 못했다고 미래에도 이루지 못할 이유는 없다.

자신에게 재능이 있느냐의 여부는 꿈을 이룰 수 있느냐, 없느냐를 결정하는 절대적인 요소가 아니다. 나이가 많아 불가능하다는 것 역시 사실이 아니다. 단지 누군가의 의견 중 하나일 뿐이다. 불가능하다는 말을 앞세우는 사람은 어떤 일도 이루어낼 수 없다. '나는 할 수 없다.'는 부정적인 자기인식에서 비롯된 것이다. '불가능이란 사실이 아니라 누군가의 의견일 뿐이다.'라는 믿음으로 도전해온 사람들 덕택에 세상은 엄청나게 발전해왔다. 인류 역사에는 그런 믿음으로 큰일을 해낸 사람들이 많다. 그중에 미국의 포드 자동차 창업주 헨리 포드는 어느 날 연구원들에게 8기통 엔진을 개발하라고 지시했다. 하지만 연구원들은 하나의 엔진에 여덟 개의 실린더를 탑재하는 것은 불가능하다고 반박했다. 포드는 정규교육을 받지 못한 반면 연구원들은 수학, 물리학, 공학지식에 해박한 전문가들이었다. 그럼에도 포드는 다시금 요구했다. "어떻게든 만들어보게. 아무리 시간이 걸려도 좋으니 그 일에 전념하도록 하게." 연구원들은 전력을 다했지만 별 진전이 없었다. 불가능하다는 반복적인 보고에도 포드는 "몇 번이라도 좋으니 다시 도전하게. 무슨 일이 있어도 나는 그 물건이 필요하단 말일세."라고 답했다. 연구원들은 다시금 개발에 몰두했다. 얼마 후 거짓말처럼 V-8 엔진이 탄생했다. 포드와 연구원들이 벌였던 씨름은 지금도 곳곳에서 재현되고 있다. 자신의 꿈에 대해 누군가는 불가능하다고 말할지 모른다. 하지만 그것은 사실이 아니라 누군가의 의견일 뿐이다.

자신의 경험을 자기 스스로 통제하고 있다는 것을 아는 사람은 소수에 불과하다. 대부분의 사람은 이런 사실을 잘 모르고 있다. 대부분의 삶은 피해자의 사고방식을 갖고 있다. 그래서 쉽게 남을 비난하고 원망한다. 이 단계를 뛰어넘은 사람은 인생이 달라질 수도 있다는 생각을 하면서 가능성을 타진한다. 더 많이 누리고 더 많이 성장할 수 있다는 생각을 즐긴다. 그 다음은 '과연 불가능이란 없는 게 아닐까?' 하는 믿음을 갖기 시작하는 단계다. 인생은 신나게 살아볼 만하다는 생각을 한다. '내 인생도 한번 살아볼 만한 가치가 있지 않을까?' 하는 생각에 빠지게 된다. 그다음은 모든 것이 가능하다는 것을 인정하는 단계이다. 이쯤 되면 우리는 강한 정신력을 갖게 된다. 모든 것이 가능하다는 것을 깨닫기 시작한다. 한계란 오직 우리 자신의 마음속에 존재할 뿐이다. 더 높은 단계로 올라가면 모든 것을 할 수 있다.

네트워크마케팅 사업은 불가능한 것을 가능하게 만들어준다. 사람들로 하여금 자신의 운명을 향해 나아가도록 해준다, 역경을 이겨 나가는 것을 자연스럽게 배우게 된다. 개인의 성장을 더 빨리 더 멀리 나가도록 해준다. 네트워크사업만큼 개인의 자유와 책임감을 완벽하게 존중해주는 체계는 없을 것이다. 이 사업의 모든 것은 자신에게 달려 있다. 자신의 사업이기 때문에 모든 것을 스스로 선택할 수 있다. 네트워크사업이 나를 흥분하게 만든 것은 내게 딱 맞는 사업체계를 발견했기 때문이다. 다른 사람들을 도우면서 내가 원하는 모든 것을 얻을 수 있는 사업이라는 점이다. 네트워크마케팅 사업은 내가 다른 사람에게 봉사하고 후원하는 것에 비례해서 내 성공의 크기도 결정되는 방법이다. 사업을 입문하는 사람들에게 스스로에게 높은 기대를 하라고 말한다. 자신을 기대한다는 것은 '자신을 특별하고 소중한 존재로 여긴다'는 말이다. 내가 갖춘 능력이 부족할지라도 얼마든지 꿈꿀 수 있다. 가장 중요한 것은 원하는 것을 얻은 자신의 모습을 생생하게 그리는 것이다. 꿈을 꾸면서 자신이 앞으로 발전할 것으로 기대함으로써 더 집중해서 노력한다. 혼자보다는 여러 사람이 모였을 때 더 힘을 발휘할 수 있는 것은 당연한 이치이다. 백짓장도 맞들면 나은 법이다.

어려운 문제 과감하게 도전하라. 고난을 극복하려면 적극적으로 그것에 도전할 결심을 해야 한다. 어려운 문제에 부딪혔을 때 그것을 뒤로 미룰수록 문제는 더욱 더 커지고 문제 해결 능력에 대한 의심은 더 강해진다. 우선 결단을 내리는 법부터 배워야 한다. 결심을 미룬 채 불안한 상태로 있으면 행동할 기회를 놓치게 되고 그에 따라 성공의 기회도 놓치게 된다. 일단 결단을 내리면 곤란한 문제는 사라지기 시작한다. 설사 당신의 결단이 최상은 아닐지라도 결단 그 자체가 당신에게 힘을 주고 사기를 높여주는 역할을 한다. 반면 혹시 일을 잘못하는 것은 아닌지 두려워한다면 정말 잘못을 초래하고 만다. 결단을 내리고 행동하라. 잘못된 결정이든 잘된 결정이든 결정을 내리는 것만으로도 대부분에 문제는 사라져버린다. 대다수의 성공자는 직감과 축적된 지식, 경험 등에 의해 즉각 결단을 내리듯 당신도 신속한 결단과 과감한 행동을 배워야 한다.

물은 정확히 100도가 되어야 끓는다. 물이 수증기로 바뀌는 순간의 차이는 바로 마지막 1도이다. 물이 끓기 위한 임계점이 바로 100도라고 할 수 있다. 운동을 꾸준하게 연습하다 보면 '어느 순간'에 이르는 순간 실력이 향상된다. 자전거를 배울 때 계속 넘어지다가 어느 순간 요령을 터득하는 것처럼 말이다. 임계점을 돌파하기까지 꾸준히 노력하면 성과를 얻을 수 있다. 99도까지 가열하다가 중도에 포기하면 성과를 얻을 수 없다. 성과를 얻지 못하는 근본적인 원인은 임계점에 다다르기 전에 포기하기 때문인지도 모른다.

마케팅 전문가 허버트 트루의 연구 결과에 따르면 세일즈맨 중에 44%는 첫 번째 고객 방문 후 포기하고 24%는 두 번째 방문 후에 그만두며 14%는 세 번째 방문 후, 12%는 네 번째 방문 후 포기한다고 한다. 세일즈

맨 중 94%가 네 번째 방문 이내에서 포기한다는 것이다. 하지만 판매의 60%는 다섯 번째 방문에서 이루어진다고 한다. 이 통계는 모든 세일즈맨 중 94%가 구매 고객 중 60%를 놓쳐버렸다는 것을 의미한다. 마지막 한 번만 더 방문했더라면 판매했을지 모른다. 많은 성공한 사람들은 쉽게 성공한 것처럼 보이기도 한다. 임계점을 돌파하기까지 쏟았던 자신의 노력에 주목하지 않았기 때문이다. 임계점을 달리 표현하면 '내가 갖고 있는 한계'라고 할 수 있다. 임계점을 넘어서는 과정은 매우 힘들고 어쩌면 고통스럽기까지 하다. 임계점까지는 아무런 변화가 일어나지 않는 것처럼 보이기 때문이다. 임계점을 넘어서려면 무의식까지 적극적으로 활용해야 한다. 자신의 꿈을 붙여놓고 아침, 저녁으로 소리 내서 낭독하면 도움이 된다. 이 방법은 직접적으로 무의식에 메시지를 주입하는 방법이다. 보물지도가 이루어지는 방법은 한 방향이 아니라 우주의 수많은 가능성을 열어두는 것이기에 오직 한 가지만 집착할 필요는 없다.

어느 정도 집중 훈련이 되고 목표가 달성될 가능성이 보이면 속도를 늦추고 쉬어가고 싶은 유혹이 생긴다. 그러나 안심하거나 방심해서는 안 된다. 안주하고 싶은 유혹에 흔들리지 말고 침착하게 마음훈련을 지속해야 한다. 씨앗이 하루아침에 꽃이 되지는 않는다. 꿈이 이루어진다는 강한 믿음과 상상의 힘은 불가능한 것을 가능하게 한다.

02

자신의 꿈에 집중하라

당신의 시간은 당신의 삶이라는 사실을 기억하라. 일을 신중히 선택하라. 당신 삶은 일로 인해 많이 바뀔 수 있다. 당신의 시간은 돈보다 중요하다. 돈은 다시 벌 수 있지만, 시간은 다시 돌아오지 않는다. 모든 사람에게 주어진 시간은 하루 24시간이다. 누구나에게 공평하다. 그런데 같은 시간에 남들보다 훨씬 더 많은 일을 해내는 사람들이 있다. 같은 시간을 공부해도 성적이 더 좋은 친구가 있다. 결국 중요한 것은 시간의 양이 아니라 효율적인 활용이라는 말이다. 많은 사람들이 '시간 관리'를 잘해야 한다고 말한다. 일정한 시간에 많은 일을 처리하는 것이 시간관리라고 오해할 수도 있다. 모든 일에 동일한 시간을 부여하는 것도 아니고 모든 일을 한꺼번에 처리하는 것도 아니다. 더 중요한 일에 시간을 제대로 쓰는 것이 진정한 관리다. 초점에 맞춰서 시간을 활용하는 것이다. 진정한 시간관리란 목표에 집중하는 것이다. 시간은 한정되어 있다. 꿈을 이루는 방향으로 시간과 에너지를 집중해야 한다.

남의 부탁을 거절하지 못하는 사람이 있다. 누군가 갑자기 도와달라고 할 때마다 매정하게 거절하지 못한다. 자신의 마감이 코앞인데도 집중하지 못하고 남의 일로 시간을 보내다가 정작 자기 일은 처리하지 못해서 허탈해한다. 다른 사람의 목표에 맞춰 자신의 소중한 시간을 사용했기 때문이다. '좋은 사람'이라는 칭찬을 즐기는 것뿐이다. 남들과 함께하는 시간이 더 좋은 것이다. 자기 일에 집중하지 못하면 인생은 허무해진다. 지금 당장 자신의 꿈에 우선순위를 맞추면 된다. 잡다한 일로 분주하게 바쁜 것은 시간을 제대로 활용하지 못한 것이다. 우리 인생에는 하루에 해야 할 분량의 일이 정해져 있다. 미루었다가 한꺼번에 하려고 하기 때문에 늘 바쁜 것이다. 해야 할 일의 양을 제대로 가늠하려면 관리가 필요하다.

너무 멀리 보면 현재에 충실할 수가 없다. 눈앞의 상황에만 집중하면 하루 동안 해야 할 일이 많아진다. 오늘 해야 할 일을 오늘 끝내는 습관이 중요하다. 사람들은 분주하게 움직이면서 자신이 부지런하다고 착각한다. 부지런하다는 것은 우선시해야 할 소중한 일을 먼저 끝내는 것이다. 사람이 하루에 할 수 있는 일의 양은 정해져 있다. 여러 가지 일을 다 끝내지 못해서 의기소침할 필요는 없다.

물이 끓는 데는 시간이 필요하다. 하지만 더 중요한 것은 물을 끓일 만한 에너지가 계속 투입이 되어야 한다. 약한 에너지로는 물이 끓을 수가 없다. 물이 끓으려면 몰입과 집중이 필요하다. 얼마나 많은 시간을 투자했느냐에 성공여부가 결정되는 것은 아니다. 얼마나 많은 에너지를 집중했는가에 의해서 결정된다. 높은 온도의 불이 물을 빨리 끓게 하듯이 집중력은 원하는 것을 빠르게 얻게 한다. 에너지의 집중이 원하는 것을 얻는 중요한 요소가 된다. 일의 우선순위를 정하고 에너지의 집중 몰입도를 높여야 한다. 에너지의 집중력은 무한한 잠재의식을 발휘하게 도와준다.

나는 꿈을 이루고 싶다고 찾아오는 많은 사람들과 미팅을 한다. 꿈은 인생을 새롭게 살고 싶은 간절함으로부터 생긴다. 꿈은 어딘가에서 지나가다 살 수 있는 종잇조각이 아니다. 간절한 만큼 무엇인가 대가지불을 반드시 해야 한다. 시간을 더 얻기 위해서 TV를 꺼야 한다고 말한다. 원하는 것을 얻기 위해 집중하지 않으면 시간은 점점 녹슬어간다. 꿈을 이루기 위해 효율적인 시간 관리로 목표달성에 집중하는 연습을 함께 한다. 마라톤에서 페이스메이커처럼 기준이 되는 속도를 만들어준다.

사업을 처음 입문할 때부터 시간 관리를 함께하면서 일에 더 집중할 수 있게 도와준다. 누구나 처음에는 과거에 습관을 바꾸기가 좀처럼 쉽지 않기 때문이다. 사업에 대한 경험부족으로 부정적인 생각이 많이 드는 초보사업자는 더욱 시간 관리에 신경을 쓴다. 네트워크마케팅 사업의 비전에 관한 책을 읽는 시간을 늘리고 동기부여를 받는 시스템 속에서 열정을 받는 것이 매우 중요하다. 성공한 사람들의 스토리를 들으면서 믿음과 확신을 가지게 한다.

지식이 쌓이면 자신감이 생기게 된다. 풍부한 경험이 많은 선배 사업자들의 성공 노하우를 들으면서 더욱 강한 자신감을 갖게 된다. 꿈을 이루는 데 필요한 학습의 시간에 집중하면서 용기가 생기게 된다. 먼저 성공한 사람들과 사업하면서 규칙적인 습관을 따라 하게 된다. 목표에 집중하면서 결과를 만들어내는 습관이 몸에 배게 된다. 어느 순간 자전거를 타는 것처럼 쉬워지고 '나도 할 수 있다'는 깨달음을 얻게 된다. 반복적인 훈련으로 진정한 사업가가 될 때까지 페이스메이커로서 함께 뛰어간다.

브라이언 트레이시는 '목표를 세우고 실천에 옮기는 습관을 들이면 2년 안에 인생이 달라질 것' 이라고 말하며 "성공하는 사람은 실패를 두려워하지 않고 새 아이디어를 실행하지만, 실패하는 사람은 아이디어의 문제점만 지적하며 실천하지 않을 구실을 찾는다."라고 강조했다.

무슨 일이든 21일 동안 반복하면 습관이 된다는 말이다. 그리 긴 시간은 아니다. 한 달도 채 안 되는 시간이다. 변화에 이르는 습관을 가지려면 꽤나 많은 노력이 필요하다. 생각을 바꾸고, 행동을 바꾸고, 그 바뀐 행동을 유지해 나가려는 의지력과 인내심이 필요하다. 꿈을 꿈인 채로 놔두면 꿈은 이루어지지 않는다. 빨리 성공하고 싶으면 남보다 빨리 움직여야 한다. 사람들은 빨리 가고 싶어 고민하면서도 결과를 확신할 수 없으면 움직이지 않는다. 현실을 바꿔 나갈 행동을 하지 않으면 원하는 것을 얻을 수 없다. 좋은 대학에 들어가고 싶다면서 공부는 하지 않는다. 창업을 하고 싶다면서 가장 중요한 아이템은 고민하지 않는다. 모두 바라기만 할 뿐이다. 꿈이 있다고 노력 없이 꿈이 이루어지지 않는다. 생각에서 머무르지 않고 직접 행동해야 한다.

3년 후, 5년 후 미래에 어떤 모습이 되고 싶은지 물어보면 다양한 꿈을 이야기한다. 하지만 그 꿈을 이루기 위해 행동은 하지 않는다. 그들이 말하는 꿈은 노력으로 이루어 낸 변화가 아니다. 현실에서 벗어나 머릿속에 그려보는 잠시의 위안에 불과하기 때문이다. 꿈에 이르기 위한 길은 험난하다. 고난을 이겨 낼 각오도 없이 먼 미래의 내 모습만 상상하면서 행복에 젖는다. 꿈에 젖어 현실의 고단함을 잊고 싶은 착각이다. 이룰 수 없는 꿈이라 해도 상상만으로 인생에 큰 위안이 되기도 한다. 이런 꿈은 현실을 바꾸는 데 아무런 도움이 되지 않는다. 꿈인지 환상인지 잘 구별해야 한다. 환상과 현실의 차이는 오직 행동에 달려 있다. 매일 매일의 행동이 쌓여서 꿈이 현실로 나타나는 것이다. 나는 사업이 잘 될 때와 잘되지 않을 때의 규칙이 있다. 인생은 마라톤인데 상승과 하강곡선을 극복하는 노하우가 있다. 일이 순조롭게 잘될 때 나 자신의 시간 관리를 더욱 철저하게 한다. 지나친 행동이나 태도를 절제하는 것이다. 네트워크마케팅 사업의 오랜 경험 속에 인생은 마라톤이라는 것을 알게 되었다. 사업에 속도가 나거나 나지 않아도 나의 일상적인 시간을 꾸준하게 관리하는 것이다. 꾸준하게 제품 마니아를 지속적으로 만드는 일을 습관처럼 하고 있다. 가장 중요한 네트워크사업의 기회를 필요로 하는 사람을 지속적으로 미팅하고 발굴하는 일이다. 꿈을 이루는 데 가장 중요한 우선순위의 일을 잘될 때나 잘되지 않을 때나 꾸준하게 반복적으로 실천한다.

꿈을 이루는 가장 좋은 방법은 목표를 세우고 집중하는 것이다. 꿈과 목표에 집중하고 의심이나 두려움을 떨쳐버리기 위해서는 인내가 필요하다. 모든 어려움에 직면하여 긍정적이고 건설적으로 나가기 위해서 인내가 필요하다. 끈기 있게 인내를 행해야 한다. 일이 제대로 풀리지 않을 때 얼마나 끈질기게 노력하느냐가 인내의 수준을 입증해준다. 인내는 개인의 품성을 진정으로 평가해주는 지표이다. 자기 자신에 대한 믿음과 성공에 대한 능력을 알 수 있다. 역경과 절망스러운 상황에 처했을 때 고집을 꺾지 않으면 인내라는 습성이 생긴다. 그 자질에 힘입어 앞으로 나아가고 어떤 장애도 극복할 수 있게 된다. 인류역사는 끈기와 인내가 만들어낸 역사이다. 모든 위인은 성공과 성취라는 높은 고지에 도달하기까지 엄청난 시련과 고난을 견뎌낸 사람들이다. 그들을 위대하게 만든 것은 참을성과 불굴의 노력이었다.

나는 세계적인 성공학의 대가이신 브라이언 트레이시를 좋아한다. 브라이언 트레이시의 『목표 그 성취의 기술』 책 속에 읽은 감명 깊은 내용이 있다. 캘빈 컬러지는 '조용한 칼' 이라는 별명을 가질 정도로 사람들 앞에서 연설하는 것을 꺼린 대통령이었다. 그런 그가 후세에 길이 기억될 말을 한 것이다. "끝까지 밀어붙여라. 이 세상에 그 어떤 것도 끈기를 대신할 수 없다. 재능도 이를 대신할 수는 없다. 재능을 갖추고도 실패한 천재에 대한 이야기만큼 흔한 것도 없다. 교육도 이를 대신하지 못한다. 이 세상은 교육받은 낙오자들로 수두룩하다. 끈기와 확고한 결의만이 모든 것을 가능하게 한다."라고 글을 남긴 것이다.

끈기는 성공의 중요한 요소다. 성공한 사람들은 강인한 불굴의 의지와 끈기를 가지고 있다. 어떤 어려움을 처했을 때 그 일로부터 배워서 깨달음을 얻지 못하면 무한한 잠재력을 완전히 발휘하지 못한다. 삶의 위대한 깨달음은 최선을 다해 이루고자 했던 실패와 좌절의 결과로 만들어진다. 가장 큰 어려움에 처했을 때 긍정적인 생각과 용기와 끈기 같은 잠재력들이 나타난다. 성공하는 사람들은 역경과 고난을 자신의 성장에 활용한다. 평범한 사람들은 시련과 역경에 쉽게 낙심하고 포기한다. 성공 바로 앞에는 항상 실패가 기다리고 있다. 위대한 성공은 온통 포기하고 싶은 심정뿐인 그 시점 너머에 기다리고 있다. 위대한 성취를 하려면 그에 앞서 끈기를 시험하는 단계를 반드시 거쳐야 한다.

꿈이 생겼다는 것은 인생의 즐거운 희망이다. 희망이 생긴다는 것은 활력과 열정의 삶을 살게 된다. 꿈을 현실로 만들기 위해서 수많은 시간과 노력은 당연한 대가이다. 원하는 현실을 살고 싶다면 어떤 희생도 기쁘고 행복하게 즐겨야 한다. 목표 없이 살면서 한가로이 여유를 부리며 살던 습관은 버려야 한다. 어떤 고통이 있어도 낡은 습관을 버려야 한다. 새로운 꿈에 맞는 새로운 의식의 옷을 입고 성공습관으로 몸을 만들어야 한다. 꿈을 이루는 데 필요한 어떤 것도 해 낼 각오를 가져야 한다. 꿈을 이루는 데 필요한 목표달성에 구체적인 행동을 실천하는 것부터 습관화해야 한다. 끊임없는 시행착오를 반복하면서 경험이 쌓이면 자신감이 생기게 된다. 꿈을 이룬 모습을 생생하게 상상하면서 목표에 집중하고 계획을 꾸준하게 실천하면 반드시 결과가 나타나게 된다.

03

상상으로 내 삶이 변했다

내 인생에 꿈이 생기고 꿈을 이룬 모습을 상상하면서 내 삶은 변해갔다. 꿈을 꾸는 것만으로도 이전과는 다른 사람이 되는 것 같은 기분이 들었다. 내가 이미 원하는 것을 가진 것을 상상하는 것은 부와 성공을 의미한다. 부와 성공을 이룰 수 있다는 생각은 나에 대한 긍정적인 믿음을 갖게 해주었다.

긍정적인 믿음은 용기와 자신감을 생기게 해준다. 긍정적인 생각이 행동을 실천할 수 있는 원동력이다. 모든 마음은 생각 안에서 움직이기 때문이다. 내가 원하는 것을 이루었다는 것이 현실이 된 것처럼 마음이 평온해진다. 참으로 고맙고 감사한 마음이 가득해진다.

나는 꿈이 생겼다는 이유로 세상을 활기차게 살아가게 되었다. 가슴에 뜨거운 희망이라는 불씨는 나에게 활력을 불어넣어주었다. 꿈과 희망으로 가득한 인생은 어떤 두려움이나 변명을 용납하지 않는다. 꿈이라는 명확한 방향은 달릴 수밖에 없는 이유를 만들어주었다. 보물지도를 시각화 해놓은 것은 꿈의 방향을 잃지 않기 위해서다. 보물지도를 집안 곳곳에 붙여놓았다. 보물지도를 볼 때마다 내가 앞으로 살집을 보면서 편안함을 느낄 수 있다. 멋진 자동차를 운전하는 내 모습을 상상하면서 최고의 행복함을 느껴본다. 이런 시간은 나에게 정신적인 안정과 여유를 준다. 나에게 주어진 모든 것에 감사함과 행복감이 느껴진다. 어떤 일이 생겨도 감사한 마음부터 가지면 문제가 쉽게 해결 되었다.

감사하는 생활을 택하면 자기도취에 빠진 이기적인 태도를 버리게 된다. 자신의 가장 충실한 친구가 되며 다른 사람의 결점을 덮어주고 장점을 볼 줄 알게 된다. 어떤 상황에 직면했을 때 유리한지 불리한지 따지던 계산적인 태도를 버리고 모든 일이 잘될 거라는 긍정적인 자세를 가지게 된다. 자신을 사랑하게 된다. 자신이나 자신의 삶은 물론이고 다른 사람에게 유익한 것을 파악해서 지원하려고 노력한다. 감사하는 마음은 이해심과 너그러움을 갖춘 평범한 사람이면 누구나 실천할 수 있다. 사람은 누구나 이해하고, 가치를 발견하고, 고마워할 줄 아는 성품을 타고나기 때문이다. 지금 당장 주변을 돌아봐도 감사할 일은 얼마든지 있다.

'내가 지금 감사해야 할 일은 과연 무엇일까?'를 떠올려보았다. 온통 감사한 것들뿐이다. 나는 나 자신에게도 감사함을 찾아보았다. 현재의 나 자신에게 감사함을 찾고 나니 나에 대한 믿음과 신뢰가 생긴다. 감사를 통해 진정한 내 모습을 발견할 수 있었고 말로 형언할 수 없는 기쁨을 느꼈다. 훨씬 강해졌고 자신감을 갖게 되었다. 나의 가치를 찾아내고 그 가치에 감사하며 발전시키려고 노력했다. 나의 개성과 특성을 파악하고 그것들을 소중하게 여기기 시작했다. 깊이 감사하는 마음도 생겼다. 나의 특성을 소중히 여기고 감사하는 과정을 통해 나의 진정한 가치를 인식하게 되었다. 나에 대한 감사가 많아지고 진정한 나의 모습에 다가가는 것을 느꼈다. 활기차고 열정적이며 자신감에 넘치는 진정한 자아를 찾게 되었다. 나 자신에 대한 스스로의 믿음이 용기 있는 사람으로 바뀌게 해주었다. 꿈을 이룰 수 있다는 자신감은 꾸준한 희망과 용기를 북돋아주었다. 꿈을 이룬 나의 모습을 상상하는 것만으로도 내 자신은 무한한 능력을 발휘할 수 있었다. 모든 사람에게 친절과 사랑의 마음을 갖게 해주었고 행복한 인생을 살게 해주었다.

자신에게 감사하는 마음은 교만함과는 전혀 다르다. 교만한 사람들은 자신을 다른 사람과 비교하고, 누구보다도 자신이 낫다는 것을 증명하기 위해 다른 사람의 부족함을 찾는 일로 바쁘다. 그러나 자신에게 감사하는 일은 다른 사람과는 아무 상관이 없다. 오로지 자신만의 일이다. 자신의 고유한 재능을 진심으로 칭찬하고 감사하는 마음을 갖는 것은 교만함도 자만심도 아니다. 단지 자기 고유의 에너지를 깨끗이 정화해서 바로잡는 것뿐이다.

자신에 대해서 감사하기 시작하면 다른 사람의 행동을 이해하게 된다. 다른 사람의 인정을 받기 위해 연연하지 않게 된다. 어떤 사람이나 상황에 대해 더 많은 것을 이해하게 된다. 사람은 누구나 인정받는 것을 좋아한다. 자신에게 감사하게 되면 다른 사람의 평판은 그다지 중요하지 않게 여겨진다. 어떤 문제가 생겼을 때도 자신에게 감사할 줄 아는 사람은 누군가를 비난하거나 책임을 전가하지 않는다. 문제 해결에 도움이 될 만한 사람을 먼저 생각해 낸다. 곤란한 상황에서 벗어날 해답이나 해결책을 찾아내는 능력이 커지게 된다. 자신에게 감사할 줄 아는 사람은 다른 사람에게도 감사하게 된다.

나는 사업을 하면서 끈기 있게 꿈을 이루는 사람들을 자주 본다. 자신에 대한 믿음으로 확신을 갖고 꾸준하게 목표를 향해 집중과 몰입으로 원하는 것을 현실로 만드는 사람들이다. 부와 성공을 향해 도전하는 사람들은 긍정적인 에너지가 흘러넘친다. 그 사람들은 자신이 꿈꾸는 것을 자주 이야기 한다. 꿈에 대한 상상으로 입가에 퍼지는 미소는 세상에서 가장 행복한 얼굴이다. 살고 싶은 집을 상상하고 갖고 싶은 것들을 이야기할 때 가장 순수한 얼굴이다. 무엇인가를 가진다는 것은 풍성함을 느끼게 해준다. 상상을 하는 것만으로도 능력이 무한해진다. 상상은 무궁무진한 마음을 가지게 해준다. 상상으로 긍정적이고 적극적인 성격으로 점점 바뀌어갔다. 어떤 상황에서도 문제를 해결할 수 있다는 관점으로 바뀌었다. 어떤 문제도 좋은 기분을 느낄 수 있는 해결책이 분명히 있을 거라는 믿음으로 대한다. 그러면 기분 좋게 해결되는 상상을 하게 된다. 기분 좋은 상상을 하면 사랑하는 마음을 느끼기도 한다.

나는 상상을 통해 나의 이미지를 원하는 이미지로 생각하고 이미지화한다. '나는 강하다, 나는 완벽하고 온전하고 안전하다.'라고 말하고 그 이미지를 상상한다. 나에 대한 이미지를 원하는 이미지로 생각한다. 새롭게 만든 나의 이미지에 맞게 내 안에서 강한 에너지가 느껴진다. 나 자신에 대한 잘못된 믿음을 없애고 원하는 이미지를 상상으로 만들어 낸다. 오래 사람과 지내다 보면 누구나 갈등을 겪게 된다. 새로운 나의 이미지로 인간관계에서 갈등은 점차 해결될 수 있다. 완전히 존중받는 기분을 느끼는 것이다. 기분이 좋아지는 것에 초점을 맞추면 된다. 이제는 나의 느낌에 따라 판단하며 산다. 좋은 기분을 느끼면서 모든 문제를 풀어간다. 넘치는 사랑을 느끼는 것에 집중한다. 좋은 기분과 좋은 느낌으로 사람들을 만나면 빨리 친해진다.

네트워크사업을 시작할 때 내가 원하는 결과를 먼저 시각화했다. 나의 이미지가 자신감 넘치고 열정적인 모습으로 금방 떠올랐다. 나에 대한 믿음이 더욱 굳건해지고 행동으로 옮기게 되었다. 이미 내가 성공한 모습을 그릴 수 있었기 때문에 사업에서 성공을 이룰 수 있었던 것이다. 어떻게 해야 되는지 구체적인 계획보다 내가 원하는 결과를 먼저 상상했을 뿐이다. 내 꿈이 이루어졌다는 상상 속에서 적극적이고 열정적인 모습으로 변할 수 있었다. 상상의 힘은 용기로 가득 차게 만들었고 행동을 저절로 하게 되었다. 상상은 이미 내가 이루었다는 것을 깨달으면서 얻게 된 결과다. 이런 풍요로운 에너지를 느끼게 해준 상상의 힘은 대단하다. 상상의 힘은 열정적인 삶을 살게 해주는 마력의 힘이 있다.

목표를 달성하는 최선의 방법 중 하나는 명확한 목표를 시각화해서 이미지화하는 것이다. 이미지를 생생하게 시각화하는 것이 행동의 시작이다. 실현하고 싶은 것이 무엇이든 두려워하지 말고 상상 속에 넣으면 된다. 그 후에는 그 소원이 이루어진 느낌을 받아들이고 어떻게 해서든지 자연스럽게 느껴지도록 하면 된다. 꿈에만 계속해서 의식을 집중하기 위해 집안 곳곳에 꿈의 보물지도를 붙여 놓았다. 생각은 자석이고 주파수가 있다. 어떤 생각을 하든지 그 생각은 우주로 전송되어 같은 주파수에 있는 것들을 끌어온다. 전송된 것은 바로 우리의 현실로 다가온다. 사람들에게 어떤 불평과 불만, 비난을 하여도 돌아오는 것은 바로 자신에게 온다. 어떤 현실을 창조하고 싶은지 스스로 그리지 않으면 무의식적 창조를 하게 될 것이다. 창조는 잠재의식에 새겨진 이미지의 결과물이다. 믿음을 키우는 과정에서 소원이 이루어진 느낌은 너무 중요하다. 무엇을 어떻게 창조할지는 느낌을 통해 결정되기 때문이다.

알버트 아인슈타인은 "당신이 지금 상상하고 있는 것이, 앞으로 당신 삶에서 펼쳐질 일들에 대한 예고편이다." 라고 상상에 대해 말했다.

성공한 나를 생각하고, 행복한 나를 상상하고 긍정적인 상상을 하면 된다. 행복한 자신에 대한 상상은 상상을 현실로 만드는 지름길이다. 성공한 모습이 선명해질 때까지 상상하면 현실화가 더 빨리된다. 인간은 감정의 동물이라 하루에도 오만 가지 생각을 하게 된다.

대부분의 부정적인 감정들 속에 어떤 감정을 받아들이느냐에 따라 운명은 달라지기도 한다. 부와 성공을 상상하며 꿈을 향해 도전하는 사람들은 나의 성공을 도와주는 모든 것에 감사하는 것부터 시작한다. 감사함으로서 해묵은 분노를 해결하는 것을 자주 본다.

감사는 성공과 사랑과 기쁨과 풍성함으로 가는 길을 활짝 열어준다. 감사는 나 자신은 물론이고 주변 사람들을 유익한 길로 이끌어준다. 감사는 우리가 바라는 일을 끌어들이는 힘을 가지고 있다. 감사하는 사람들은 목표한 것을 훨씬 빠르게 성취해 낸다. 원하는 것을 얻기까지는 시간이라는 것이 걸린다. 상상은 성공에 대한 믿음을 가지고 원하는 것이 현실이 될 때까지 고통을 줄여주는 마약이다. 상상은 무한 에너지를 내뿜게 하는 연료탱크이다. 상상의 힘은 어떤 두려움도 감수하게 하는 강한 에너지다. 상상하면 할수록 열정은 생기고 주도적인 삶으로 변해간다. 상상으로 이루고 싶은 것들을 이룬 것처럼 완전히 느낄수록 더욱 기쁘고 행복한 일이 생긴다.

04

상상하는
일상이 행복이다

매일 아침 하루를 감사함으로 시작한다. 오늘도 일이 잘 풀려나가는 하루를 상상하고 기쁨을 느낀다. 오늘 하루도 할 일이 잘 이루어질 것이라고 먼저 생각하고 사랑에 감정을 느낀다. 나는 기분 좋은 감정이 들기 전에는 SNS를 보지 않는다. 중요한 전화도 하지 않는다.

아침에 옷을 입을 때도 무한한 감사함을 느낀다. 풍족한 돈과 행복한 인간관계의 모든 근원은 사랑의 힘이다. 나는 화난 것처럼 보이는 사람이 있으면 그 사람에게 행복을 보낸다. 스트레스를 받은 사람에게는 평화의 마음을 보내준다.

운전을 시작할 때 기분 좋은 모습으로 행복하게 집에 돌아오는 모습을 상상하며 감사함을 느낀다. 이 모든 것들은 나에게 꿈이 생기고 난 후에 생긴 일이다. 나는 성공한 모습을 상상하면서 어떤 사람이 되고 싶은지를 떠올린다. 내가 성공한 모습을 멋지게 상상하면 한결 기분이 좋아진다. 꿈을 시각화해서 자주 보면서 나의 성공한 모습도 구체적으로 상상하게 되었다. 상상하는 일이 일상이 되었다.

상상하는 시간만큼은 어떤 부정적인 것도 거부한다. 나에 대한 어떤 한계도 인정하지도 않는다. 상상하는 동안 나의 의식이 점점 성장하는 것을 느꼈다. 내가 원하는 것들을 이미 이루어진 모습을 상상하는 것이 즐겁다. 갖고 싶은 것을 이미 가졌다고 느끼는 감정이 자연스럽다. 되고 싶은 사람이 되었다고 상상하면 기분이 설렌다. 내가 살고 싶은 집을 상상하는 것이 행복감을 가져다준다. 나는 시간적, 경제적인 풍요로움을 누리는 것을 상상하면서 최고의 편안함을 즐긴다. 여유롭게 상상을 하고 그 느낌 속에서 자연스러움을 만끽한다.

내가 원하는 것이 이루어졌다는 것은 행복함의 절정이다. 나는 100억 부자가 된 상상을 자주한다. 100억 부자는 어떤 기분일까? 100억 부자는 어떤 생각을 할까? 100억 부자는 어떤 집에 살까? 모든 것이 궁금해졌다. 100억 부자가 되면 어떻게 할까? 구체적으로 종이에 적었다. 이렇게 행복한 100억 부자 놀이는 나의 일상이 되었다. 이 기분 좋은 상태를 계속 느끼고 싶어서 휴대폰 홈 화면에 100억 부자가 그린 그림을 설정했다. 나는 100억 부자 놀이에 심취해서 혼자 가끔 실실 웃는다. 건강하고 지혜롭고 풍요를 누리는 100억 부자가 된 것처럼 느끼고 상상한다.

내가 살고 싶은 집, 갖고 싶은 자동차, 좋아하는 사람들과 여행과 파티로 즐기는 공간까지 그려본다. 풍요롭고 여유로운 마음이 생기고 모든 것에 감사한 마음으로 가득해졌다. 나와 함께 사업을 하는 사람들에 대한 고마움과 감사함이 벅차게 느껴진다. 100억 부자가 되어서 함께 즐길 사람들이 내 곁에 많이 있어 감사하고 행복하다. 내가 꾸준하게 상상할 수 있게 된 근원은 감사함 덕분이다. 어떤 어려움도 감사함만 있다면 행복해질 수 있다. 내가 상상한 것을 모두 이루었다고 생각하니 더욱 감사함이 밀려온다.

나는 매일 의식적으로 감사함을 표현한다. 내가 경험할 모든 것에 감사하는 마음으로 하루를 시작한다. 밤에 잠을 잘 자게 해준 몸이 너무 감사하다. 숙면을 취할 수 있어서 감사하다. 눈은 잘 볼 수 있고, 귀는 잘 들을 수 있게 해주고, 코는 숨을 잘 쉬게 해주고, 입은 말을 할 수 있고, 음식도 먹을 수 있고, 몸은 모든 것을 움직이며 나를 지켜 주서 감사하다. 감사함으로 시작하는 하루는 나에게 현재의 소중함을 깨닫게 해주었다. 이전까지 당연하게 여겼던 것들을 새로운 관점으로 보면서 내 삶은 변하기 시작했다. 모든 것에 감사하는 마음으로 기분이 좋아지고 활력이 넘쳤다.

감사하는 마음은 내 삶을 충만한 기분을 느끼게 했다. 부정적인 면을 긍정적인 시각으로 변하게 해주었다. 감사하는 마음은 과거에 모든 것들을 이해하고 오늘의 안정과 미래의 희망까지 선사했다. 감사는 언제나 더 여유로운 삶을 가꾸는 최고봉이다. 감사의 표현은 우리의 인생을 즉시 바꿀 수 있는 마술의 언어이다. 조금만 신경을 쓰면 된다. 게다가 아무것도 요구하지 않는다. 상상은 감사함으로 나를 성장시킨다. 원하는 것들이 이미 이루어진 것을 상상하는 시간은 나에게는 소중한 시간이다.

나는 편안한 공간에 앉아서 눈을 감고 편안한 숨을 들이마셨다가 뱉는다. 몸에 긴장이 풀릴 때까지 계속해서 심호흡을 한다. 내가 원하는 것들이 이루어진 것을 생각하면 기분이 좋아지는 것을 느낀다. 내 삶에 고맙고 감사한 모든 것을 사랑하는 마음으로 대한다.

우리는 하루 24시간 중에 8시간 정도 잠을 잔다. 살아있는 인생의 3분의 1을 수면 속에서 보낸다. 우리가 겪고 있는 여러 가지 문제에 대한 해답은 그 대부분이 잠자고 있을 때 나타난다. 잠을 자는 동안에도 우리 몸은 아무것도 쉬지 않는다. 잠들어 있는 동안 심장 박동은 계속하고 있고, 모든 중요한 기관이 계속 움직이고 활동을 계속한다. 잠자는 동안에도 피부는 땀을 분비하고, 손톱이나 머리칼은 무의식중에도 계속 자란다. 잠재의식은 쉬지도 잠을 자지도 않는다. 언제나 활발하게 움직인다.

비게로 박사는 "연구 결과, 나는 수면의 최종 목적을 알게 되었다. 흔히 생각되듯이, 수면은 일상적인 노동이나 활동으로부터의 탈피가 아니라는 내 신념이 한층 깊어졌다. 그뿐 아니라 인간의 생활 중에서 수면 상태에 들어가 현상계로부터 분리되는 시간만큼 균형 잡히고 완전한 정신적 발전에 필요불가결한 것도 없다고 생각해야 한다는 나의 확신을 더 분명한 것으로 만들었다."라고 주장했다.

일반적으로 의식하는 마음은 근심과 사투하고, 논쟁에 휘말린다. 정기적으로 객관적 현실에서 잠시 떠나 잠재의식에 존재하는 지혜와의 조용한 대화가 절대 필요하다. 오감의 세계는 잠자게 하고 무한한 잠재의식의 지혜와 힘에 눈을 떠야 한다. 잠재의식이 가질 수 있는 지혜는 잠들기 전에 올바르게 행동할 수 있도록 기도하면 된다. 간절한 기도에 따라 올바른 지시를 내려주고 힌트와 영감을 준다.

사업을 할 때 사업자간에 지켜야 할 예절이 있다. 그 중에 '금전거래를 하지 말라'는 것이 가장 대두가 된다. 인간관계에서 돈 때문에 서로 불편해지는 경우가 있다. 상사라는 직위를 이용해서 금전거래를 요구하는 경우도 있다. 금전거래 때문에 조직이 붕괴되는 일도 보게 된다. 아주 오래전 상사라는 직권을 이용해서 빈번하게 금전거래를 하는 사람 때문에 조직이 힘든 상황이 있었다. 사업은 물론 인간관계에서 서로 간에 신뢰가 가장 중요하다. 나는 그때, '그 사람과의 문제를 어떻게 해야 할까?'를 위해 이렇게 기도했다. '나에게 내재하는 무한한 지성은 모든 것을 알고 있다. 따라서 하느님의 질서에 따라 정당한 결정이 나에게 내려질 것이다. 그에 대한 해답이 나오면 나는 이를 인정할 것이다.' 나는 잠들기 전에 이렇게 간단하게 기도한다. 앞으로 벌어질 여러 문제들이 내 꿈속에 생생히 나타났다. 꿈속에서 누군가 나타나 "그 사람은 그 사람의 가야 할 길이 있다."라고 말해주었다. 잠재의식이 경계의 신호를 보내 준 것이다. 미래에 결과를 얻고 문제를 해결하니 마음을 편하게 갖게 되었다. 사업에 이득이 되는 방향으로 문제를 잘 해결해 나갈 수 있게 되었다.

우리의 잠재의식은 전지전능하다. 잠재의식은 종종 우리의 의식하는 마음이 사실이라고 인정하는 목소리로써 이야기해준다. 이따금 경고를 주기도 한다. 의식하는 마음은 객관적으로 알려져 있는 사실들에 대해서는 정확할지 모르지만, 잠재의식의 직관력은 그 일의 불가함을 간파하고 정확한 충고를 내려주었던 것이다.

우리는 항상 더 행복한 미래를 상상해야 한다. 더 행복한 인생을 꿈꾸는 것만으로도 뇌는 화학물질을 내보낸다. 행복한 상태는 에너지를 높여서 현실 세계에 영향을 준다. 상상을 하면 행복해진다. 행복한 기분은 생활에 활력을 준다. 행복의 선순환이 만들어진다.

오하이오의 볼링 그린 주립 대학 연구팀은 여성들이 웃음과 울음의 몸동작을 상상하는 것만으로 기쁨과 슬픔을 느낄 수 있다는 연구 결과를 신경 과학 학술대회에서 발표했다.

나키아 골든 박사는 "상상된 웃음은 슬픈 감정을 감소시키고, 상상된 울음은 행복감을 감소시켰다."라고 설명했다. 이는 감정이 어떻게 우리 내부에서 생성되는가를 명백하게 보여주고 있는 것이다.

사람들은 상상력으로 현실의 많은 한계를 극복해왔다. 항상 새로운 것들을 추구하고 끊임없이 성장하는 모습을 상상하는 사람들이 있다. 한순간에 그치는 상상이 아니다. 상상하는 것을 이루려면 열정과 노력이 필요하다. 고난과 역경을 이겨내면 꿈꾸던 것들을 이루어 낼 수 있다. 꿈을 현실로 만드는 힘과 원하는 것은 무엇이든 이룰 수 있는 능력은 상상력이다. 어떤 상상을 할 것인가? 모든 것은 상상하는 대로 이루어진다. 행복을 상상하면 행복해지고 불행을 상상하면 진짜 불행해진다. 내가 살고 싶은 집, 갖고 싶은 것, 하고 싶은 일, 되고 싶은 것을 상상하는 것이 즐겁고 행복하다. 꿈과 희망으로 가득한 일상을 살아가면 어떤 상황에서라도 웃을 수 있는 여유가 생긴다. '오늘 아침에 내가 꿈꾸던 자동차가 생겼다. 아침 출근길이 얼마나 행복할까? 진정으로 원하는 것을 가지게 되면 기분이 어떨까? 오늘 보너스를 받았다면 누구에게 제일 먼저 전화해서 어떤 말을 할까?'라고 원하는 것을 이룬 상태를 구체적으로 상상하는 상상놀이에 흠뻑 빠지게 되면 일상이 더욱 즐거워진다.

잠들기 전에 잠재의식에 아침 6시에 깨어나고 싶다는 생각을 정확히 암시하면 잠재의식은 반드시 그 시간에 깨워준다. 잠재의식은 알람이 필요 없다. 잠재의식은 결코 잠자는 일이 없다. 밤낮 없이 항상 일을 하면서 우리의 모든 생명 기능을 통제하고 있다. 잠자리에 들기 전에 자신의 무한한 잠재의식에게 지혜의 도움을 요청하면 된다. 자신의 잠재의식을 완전히 믿고 신뢰하면 된다. 잠재의식이 아주 선명한 꿈이나 환상으로 답을 보내줄 것이다. 자신의 마음속에 자신의 미래가 들어 있다. 나의 신념에 의해서 미래가 결정된다. 나의 믿음에 의해서 기대한 좋은 결과가 나타나게 된다. 자신에 대한 긍정적인 믿음으로 긍정적인 미래를 기대하는 것이 중요하다. 원하는 것들이 이루어지는 상상으로 살아가는 일상이 즐겁고 행복하다.

05

성공하는 사람들은 상상의 힘을 믿는다

우리에게는 최고의 선물로 받은 상상이 있다. 우리의 내면에는 모든 소원을 이룰 수 있는 능력이 있다. 상상에는 우리가 알고 있는 가장 위대한 힘이 있다. 자기만의 세상을 마음대로 창조할 수 있다는 것이다. 우리 주변에 있는 것들은 모두 한때 누군가의 상상 속에 있었다. 창조의 과정은 상상을 통해 이루어진다. 우리의 내면에는 이 위대한 힘이 있다. 이 위대한 힘은 한계가 없다. 지금 존재하는 것들이 한때 누군가의 상상 속에 있었다면 미래에 원하는 것들은 지금 상상하면 되는 것이다.

니코스 카잔차키스가 『그리스인 조르바』에서 현재에 충실했던 기발한 인물 조르바에게 남긴 말은 "존재하지 않는 것을 열심히 믿으면 그것을 창조하게 된다. 존재하지 않는 것은 충분히 열망하지 않았던 것이다."라고 상상의 힘이 중요하다는 것을 말해주었다.

소망을 충분히 상상함으로써 현실로 만드는 능력이 바로 상상의 힘이다. 이 위대한 힘을 반대로 행동하면 그 힘을 잃게 된다. 존재하지 않는 것을 현실로 만들 힘이 자신에게 있음을 믿어야 한다. 가장 흔하게 상상의 힘을 반대로 사용하는 경우가 있다. 자신이 원하지 않는 것을 강조하는 것이다. '내가 잘 살 자격이 있을까?' 라든가 '난 운이 없어, 나는 잘되는 일이 없어.'와 같은 말을 할 때 떠오르는 상상은 어릴 때부터 스펀지처럼 받아들인 생각일 수 있다. 자신의 현실이 되기를 바라지 않는 대상을 절대 상상하지 않는 것이다. 실현하고 싶은 것만 상상하면 된다. 간절히 바라는 소원으로 가득 채우고 넘쳐흐르게 하면 된다.

다른 사람들이 말도 안 된다고 하더라도 상관하지 말고 상상을 꾸준하게 하면 된다. 무언가를 현실로 가져오기 위해서는 실제로 보이는 것이 아니라 보고 싶은 것에 초점을 맞추기만 하면 된다. 에너지가 한곳에 충분히 모이면 서로 뭉쳐서 물질이 된다. 저명한 아인슈타인 역시 물질이 에너지에서 비롯되었다고 말했다. 하고 싶은 일에만 마음을 쏟으면 된다. 평화를 원하면 평화를 생각하라. 사랑을 원하면 사랑을 생각하라. 명품 하이힐을 갖고 싶으면 명품 하이힐만 생각하라. '평화가 어렵지 않을까, 사랑이 달아나지 않을까, 명품 하이힐을 사면 통장이 바닥나지 않을까?' 하는 생각은 하지 마라. 마음을 오직 원하는 것에 맞춰야 한다. 어떤 믿음을 형성하면 모든 감각은 그 믿음을 지속시키는 데 집중하게 된다.

미국의 발명가 오빌 라이트는 "사실이라고 받아들인 것을 사실로 인정해버리면 더 이상 앞으로 나아갈 희망은 없다."라고 말했다.

신경과학자들은 우리 생각의 95%가 미리 짜여 입력된 무의식에 조종된다고 말한다. 자신이 '생각'하는 줄 알지만, 사실 과거에 만든 '영화'를 보고 있다는 것이다. 이런 낡아빠진 사고의 굴레를 벗어 던진다면 의지력 하나만으로도 얼마든지 우리의 인생은 달라질 수 있다. 아무 걱정하지 않고, 좋은 관계만 맺고, 풍요로운 인생을 살게 될 것이다. 생각이 현실을 창조한다는 것을 깨달은 것은 축복이다. 모든 결정을 제대로 판단해야 한다고 생각했다.

우리는 생각하는 존재로서 끊임없이 세상을 이해하려고 한다. 좋은 말 아닌가? 하지만 우리의 믿음에 부합하는 정보가 아니면 따져보지도 않고 밀쳐낸다. 우리는 무엇이든 누르고 주물러서 우리의 제한된 믿음에 갇혀버리게 만든다. 우리는 감각으로 모든 것을 사실로 받아들인다. 그

것은 실제로 있을 수 있는 일의 1%의 100만분의 1의 절반 정도밖에 안 된다. 자신이 습관적으로 생각하고 있는 일들의 결과는 그것이 자신의 상상에 의해 바뀌지 않는 한 이미 자신의 마음속에 존재한다는 것을 잊지 말아야 한다. 내일 일어날 일들이 당신의 잠재의식 속에 이미 담겨져 있는 것이다. 다음 주 또는 다음 달에 일어날 일들 역시 마찬가지다.

우리의 뇌는 우리가 하는 상상이 실제인지 상상인지 구분할 수 없다. 가능하다는 상상을 계속하면 된다. 자기가 기대한 만큼의 상대가 아니라도 잘될 거라는 믿음을 갖고 그렇게 행동하면, 상대도 자기가 기대한 대로 바뀐다. 이것이 이미지가 갖는 힘이다. 인간이란 자기가 오랫동안 상상해왔던 대로의 인간이 되기 쉽다. 자신을 어떻게 생각하고 있는지가 그대로 실현되기가 쉽다. 열등감을 가지고, 자기를 쓸모없는 인간이라고 생각하면 그대로 실현되기 쉽다. 자신을 갖지 못하고, 자기가 상상했던 대로의 인간이 되기 쉽다. 자신에게 위대한 능력이 있다고 생각한다면, 위대한 능력을 가진 인간이 될 수 있다는 것이다.

노만 V필은 "이제 소극적이고 부정적인 생각을 지닌 채 잠자리에 들지 않도록 하자. 잠 속에 빠져들면서도 가지가 앞으로 성공할 때의 일을 머릿속에 그려보자. 그러면서 '나는 성공한다.'라는 이미지를 키워 나가는 것이다. 잠자리에 들 때는 언제나 승자가 되어 있어라."라는 말을 했다.

원하는 것을 얻기 위해서 자신이 바라는 상태가 되었을 때를 상상하면 에너지가 나온다. 원하는 것을 갖고 싶은 것, 하고 싶은 것, 되고 싶은 상태가 되었을 때 얼마나 기분이 날아갈 것 같은지 상상해보라. 그 상상속의 장면과 함께 따라오는 짜릿한 감정을 느껴보라. 이런 감정들이 당신이 원하는 인생으로 만들어줄 것이다. '모든 것이 당신이 원하는 대로 될 수 있다'는 믿음을 가진다면 이 믿음은 당신이 원하는 일들을 이루게 할 것이다. 상상은 오직 자신만의 것이다. 상상은 우리 내면의 광활한 한계가 없는 대지이다. 어떤 누구도 나의 상상을 들여다볼 수 없다. 좋다고 생각하는 것을 집어넣을 수도 없다. 원대한 상상에 스며드는 생각을 단 하나라도 끄집어낼 수 없다. 상상은 자신만의 비옥한 땅이다. 어떤 나무를 심든 원하는 열매를 거둘 수 있다.

최근에 건강하고 지혜롭게 풍요로운 100억 부자가 되는 모습을 상상했다. 행복한 상상은 모든 일상이 되었다. 얼마 후에 우연하게 유튜브를 통해 김도사님을 알게 되었다. 천재코치이신 김도사님을 만난 것도 엄청난 행운이다. 지금 책을 쓰게 된 것도 김도사님의 가르침 덕분이다. 100억 부자에 이미지를 상상하는 과정에서 영감을 그대로 받아들이고 책을 쓰게 되었다.

맥스웰 몰츠는 미국의 성형외과 의사였다. 그는 환자들을 치료하다가 이상한 현상을 발견했다. 성형수술이 단순히 외모만 바꾸는 것이 아니라 성격에도 영향을 미친다는 점을 주목하여 계속 연구했다. 환자들은 믿음에 따라서 인격도 변하고 인생도 변했다. 흥미를 느낀 그는 수십 년에 걸쳐 이 현상을 연구했다. 그리고 60세가 되어 연구 결과를 세상에 발표했다

"지금 당신이 성공한 인생을 살고 있지 못하는 까닭은 당신이 성공을 믿지 않았기 때문이다. 하루 30분씩 마음속으로 이미 성공한 자신의 모습을 생생하게 그려라. 그러면 진짜로 성공한다."

현재 어떤 조건들에도 상상에 한계를 두지 않으면 된다. 상상에는 한계가 없지만 우리가 평범한 삶을 선택하면 '현재 상황'에 만족하게 된다. 내가 믿어온 모든 것이 정확히 지금 이 상황으로 나를 데려왔다는 사실을 기억해야 한다. 원하는 것을 실현하고 행복한 삶을 살고 싶다면 지금 이곳에 나를 데려다 놓은 믿음을 바꿔야 한다. 어제 했던 일을 오늘도 하고 내일도 똑같이 한다면 절대 인생이 바뀔 수 없다. 상상할 때 '언젠가는 나아질 거야.'라는 생각을 '나는 마음속에서 이미 내가 원하는 상태가 되었다.'라는 생각으로 바꿔야 한다. '바로 지금' 되고자 하는 상태가 되도록 상상하는 것이다. 상상은 아직 우리 앞에 모습을 드러내지 않은 만물의 근원이다. 상상이 우리의 모든 소망하는 것들을 창조하도록 하면 된다. 상상에는 한계가 없기 때문이다.

아인슈타인은 “논리는 우리를 A에서 B로 데려다준다. 상상은 우리를 어디로든 데려다준다.”라고 제시를 했다. 우리가 진실이라고 믿었던 사실이, 우리가 믿었던 논리가 B로 데려다준다는 것이다. 내가 생각으로 상상하는 것이 우리를 어디로든 데려다주게 된다. 우리가 마음속에 원대하게 그릴 수만 있다면 어디로든 데려다줄 것이다. 우리가 열망하는 대상을 가져다주는 것은 내가 진실이라고 믿는 것이 상상력으로 존재된다.

우리의 본질은 인간은 경험을 하는 영적인 존재이고 상상 속에서 나타난다. 우리의 내면과 주변에는 보이지 않는 영역이 있다. 아인슈타인이 “우리를 어디로든 데려다준다.”라고 말했던 아이엠이라는 존재와 일치하는 것이 상상이다. 그 영역 안에 마음이 열려 있을 때 가능하다. 몸과 마음 그리고 영혼이 조화를 이룰 때 가능한 것이다. 우리는 자신과 다른 사람들이 실현하고자 하는 의도를 상상 속에 넣기만 하면 된다. 신성한 에너지는 우리의 상상 에너지를 끊임없이 기다리고 있다. 딱 맞는 시기에 딱 맞는 상황을 손쉽게 보내주기도 한다. 지금은 어떤 반응을 보이는 것인지는 알 수 없다. 자신만의 성스러운 장소인 상상을 단단하게 지켜내는 것이 중요하다. 어떤 누구도 상상을 건드리지 못하게 막아야 한다. 상상이라는 거대한 힘에 존경의 마음을 담아야 한다.

가장 높은 나는 바로 ‘나’라는 존재이다. 내면의 상상에 끊임없이 감사하는 마음을 가지는 것이 중요하다. 상상은 전 우주를 창조한 근원이며 우리가 함께 공유하는 곳이다. 상상에 제한을 두지 말아야 한다. 상상의 공간을 어떤 것으로도 훼손시키면 안 된다. 자신이 원하는 것, 되고 싶은 것을 명확하게 그리면 된다. 원하는 것이 실현된다는 믿음을 가져야 한다. 상상은 마음먹은 대로 사용할 수 있다. 우리의 눈에 보이는 모든 것은 보이지 않는 것에서 나왔다는 것이다. 우주는 우리가 소망하는 것보다 훨씬 더 풍성하게 베풀어주실 것을 상상한다. 원하는 세상을 창조할 힘을 집중함으로써 얻게 된다. 꿈꾸고 열망하는 자신이 되었다고 상상하는 데 집중하면 된다. 원하는 것들을 이루었다는 느낌을 가지게 되면 꿈이 현실로 빠르게 나타날 것이다. 우리가 내면의 신에게 상상의 방향을 돌리면 자연스럽게 이루어진다.

06

상상하라,
그러면 현실이 된다

나폴레옹이 성공에 대해 "성공하기 위해서는 먼저 성공을 상상해야한다."라고 말했다.

상상 속에서 어떤 일이 일어나는지를 아는 사람은 지금 자신이 창조하고 있는 것이 무엇인지를 알 것이다. 인생은 상상을 기반으로 한다는 것을 깊이 깨닫게 될 것이다. 모든 활동의 근간에는 상상이 자리잡고 있다. 상상력은 원하는 것을 창조하고 유지하기도 하며 원하지 않는 것을 바꾸기도 한다. 상상의 힘이 강렬하게 작용하면 현실로 나타나게 된다. 그 힘이 낮아지면 상상 속의 활동이 나타나기까지는 시간이 걸린다. 상상력에 근원을 내리고 있지 않는 것은 없다. 우리의 인식과 세상은 무관한 것처럼 보이기 때문에 세상이 상상력에 근원을 두고 있다는 것을 잊고 산다.

우리가 살고 있는 세상은 상상력으로 이루어진 세상이기 때문에 우리는 상상력 자체이다. 우리는 상상의 활동을 통해 현실을 창조하고 인생을 만들어간다. 상상력은 인간에게 주어진 최고의 선물이다. 다만 우리는 그것에 전혀 관심을 두지 않는다. 의식적으로 상상력이라는 선물을 받아들이고 사용을 해야 효력이 발생한다. 우리 모두 현실을 창조할 수 있는 힘이 있다. 상상력은 의식적으로 사용하지 않으면 잠들고 만다. 상상력을 이용하는 삶이 최고의 삶이다. 기뻐할 만한 상상의 활동으로 현실로 만들어 내면 인생을 지배할 수 있다. 미래는 창조의 과정으로 가는 상상력의 활동이다.

나는 소망이 성취된 이미지 속으로 들어가서 그것이 현실이 되었을 때 내가 했을 만한 행동을 마음속으로 떠올려서 그 장면에 생생함을 느낀다. 감각을 떠올리면 마음속의 형상에 감각적인 생생함까지 느낄 수 있다. 그것에 실체와 같은 생생한 감각을 느끼게 되는 것이다. 세상 만물은 내가 뿌린 씨앗을 거둘 수 있도록 도와준다. 소망이 이루어진 후에 그것이 이루어진 과정을 돌아본다면 꿈이 현실로 나타나도록 나를 도왔던 사건들이 얼마나 잘 전개되었는지 알게 될 것이다. 상상력이 소망을 이루기 위해 일어났던 일들은 아무도 만들어낼 수 없을 것이다. 현재의 감각에 매여 있는 것으로부터 벗어나야 한다. 현재의 삶을 변화시키기 원한다면 지금 원하는 모습이 이미 되었다고 상상하면 된다. 그것이 현실이 되었다면 느껴질 기분을 지금 느껴보는 것이다.

생각을 좀 더 명확히 하고 가장 간단하고 명료하게 하기 위해 시각화를 했다. 마치 그것이 살아 있는 것처럼 마음의 눈으로 선명하게 볼 수 있게 상상을 했다. 내 눈으로 볼 수 있는 것을 이미 외부에 존재하고 있다는 믿음을 가지고 상상을 해나갔다. 마음속에 그리는 그림이 모든 것의 실체가 된다는 믿음을 가졌다. 그 믿음으로 상상을 통해 현실로 나타나게 된다는 확신은 점점 커져갔다. 내가 원하는 것들만 생각하며 현실로 나타난 이미지를 상상했다.

나는 강연을 하기 전에 시각화를 사용한다. 우선 마음속의 그림을 잠재의식에 이미지화한다. 강당 전체의 모습을 마음속으로 생각하고 강당 안에 있는 모든 의자가 청중으로 가득차고, 참석한 모든 사람이 내 강연을 듣고 즐거워하고 행복해하는 모습을 마음의 눈으로 볼 수 있다. 많은 청중이 "나도 성공하고 싶어요."라고 말하는 광경을 상상한다. 청중의 소리가 실제처럼 내 마음속에 들려오는 것 같게 느껴진다. 나는 그 울림을 느끼면서 강당에 들어간다. 청중의 환호하는 소리가 열광적으로 들려왔다. 나의 강연을 듣고 성공의 의지와 성공할 수 있다는 확신을 가지게 되었다는 사람들이 모여들었다.

죠지 쿠록은 "쓸데없는 상상을 버려라. 사람은 그가 실제로 갖고 있는 고민보다는 상상에서 얻는 고민이 훨씬 크다. 불행한 상상으로 현실을 휘덮지 말아야 한다."라고 말했다.

해결하기 힘든 문제는 이미 문제가 해결된 것을 상상하면 된다. 삶이란 주어진 문제를 계속해서 풀어나가는 과정이다. 상상은 사건들을 창조한다. 상상의 활동으로 창조된 세상은 그 안에 수없이 반대되는 많은 믿음들 때문에 완벽하게 고정된 상태가 되기는 어렵다. 그래서 오늘 일어난 일은 어제 만들어놓은 질서를 반드시 흔들어놓는다. 상상력은 이미 존재하고 있는 마음의 평화를 언제나 어지럽힌다. 주어진 현실에 굴복하거나 보이는 외적인 모습으로 판단하면 안 된다. 현실보다 더 높은 곳에 존재하는 상상에 최고의 가치를 두면 된다. 자신의 이상을 상상 속에서 머물게 하는 것이 중요하다. 자신이 이상을 놓쳐버리지만 않는다면 그 무엇도 그 누구도 이상을 뺏어가지 못한다.

오직 가치 있고 희망적인 결과만 상상하면 된다. 원하는 모습을 상상하게 되면 상상력은 광활한 환상의 꿈들로 자신의 세상을 만들어준다.

감각이 주는 인상이 쉽게 현실이 되는 이유는 상상력이 3차원의 감각의 형상 속에 활동하고 있기 때문이다. 반면에 기억이나 소망을 쉽게 현실로 만들지 못하는 이유는 상상력이 기억이나 소망 안에서 활동하지 못하기 때문이다. 상상력이 기억이나 소망 바깥에서 활동하기 때문이다. 만약 자신이 상상 속의 이미지와 하나가 된다면 창조적으로 바뀐다는 것이다. 마음속 모든 이미지들은 형체를 부여받을 수 있다. 하지만 자신이 그것과 하나가 되어 그 마음속 이미지로부터 생각하지 않는다면 그것들은 현실에 나타나지 못한다. 단지 시간이 지나가면 소망이 현실로 이루어질 것이라고 기대하는 것은 어리석은 짓이다.

상상을 현실로 만들기 위해서는 원하는 상태를 선택하고 그 상태 안에서 머무는 것이다. 원하는 상태 안에 머물지 않는다면 결과가 일어날 수 없다. 어떤 하나의 이미지 안에 있으면서 다른 이미지 안에서 일어나는 결과를 경험할 수는 없다. 자신의 내면을 변화시키기 전에 외부의 환경들을 변화시키려 하는 것은 자연과 맞서 싸우는 것이다. 내면에서 변화가 되어야 외적인 변화가 이루어진다. 내면에 변화를 만들지 않고 자신이 무언가를 한다면 그것은 단지 표면만을 바꾸게 되는 것이다. 소망이 성취된 것을 상상하고 그 느낌으로 하나가 되면 변화된 내면에 맞춰서 행동하게 된다. 상상이 변화된다면 행동 또한 변화하게 된다.

네빌 고다드가 반복하는 말이 있다.

"겉모습이나 조건, 즉 여러분의 소원이 이루어지지 않았다고 부정하는 감각의 증거들을 전부 무시하라. 되고 싶은 모습이 이미 되었다는 가정에 머물러라. 그렇게 되었다고 단단히 가정할 때 여러분은 내면의 무한한 존재와 통합되어 하나의 창조적 공동체가 되고, 그 무한한 존재와 함께라면 모든 일이 가능하다. 신은 실패하지 않는다."

행동은 생각과 보물지도의 이미지에서 나온다. 행동이 성공과 실패를 가른다. 보물지도를 만들고 하나씩 이루는 가운데 기적 같은 일들도 벌어진다. 현실에 안주하여 결핍감으로 다른 사람들과 꿈을 비교하며 괴로워하지 말고 지금 당장 꿈의 지도를 만들어서 어떤 식으로든 내 눈과 마음과 영혼이 자주 보게 하면 된다. 그러면 뇌는 알아서 꿈과 관련된 중요한 일들을 보내주어 행동하게 만든다. 우리 뇌와 마음은 어떤 생각에 강하게 초점을 맞추지 않으면 과거 무의식대로 흘러간다. 보이지 않는 것을 보인다고 믿고 이미 이루어진 것처럼 행동하라는 것은 현실에 나타나게 하는 강한 힘이 있다.

나는 보물지도 모든 이미지에 소원을 이루는 10자 이내로 된 제목을 붙여놓았다. 원하는 것을 우주에 정확히 주문하고 선택한 이미지를 주문서처럼 만든 것이다. 제목을 마음속에 이미지로 각인시켰다. 기분 좋은 상태로 가장 최적의 상태를 만들었다. 이런 감정 상태로 만들어서 우주로 좋은 느낌을 전달시켰다. 잠재의식이 각인할 수 있는 글자 수 10자 이내가 가장 좋다. 꿈이 이루어졌을 때의 느낌과 감정 상태를 떠올리면 자유롭고 행복하고 평화로운 이미지가 떠올랐다. 그 상태의 이미지로 보물지도를 만들어갔다.

보물지도를 자주 보면서 더 빠른 시간 내에 꿈이 배달될 것이라는 믿음이 생겼다. 이미 기적이 일어났다고 가정한 상태에서 만들었다. 기분 좋은 사진, 흐뭇한 이미지를 붙여놓았다. 구체적으로 언제까지 이루어졌으면 좋겠다는 마감시간을 정했다. '편안하고 여유롭게 건강하고 긍정적인 방식으로 모든 사람들의 선을 위해 조화롭고 만족스럽게'라고 맨 끝에 적었다. 이미 이루어진 나의 미래를 상상하면서 웃으면서 잠에 빠져든다. 얼굴에 웃음을 띠고 소원이 이루어질 거라고 믿으면서 소원이 이루어진 기쁜 마음을 느끼면서 잠에 빠진다.

소망하는 것을 이루는 가장 쉬운 방법은 소망하는 것을 누리고 있는 자신의 모습을 상상하는 것이다. 순수한 상상의 바다에 나만의 세상을 창조할 수 있는 것이다. 현재의 나와 소망이 성취된 것 사이에는 현실이라는 문이 있다. 현실이라는 것 역시 상상이 만들어낸 결과이다. 나의 내면을 바꾼다면 현실에도 변화가 오게 된다. 기억할 만한 가치가 있는 것들만 간직하면 된다. 소망과 믿음은 서로 진동이 일치해야 한다.

지금까지는 여러 가지 장애물이 있었고 보물지도가 원하는 것을 빠르게 배달해주는 유일한 도구이다. 어떤 상황이 와도 보물지도의 방향대로 가는 것이 중요하다. 이루고자 하는 꿈을 절대 마음속에서 놓지 않을 수 있다면 보물지도는 반드시 꿈의 방향으로 데리고 갈 것이다. 잠자기 전에 이미지화 하고 이루어진 것을 편하게 느끼고 잠들면 된다. 우리가 잠들어 있을 때 우주가 만물의 에너지와 합체한다는 사실을 아는 사람은 드물다. 우리는 소원을 빌고 명령을 내리기만 하면 된다. 우주는 우리가 잘 때 그것을 실행에 옮기기 시작한다. 소망하는 것들이 현실에 나타난 것을 기쁨과 행복함으로 느끼면서 상상에 빠지면 된다. 무언가를 만들어내는 힘은 우리가 그 힘을 어떻게 생각하느냐에 따라 진정한 창조력을 발휘할 것이다.

07

상상하면
부자가 될 것이다

사람들이 경제적인 잠재력을 충분히 발휘하지 못하는 이유 중 하나는 '받는 능력'이 부족하기 때문이다. 남에게 주는 면에서는 잘 주는 사람도 있고, 그렇지 못한 사람도 있다. 받는 것을 어색해하는 사람이 더 많다. 대부분 받는 능력이 부족해서 잘 받지 못한다. 사람들이 잘 받지 않으려는 것은 예의를 갖추는 것이 습관이 된 것이다. 사람들은 자신이 받을 자격이 없다고 생각한다. 자신은 그만한 가치가 없다고 생각한다. 우리 사회는 90% 이상의 사람들이 자신을 훌륭하다고 생각하지 못한다. 어릴 때부터 '된다'는 말보다 '안 된다'는 말을 더 많이 듣고 자란다. '잘한다'는 말보다 '못한다'는 말을 더 많이 들었다. '대단하다'는 말보다 '바보'라는 말을 이름처럼 듣고 살아왔기 때문이다. 부모님의 기대와 칭찬에 계속 맞출 수 없을 것 같아 늘 부족함을 느낀다.

사람들이 잘 받지 못하는 것은 어쩌면 당연하다. 작은 실수 하나만 저질러도 모든 인생을 비참하고 가난해질 거라고 생각한다. 우리가 가치가 있거나 없다고 생각하는 것은 모두 지어낸 이야기다. 내가 의미를 부여하지 않는 한 그 무엇도 의미를 지니지 못한다. 내가 그의 이름을 불러주기 전에는 그는 아무것도 아니라는 말도 있지 않은가. 가치 있는 사람인지 아닌지 결정하는 사람은 오직 당신이다. 당신이 스스로 가치 있다고 말하면 그런 것이다. 스스로 가치 없다 말하면 가치 없는 사람인 것이다. 어느 쪽이든 스스로 지어낸 이야기에 따라 살아간다.

부자들은 열심히 일하고 자신의 노력과 타인에게 부여한 가치만큼 보상받는 것이 합당하다고 믿는다. 가난한 사람들도 열심히 일하지만 자신의 가치를 믿지 않기 때문에 자신의 노력과 타인에게 부여한 가치에 대해 제대로 보상받는 것이 적합하지 않다고 생각한다. 이런 믿음이 그들을 희생양으로 만드는 것이다. 제대로 보상받으면 희생양이 되지 않아도 된다. 가난한 사람들은 자신이 가난하기 때문에 더 나은 사람이라고 믿기도 한다. 자신이 더 경건하거나 영적이거나 괜찮은 사람이라서 가난하다고 말하기도 한다. 가난한 사람은 그냥 가난한 사람이다. 당신이 가난하게 산다고 해서 다른 가난한 사람들에게 이득이 되지 않는다. 무일푼이라고 해서 어떤 사람에게도 도움이 되지 않는다. 남에게 짐이 될 뿐이다. 부자가 되어 약자가 아닌 강자의 자리에서 다른 사람들을 도와주는 것이 더 훌륭하다.

나는 부자가 되려고 열정적으로 노력한다. 부자가 되는 합법적이고 도덕적인 일을 한다. '나는 돈과 인연이 있고, 나는 부자와 인연이 있으며, 나는 성공과 인연이 있다'는 자아상으로 변화했다. 나에게는 화수분이 있다. 돈에 대한 생각을 새롭게 인식했다. 내가 원하는 부자의 모습을 상상했다. 행복한 부자의 모습이 떠올랐다. 부를 축복하고 사랑하는 모습이 내 마음을 편안하고 풍요롭게 만들었다. 소원이 이루어진 느낌을 받아들이지 않으면 소원을 이룰 수 없다. 상상 속에서 소원이 이미 이루어진 느낌을 받아들이는 법을 익혔다.

생각은 무한한 생각 중에 마음에 드는 것을 간직할 수 있다. 느낌은 몸으로 경험하는 것이다. 새로운 이상을 생각만으로는 알 수 없다. 경험해 보아야 한다. 느낌은 직접 경험하게 해준다. 사람들은 부자가 되고 싶다는 생각을 하고 이미지도 상상한다. 하지만 소원이 이루어졌다는 느낌은 충분하지 못하다. 느낌을 품을 수 없다면 미래의 꿈을 현재의 사실로 만들 수 없다. 상상 속에 소망을 꿈꾸고 어떤 느낌인지 몸으로 경험하고 그 느낌에 머무를 수 있는 능력은 누구나 있다. 느낌을 마음속에 품고 그 행동이 주는 사랑을 진정으로 느낀다면 소원이 눈앞에 현실이 되어 있을 것이다. 느낌은 잠재의식에 인상을 남긴다.

잠재의식과 반대되는 더 강한 느낌에 방해받지만 않는다면 반드시 현실에 모습을 드러낸다. '나는 부자다.'라는 말은 '나는 부자가 될 것이다.'라는 말보다 강한 느낌이다. '나는 성공자다.'라는 말은 '나는 성공할 것이다.'보다 더 강한 느낌을 준다. '나는 어떠할 것이다.'라는 느낌은 현재는 그렇지 않다는 말이다. 소원을 실현하려면 '그렇지 않은 상태'보다 '그러한 상태'를 느껴야 한다. '나는 부자다.'라는 느낌은 감각이다. 우리는 실현되기를 바라는 상태만을 느껴야 한다.

이것을 네빌 고다드는 "감각은 소원이 현실로 드러나는 것보다 먼저 일어나고, 모든 드러남은 이 감각에 달려 있다."라고 정리했다.

나는 이 책이 완성되고 꿈을 현실로 만들기 위해 노력하는 수많은 사람이 상상력을 공유하기 위해 몰려드는 상상을 한다. 온몸에는 사랑의 전율이 흐르는 것을 느낀다. 소원이 이루어지는 느낌을 온전히 몸으로 받아들였다. 책표지를 보는 순간 황홀한 감정이 느껴진다. 아직 현실로 나타나지 않았더라도 잠재의식에 각인하기 위해서 이루어진 느낌을 온전히 감각으로 느껴본다. 책이 완성된 모습을 보면서 기쁘고 감사한 감정에 눈물도 북받쳐 오른다. 책만 읽던 나에게 책을 쓸 수 있는 용기를 주신 한책협 김도사님과 권마담님께 고맙고 감사한 마음이 들었다.

좋은 생각을 선택하고 그 생각을 반복해서 믿음을 가지고 상상하면 된다. 비관적인 생각이 들 땐 과감하게 베어내면 된다. 생각은 종잡을 수 없이 자라서 풍성한 열매를 맺는다. 잠재의식은 토양이고 의식하는 마음은 씨앗이다. 좋은 씨앗에서는 좋은 열매가 열리고 나쁜 씨앗에서는 나쁜 열매가 열린다. 믿음이 깊어지면 세상에 기적이 일어난다. 믿음이 굳건하면 그 누구도 당신을 무너뜨릴 수 없다. 좋은 암시가 습관화된 사람은 좋은 현실을 나쁜 암시가 습관화된 사람은 나쁜 현실을 부른다. 만능의 잠재의식은 불가능이 없기 때문에 당신이 느끼는 대로 이루어지게 만든다.

나에게 이 소망을 주는 무한한 지성은 나를 안내하며, 소망을 실현하기 위한 완벽한 계획을 제시해준다. 잠재의식의 깊은 지혜가 답을 줄 것을 알고 있다. 내가 마음속으로 느끼고 원하는 일은 반드시 실현된다. 나의 마음은 언제나 평화롭고 고요하다. 잠재의식은 우리가 현재로서는 의식하지 못하는 거대한 계획을 가지고 있다. "이젠 틀렸어."라고 부정하는 것은 잠재의식의 도움을 거부하는 것과 같다. 스스로 자신이 잘못되도록 만드는 것이다. 책임과 의리를 지키는 일에는 양심을 지켰을지 모르지만 자신의 꿈이나 미래에 대해서는 안일하게 생각했던 것이다. 자신의 미래를 위해서는 양심을 지킬 때만큼 적극적이지 못했던 것이다.

판단력은 없지만 만능인 잠재의식이 소망이 실현되도록 힘을 준 것이다. 도덕적이고 양심적인 것만으로는 행복해질 수 없다. 행복한 자신의 모습을 생생히 떠올리고 잠재의식을 믿어야 한다. 자신의 내면세계를 어두운 것보다 밝은 것으로 더 많이 채울 때 당신은 지금의 노력만으로도 배의 성과를 거둘 수 있다. 행복한 삶을 누리기에는 옳은 일을 하는 것만으로는 부족하다. 세상에는 불행한 의인도 있다. 정직하고 근면한 사람이 보상받지 못하는 것은 잠재의식을 잘못 사용하고 있기 때문이다.

나는 건강하고 지혜롭고 풍요로운 100억 부자를 꿈꾼다. '나는 의도의 왕이다, 나는 신의 창조물이고 신은 풍요롭다, 신은 내가 풍요의 행복감을 즐기는 것을 원한다.'라는 글을 매일 적어놓고 읽는다. 부자의 생각으로 균형을 맞추기 위해서다. 바다를 생각하면서 돈은 무한하게 공급된다는 믿음을 상기시킨다. 돈은 바닷물처럼 에너지가 계속 순환된다는 믿음으로 풍요로움을 느낀다. 나는 풍요를 누릴 자격이 있다고 믿고 그 믿음대로 산다. 내가 바라는 풍요를 내 생활 속으로 흘러들어오는 상상을 꾸준하게 한다. 나에게 필요한 재능과 능력은 쉽게 나에게 흘러들어온다는 믿음을 갖고 있다. 우주와 하나 되는 일체감 속에서 모든 가능성과 기회가 나에게 끌려오는 것을 느낀다.

나는 할 수 있다는 믿음으로부터 생기는 무한한 능력으로 사람들을 만난다. '나는 풍요롭고 풍요를 끌어당기며 그런 소망과 조화를 이루고 있다'는 상상에 집중한다. 나는 어디를 가든 평화를 나누어주는 훈련을 한다. 내면의 풍요와 평화의 그릇을 상상한다. 상대의 좋은 의견을 받아들이고 좀 더 평화로운 감정을 느끼는 훈련을 한다. 운전을 할 때도 평화를 선택하고 느긋한 생각으로 인생을 더욱 즐기는 상상훈련을 한다.

나의 사업 목적은 나의 고객을 돈을 벌 수 있게 해주는 것이다. 나의 권유로 인해 경제적인 이득을 보는 것이다. 돈을 많이 벌어서 남을 도울 수 있는 사람이 되는 것이다. 부자가 될 수 있다는 것은 대단한 행운이다. 나는 이미 기회를 잡은 행운아다. 진정한 부자가 되어 기회를 잡지 못한 사람들에게 도움을 주는 것이다. 혼자서 성공하는 사람은 없다. 다른 사람의 부에 축복을 보낸다. 그리고 나에게도 행운이 오는 것을 안다. 함께 성공하기 위해 다른 사람의 성공을 도우면서 나도 성장한다.

몇 년 전 나폴레온 힐의 『놓치고 싶지 않은 나의 꿈 나의 인생』에서 읽은 구절이 기억난다.

단지 금전적 수입뿐만 아니라 풍요롭고 수준 높은 삶을 사는 사람들에게는 한 가지 뚜렷한 특징이 있다. 드물고 독특한 사람들에게는 성공을 향한 불타는 소원이 있다는 것이다. '불타는 소원'은 마음속에서 불타고 있기 때문에 평범한 소원이나 욕망과는 아주 다르다. 일단 불이 붙으면 무슨 일이 있더라도 결코 꺼지지 않는다. 내 마음속의 열망을 이루는 데 늘 도움이 된다. 불타는 소원에 대해 생각할 때면 최악의 일이 발생하더라도 절대 흔들리지 않는 마음속의 촛불로 상상한다. 모든 변화는 변하고자 하는 소원이 있어야 한다. 강렬하게 불타는 소원에서 시작한다.

자신이 원하는 것이 있다면 우선 그것을 자신의 마음속에서 찾아야 한다. 그런 다음 원하는 것과 실제로 얻게 된 상태를 마음속으로 생생하게 그리고 그것을 꽉 잡아야 한다. 당신이 소망하는 일이 있다면 그 일을 그림으로 생생하게 상상하라. 그런 다음 그 상상을 이제 '잠재의식에 넘겼다'고 선언하라. 남은 것은 잠재의식에 모두 맡기면 된다. 그렇게 아침저녁으로 반복하면 된다. 이것은 행복한 생각과 기분으로 잠들고 행복한 생각과 기분으로 눈을 뜨는 방법이다. 잠재의식은 당신의 소망을 실현시키기 위해 당신이 잠자고 있는 동안에도 쉬지 않고 우주를 천천히 움직이고 있다. 잠재의식에 소망의 씨앗을 뿌리기 가장 좋은 때는 의식하는 마음은 쉬고 근육은 느슨해진 상태이다. 편안하고 행복한 마음으로 하는 상상이 당신의 소망을 당신 곁으로 가까이 끌어당긴다. 부자가 되고 싶다면 부자가 된 모습과 감정과 일치가 되어야 한다. 부자가 되고 싶다면 소망과 일치하는 사람으로 살아가야 한다. '나는 부자다, 나는 풍요롭고 소망과 조화를 이루고 있다.'라는 강한 느낌을 가지는 것이다. 나의 자아상과 세상에 비춰지는 모습에 균형을 이룬 모습을 상상하면 된다. 언제나 최고의 부자가 된 나 자신을 상상하는 것이다. 간절히 바라는 소망은 반드시 실현된다. 이것이 바로 잠재의식의 법칙이다. 부자가 되는 우주의 보물창고는 당신 마음속에 있다.

감사의 글

감사 인사를 드릴 분이 많아서 행복하다.

꿈을 다시 기억해내고 꿈을 이룰 수 있게 해주신 (주)아프로존 김봉준 회장님과 차상복 대표님, 임직원 모든 분들과 앞장서서 성공으로 이끌어 주시는 행운월드와이드 박나은 탑리더님, 아프로존 비즈니스의 정보를 주시고 새로운 도전과 열정의 주인공이 될 수 있게 도와주신 송창환 ACE 그룹장님, 함께 가치 있는 삶을 만드는 영웅패밀리 권미애 TDM님, 이소미 TDM님, 영웅패밀리 모든 리더님께 진심으로 감사 말씀을 드립니다.

아울러 한국을 비롯해서 전 세계 아프로존 비즈니스를 하고 계시는 모든 분들께 진심으로 감사를 드립니다.

책을 쓸 수 있게 도와주시고 대한민국 최초 출판 가이드 시스템 특허 출원을 하신 〈한국책쓰기1인창업코칭협회〉의 김도사님과 권마담님께 진심으로 감사의 말씀을 드리고 한책협 모든 코치님들께도 감사드린다.

내가 쓴 글이 많은 사람들에게 희망과 열정을 줄 수 있도록 아름다운 글로 다듬어주시고 따뜻한 마음으로 배려해주신 굿위즈덤 출판사 관계자 여러분과 세상의 많은 사람들에게 전할 수 있도록 출판에 도움 주신 많은 분들께도 감사드린다.

하늘나라에서 항상 사랑으로 지켜봐주시는 부모님께 진심으로 감사를 드리고 나의 꿈과 성공을 항상 지지해주고 응원해주는 가족, 친지, 지인분들 모두 진심으로 사랑하고 감사드린다. 무엇보다 나를 아무런 조건 없이 사랑하고 즐거움과 행복을 주는 전 세계 친구이자 고객분들께도 진심으로 감사 인사를 전한다.